国家高技能人才培训教材

Gonglu　Celiang
公 路 测 量

吕进军　**主　编**
马小刚　**副主编**

内 容 提 要

本书以工作任务为主要内容,主要介绍了公路测量的基本原理、测量仪器的构造认识及使用,测量的基本方法,数据的记录计算及成果处理。全书共分 10 个学习任务,主要内容包括:高差测量,角度测量,距离测量,坐标测量,GPS 测量,平面控制测量,高程控制测量,平面图绘制,公路中线测量,公路纵、横断面测量。

本书为交通行业高技能人才培训用教材,也可作为全国交通技师学院、交通高级技工学校相关专业的教学用书,或供从事测量工作的人员参考。

图书在版编目(CIP)数据

公路测量 / 吕进军主编. —北京:人民交通出版社股份有限公司,2016.6
国家高技能人才培训教材
ISBN 978-7-114-13089-2

Ⅰ.①公… Ⅱ.①吕… Ⅲ.①道路测量—技术培训—教材 Ⅳ.①U412.24

中国版本图书馆 CIP 数据核字(2016)第 128946 号

国家高技能人才培训教材

书　　名:	公路测量
著　作　者:	吕进军
责任编辑:	刘　倩　李学会
出版发行:	人民交通出版社股份有限公司
地　　址:	(100011)北京市朝阳区安定门外外馆斜街 3 号
网　　址:	http://www.ccpress.com.cn
销售电话:	(010)59757973
总 经 销:	人民交通出版社股份有限公司发行部
经　　销:	各地新华书店
印　　刷:	北京鑫正大印刷有限公司
开　　本:	787×1092　1/16
印　　张:	13.75
字　　数:	340 千
版　　次:	2016 年 6 月　第 1 版
印　　次:	2020 年 9 月　第 3 次印刷
书　　号:	ISBN 978-7-114-13089-2
定　　价:	35.00 元

(有印刷、装订质量问题的图书由本公司负责调换)

山西交通技师学院
国家高技能人才培训教材编审委员会

主　任：徐利民　刘兴华
副主任：卫申蔚　温时德
委　员：崔宇峰　耿旭东　吕利强　乔　捷　卫云贵
　　　　温利斌　武小兵　翟望荣　张庆龙　赵启文

汽车维修类专业编审组
（按姓名音序排列）

陈学冰　傅文超　高世峰　宫亚文　郭燕青
籍银香　姜　鑫　汤　娜　王勇勇　卫云贵
武卫民　翟望荣　张庆龙

公路施工与养护类专业编审组
（按姓名音序排列）

常爱国　车红卫　崔宇峰　贾学强　刘红莉
刘金凤　吕进军　马小刚　孟庆芳　乔　捷
任丽青　史录琴　宿　静　孙亚骞　王艳凤
温津平　武小兵　徐海滨　要艳君　张荣华
张伟斌　周　鑫

数控加工类专业编审组
（按姓名音序排列）

褚艳光　耿旭东　李立树　吕利强　孟娇娇
要振华

前　言

　　山西交通技师学院多年来致力于开展交通行业高技能人才培训工作,积累了丰富的经验。在培训过程中,深感交通行业相关培训教材匮乏且针对性不强,无法满足新常态下对交通行业高技能人才培训的要求。2013年,山西交通技师学院被国家财政部和人社部批准为国家级高技能人才培训基地建设项目立项单位,在建设过程中,为进一步规范交通行业高技能人才培训工作,学院组织编写了本系列培训教材。

　　本书适应测量高技能人才的培训需求,同时紧跟不断进步的测量技术,力求在知识结构、学习规律、技能提高等方面有所创新。书中由易到难、内容精炼、突出技能、通俗实用,能更好地培养测量高技能人才分析问题、解决问题的能力。本书可作为测量高技能人才培训的专业教材,也可作为交通行业测量工作人员的参考资料。

　　本书具有以下编写特点:

　　(1)在布局上,按照课程标准中的学习任务、学习活动顺序编写,体现了学习目标及学习内容的一致性。

　　(2)在格式上,每个学习活动基本统一,按照"学习目标→情境描述→知识链接→任务实施→作业布置"等五部分编写。

　　(3)在内容上,以工作任务为主要内容,注重实用性,简化了冗长的理论叙述,强化了操作过程的描述,力求做到以图代文、通俗易懂。

　　(4)在创新上,突出了对学习效果的检测,在每个学习任务之后,均编制了"技能考核"方案。

　　(5)将工作单融入书中,使培训学员明确本学习活动的任务,清楚老师课堂教学流程安排,结合教学内容精心设计了课堂和课后作业,内容丰富、形式多样,能够调动学员的学习兴趣。

　　参加本书编写工作的有:山西交通技师学院温津平编写学习任务1、2、7,马小刚编写学习任务3、4,要艳君编写学习任务5、8,刘金凤编写学习任务6,徐海滨编写学习任务9,吕进军编写学习任务10。全书由吕进军担任主编,马小刚担任副主编。

　　本书在编写过程中还聘请了企业一线专家参加了本书前期学习任务的论证、学习活动的划分以及后期教材的审定工作,他们是太原公路分局勘测设计所所长周鑫、运城路桥公司副总经理张伟斌、清徐交通运输局总工贾学强。本书在编写过程中得到了山西交通技师学院领导的大力支持,许多工程勘测设计、施工养护领域的专家对本书内容编排提出了宝贵的意见,山西交通技师学院公路工程系全体教师在编写过程中给予了大力支持和帮助,在此一并表示感谢。

　　由于我们的业务水平和教学经验有限,加之时间仓促,书中难免有不妥之处,希望读者批评指正,以便进一步修改和完善。

编　者

2016年4月

目 录

学习任务 1　高差测量 ··· 1
　　学习活动 1　水准仪的安置与读数 ·· 1
　　学习活动 2　水准仪测量两点高差 ·· 6
　　学习活动 3　水准仪检验校正 ·· 9
　　学习活动 4　技能考核 ·· 14
学习任务 2　角度测量 ··· 16
　　学习活动 1　经纬仪的安置 ·· 16
　　学习活动 2　全站仪的安置 ·· 21
　　学习活动 3　全站仪测回法测水平角 ······································ 25
　　学习活动 4　全站仪检验与校正 ·· 30
　　学习活动 5　技能考核 ·· 35
学习任务 3　距离测量 ··· 37
　　学习活动 1　钢尺丈量两点距离 ·· 37
　　学习活动 2　全站仪距离测量 ··· 43
　　学习活动 3　技能考核 ·· 46
学习任务 4　坐标测量 ··· 48
　　学习活动 1　确定直线的方向 ··· 48
　　学习活动 2　计算方位角与坐标 ·· 54
　　学习活动 3　全站仪坐标测量 ··· 60
　　学习活动 4　技能考核 ·· 64
学习任务 5　GPS 测量 ·· 66
　　学习活动 1　静态 GPS 测量 ··· 66
　　学习活动 2　动态 RTK 坐标测量 ·· 75
　　学习活动 3　技能考核 ·· 82
学习任务 6　平面控制测量 ·· 84
　　学习活动 1　闭合导线测量 ·· 84
　　学习活动 2　附合导线测量 ·· 102
　　学习活动 3　技能考核 ··· 114
学习任务 7　高程控制测量 ·· 116
　　学习活动 1　支水准测量 ·· 116
　　学习活动 2　闭合水准测量 ·· 125
　　学习活动 3　附合水准测量 ·· 130
　　学习活动 4　三、四等水准测量 ·· 136
　　学习活动 5　技能考核 ··· 143

学习任务8　平面图绘制 …… 145
　学习活动1　地形图识读 …… 145
　学习活动2　全站仪碎部测量 …… 154
　学习活动3　平面图展绘 …… 158
　学习活动4　技能考核 …… 162

学习任务9　公路中线测量 …… 164
　学习活动1　测定路线转角 …… 164
　学习活动2　测设单圆曲线 …… 172
　学习活动3　测设带缓圆曲线 …… 182
　学习活动4　技能考核 …… 194

学习任务10　公路纵、横断面测量 …… 196
　学习活动1　公路纵断面测量 …… 196
　学习活动2　公路横断面测量 …… 204
　学习活动3　技能考核 …… 212

参考文献 …… 214

学习任务1　高差测量

学习目标

1. 能熟练安置水准仪并进行正确的读数；
2. 能理解高差测量的原理；
3. 能使用水准仪测两点高差；
4. 会对水准仪进行检验校正。

任务导入

测量学主要研究地面点的空间位置,本学习任务将会使用到不同的测量仪器进行高差、角度、距离的测量,并最终得出各个点位的空间位置。本次任务主要针对高差测量所使用的水准仪进行学习,重点掌握仪器构造的认识、高差测量的理论以及方法、仪器的校验校正等。

学习活动1　水准仪的安置与读数

学习目标

1. 能认识水准仪的构造；
2. 能熟练安置水准仪；
3. 能正确使用水准仪进行读数。

情境描述

学院计划新建一栋教学楼,设计师要考虑教学楼前雨水的引流情况,就需要知道新教学楼前与排水渠之间的高差,因而需要进行高差测量,这样就需要学生熟练掌握水准仪的操作方法。本次活动要求学生练习水准仪的安置,准确识读水准仪的读数。

知识链接

一、概念

高差:两点之间的高度之差称为高差。

二、仪器设备

在高差测量中所使用的仪器为水准仪,工具有水准尺和尺垫。

1. 水准仪

(1)按精度分类。水准仪按精度可分为精密水准仪和普通水准仪。精密水准仪为 $DS_{0.5}$、DS_1,用于国家一、二等精密水准测量;普通水准仪为 DS_3、DS_{10},用于国家三、四等水准及普通水准测量。

代号中的"D"和"S"是"大地"和"水准仪"的汉语拼音的第一个字母,下标的数字代表仪器的测量精度(每公里往返测高差中数的中误差 n 毫米,即精度),下标的数字越小表示该仪器测量精度等级越高。

(2)按构造分类。水准仪按构造可分为微倾式水准仪、自动安平水准仪、电子水准仪,如图 1-1-1 所示。

a)微倾式水准仪　　　　　b)自动安平水准仪　　　　　c)电子水准仪

图 1-1-1　水准仪

2. 水准尺

水准尺是进行高差测量时使用的标尺,它用优质的木材或玻璃钢、铝合金等材料制成。常用的水准尺有塔尺和双面水准尺两种,如图 1-1-2 所示。

(1)塔尺。塔尺一般用在等外水准测量,通常制成 3m 或 5m,以铝合金或玻璃钢材料为多。分两节或三节套接在一起,因此塔尺可以伸缩,尺的底部均为零点,每隔 1cm 或 0.5cm 涂有黑白或红白相间的分格,每米和分米处皆注有数字。也有的塔尺在厘米格处也注有数字,以方便读数,分米或厘米位置有的以字顶为准,有的以字底为准,读数时不要弄错。数字有正字和倒字两种,超过 1m 注字,有的直接标注到分米或厘米,如 1.4、1.41 等;有的在数字上加红点表示米数,如 $\overset{.}{2}$ 表示 1.2m, $\overset{..}{1}$ 表示 2.1m。

图 1-1-2　水准尺

(2)双面水准尺。双面水准尺多用于三、四等水准测量,尺长为 3m,两根尺为一对。尺的双面均有刻划,一面为黑白相间,称为黑面尺(也称基本分划);另一面为红白相间,称为红面尺(也称辅助分划)。两面的刻划均为 1cm,在分米处注有数字。两根尺的黑面尺尺底均从零开始,而红面尺尺底,一根从 4.687m 开始,另一根从 4.787m 开始。

3. 尺垫

尺垫是用来支撑水准尺和传递高程的工具。一般由三角形的铸铁制成,下面有 3 个尖脚,便于使用时将尺垫踩入土中,使之稳固;上面有一个凸起的半球体,将水准尺竖立于球顶最高点,如图 1-1-3 所示。

 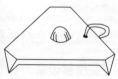

图 1-1-3　尺垫

三、水准仪的构造(本任务重点介绍 DS_3 微倾式水准仪)

如图 1-1-4 所示,微倾式水准仪主要由望远镜、水准器及基座三部分组成。

1. 望远镜

望远镜可用来精确瞄准远处目标并对水准尺进行读数,可绕仪器竖轴在水平方向转动,主要由物镜、目镜、对光螺旋和十字丝分划板组成。

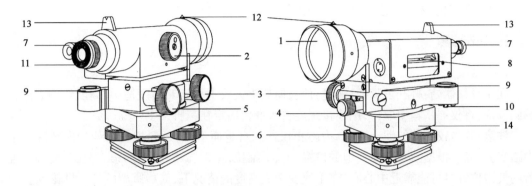

图 1-1-4 水准仪构造

1-物镜;2-物镜调焦螺旋;3-微动螺旋;4-制动螺旋;5-微倾螺旋;6-脚螺旋;7-管水准器;8-分划板护罩;9-圆水准器;10-圆水准器校正螺钉;11-目镜;12-望远镜;13-瞄准器;14-轴座

2. 水准器

水准器主要有圆水准器(水准盒)和管水准器(水准管)两种形式,它们都是供仪器整平时用的。

3. 基座

基座的作用是支承仪器的上部,并通过连接螺旋与三脚架连接。它主要由轴座、脚螺旋、底板和三脚压板构成。基座有3个可以升降的脚螺旋,转动脚螺旋,可使圆水准气泡居中,使仪器粗略整平。

四、水准仪安置与读数

微倾式水准仪的基本操作程序为安置仪器、粗略整平、瞄准水准尺、精确整平和读数五步。

任务实施

一、安全教育

(1)在测量实习之前,应学习教材中的有关内容,明确实习目的和要求,熟悉操作步骤,了解注意事项,并准备好所需的文具用品,以保证按时完成实习任务。

(2)实习分小组进行,组长负责组织协调工作,办理仪器工具的借领和归还手续。

(3)实习要在规定时间和场地进行,不得缺席、迟到和早退,不得擅自离开实习场地。

(4)服从老师的指导,认真、仔细操作,培养独立的工作能力和严谨的工作态度,发扬互助协作的精神,实习完毕应提交合格的测量成果和书写工整规范的实习报告。

(5)实习过程中应遵守纪律,爱护花草树木,保护环境和公共设施,不得踩踏花草、攀折树木、污染环境。损坏公共设施者应赔偿损失。

二、任务准备

1. 组织准备

以8人为一组,每组配备一名组长和一名副组长,组长负责全组组织以及实际操作训练,副组长负责组织理论知识学习和复习。

2.仪器准备

(1)由仪器室借领:水准仪1台、塔尺2根、记录板1块,尺垫2个,记录纸。

(2)自备:计算器、铅笔、小刀、计算用纸。

三、操作步骤

1.仪器架设

在架设仪器处,打开三脚架,通过目测,使架头大致水平且其高度适中,高度约到观测者的胸颈部,将仪器从箱中取出,用连接螺旋将水准仪固定在三脚架上。

注意:若在较松软的泥土地面,为防止仪器因自重而下沉,还要把三脚架的两腿踩入土中踏实。然后,根据圆水准器气泡的位置,上、下推拉,左、右微转脚架的第三只腿,使圆水准器的气泡位置尽可能靠近中心圈,在不改变架头高度的情况下,放稳脚架的第三只腿。

2.粗略整平

为使仪器的竖轴大致铅垂,转动基座上的3个脚螺旋,使圆水准器的气泡居中,即视准轴粗略整平。整平方法如下:

(1)转动仪器将圆水准器气泡转至两脚螺旋中间位置。

(2)如图1-1-5a)所示,左手拇指转动方向是水泡移动方向,右手拇指转动方向是水泡所在方向,调整脚螺旋直至圆水准气泡移动到气泡中心与两脚螺旋连线的垂线上。

(3)如图1-1-5b)所示,转动第三个脚螺旋转动方向与上点一致,直至将水准气泡调整到圆水准器中心位置。

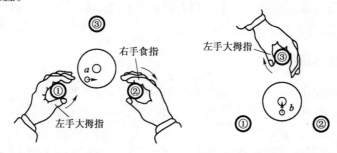

a)两个脚螺旋转动方向　　　b)第三个脚螺旋转动方向

图1-1-5　粗平

3.瞄准水准尺,消除视差

(1)用望远镜对着明亮背景,转动目镜对光螺旋,使十字丝清晰可见。

(2)松开制动螺旋,转动望远镜,先利用镜筒上的准星和照门照准水准尺,旋紧制动螺旋。

(3)转动物镜对光螺旋,使尺像清晰。

①如果眼睛上、下晃动,十字丝交点总是指在标尺物像的一个固定位置,即为无视差现象,如图1-1-6a)所示。

②如果眼睛上、下晃动,十字丝横丝在标尺上错动则有视差,说明标尺物像没有呈现在十字丝平面上,如图1-1-6b)所示。若有视差,将影响读数的准确性。

消除视差时要仔细进行物镜对光,使水准尺看得最清楚,这时如十字丝不清楚或出现重影,再旋转目镜对光螺旋,直至完全消除视差为止,最后利用微动螺旋使十字丝精确照准水准尺。

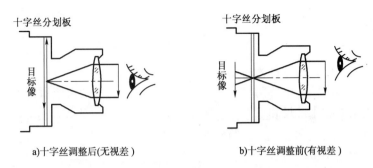

a) 十字丝调整后(无视差)　　　　b) 十字丝调整前(有视差)

图 1-1-6　视差对比

4. 精确整平

转动微倾螺旋,从气泡观察窗口内看符合水准器的两端气泡半边影像是否对齐,若对齐,则说明符合水准气泡居中。

使视准轴精确水平,左侧影像的移动方向与右手大拇指转动的方向相同,如图 1-1-7 所示。转动微倾螺旋要稳重,慢慢地调节,使符合水准气泡两端的影像符合,避免气泡上下不停错动。

注意:水准仪粗平后,竖轴不是严格铅垂的。当望远镜由一个目标转向另一个目标时,气泡不一定完全符合,必须重新再精平,直到水准管气泡完全符合才能读数。

5. 读数

当水准管气泡精确居中并稳定后,视准轴即达到水平,此时应立即用望远镜十字丝的横丝在水准尺上读数。为了保证读数的准确性,读数时无论成正像还是成倒像,均应从小数向大数读,先估读出毫米,并直接读取米、分米和厘米,共 4 位数。如图 1-1-8 所示为水准尺的读数。读数后再检查符合水准器气泡是否居中,若不居中,应再次精平,重新读数。

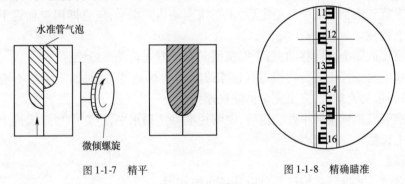

图 1-1-7　精平　　　　图 1-1-8　精确瞄准

四、注意事项

(1)安置仪器时要将中心连接螺旋拧紧,防止仪器从脚架上脱落下来,并做到人不离仪器。

(2)仪器应安置在土质坚硬的地方,并应将三脚架踏实,防止仪器下沉。

(3)三脚架伸缩固定螺旋要拧紧,但用力不能过大;仪器上的各种螺旋在转动时都应做到"稳、轻、慢",如发现螺钉拧到头时,要向回拧两圈。

(4)每次读数时应严格消除视差,水准管轴气泡要严格居中,读数时要仔细、迅速、果断。

(5)仪器转站时,应将三脚架合拢,用一只手抱住脚架,另一只手托住仪器,稳步前进;远距离迁站时,仪器应装箱,扣上箱盖。

作业布置

一、填空题

1. 两点之间_____的差称为高差。
2. 水准仪型号中的"D"和"S"是"_____"和"_____"的汉语拼音的第一个字母。
3. 尺垫是用来支撑水准尺和_____的工具。
4. 水准器有_____和_____两种形式。
5. 高差测量中常用的水准尺有_____和_____。

二、选择题

1. 反复转动目镜对光螺旋,使(　　)清晰可见。
   A. 目标成像　　　B. 十字丝　　　C. 水准管　　　D. 物镜
2. 使视准轴精确水平,左侧影像的移动方向与(　　)大拇指转动的方向相同。
   A. 左手　　　　　B. 右手　　　　C. 双手　　　　D. 单手
3. (　　)是支承仪器的上部,并通过连接螺旋与三脚架连接。
   A. 望远镜　　　　B. 十字丝　　　C. 水准器　　　D. 基座
4. 水准仪的操作程序为安置仪器、(　　)、(　　)、(　　)、(　　)。
   A. 瞄准水准尺　　B. 读数　　　　C. 粗略整平　　D. 精确整平
5. 消除视差时所需要调节的螺旋是(　　)。
   A. 微倾螺旋　　　B. 微动螺旋　　C. 物镜对光螺旋　D. 目镜对光螺旋

三、判断题

1. 在测站上松开三脚架架腿的固定螺旋调整架腿长度,再拧紧固定螺旋,张开三脚架并使三脚架架头大致水平且高度适中,约在观测者的头部。(　　)
2. 当水准管气泡精确居中并稳定后,说明视准轴达到水平,应立即用望远镜十字丝的横丝在水准尺上读数。(　　)
3. 气泡需要向哪个方向移动,右手拇指就向哪个方向转动脚螺旋。(　　)
4. 消除视差时要仔细进行物镜对光使水准尺看得最清楚,这时如十字丝不清楚或出现重影,再旋转目镜对光螺旋,直至完全消除视差为止。(　　)
5. 当水准管气泡精确居中并稳定后,说明视准轴达到水平,应立即用望远镜十字丝的横丝在水准尺上读数。(　　)

四、简答题

1. 简述微倾式水准仪的构造部分以及各自的作用。
2. 水准仪的基本操作程序有哪些?
3. 什么是视差?如何消除视差?

学习活动2　水准仪测量两点高差

学习目标

1. 能熟练安置水准仪;
2. 能熟练使用水准仪进行高差测量;
3. 能对测量数据进行记录及计算。

情境描述

学院计划新建一栋教学楼,设计师要考虑教学楼前雨水的引流情况,就需要知道新教学楼前与排水渠之间的高差,因而需要进行高差测量,这样就需要学生在熟练掌握水准仪的操作方法的基础上,测量地面两点之间的高差。本次活动练习测量校园内任意两点高差。

知识链接

(1)高差测量原理:如图 1-2-1 所示,利用水准仪提供的水平视线,在点 A 和点 B 上树立塔尺并读数,通过计算得出 A、B 两点间的高差 h_{AB}。

(2)如图 1-2-1 所示,已知点 A 与已知点 B 高差的测设与计算。

A、B 点间的高差为:

$$h_{AB} = a - b = 后视读数 - 前视读数$$

当 $h_{AB} > 0$ 时,地形为上坡;当 $h_{AB} < 0$ 时,地形为下坡。

注:脚标前面的字母代表后视点的点号。

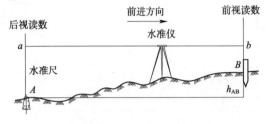

图 1-2-1 高差测量原理

任务实施

一、安全教育

(1)在测量实习之前,应学习教材中的有关内容,明确实习目的和要求,熟悉操作步骤,了解注意事项,并准备好所需的文具用品,以保证按时完成实习任务。

(2)实习分小组进行,组长负责组织协调工作,办理仪器工具的借领和归还手续。

(3)实习要在规定时间和场地进行,不得缺席、迟到和早退,不得擅自离开实习场地。

(4)服从老师的指导,认真、仔细操作,培养独立的工作能力和严谨的工作态度,发扬互助协作的精神,实习完毕应提交合格的测量成果和书写工整规范的实习报告。

(5)实习过程中应遵守纪律,爱护花草树木,保护环境和公共设施,不得踩踏花草、攀折树木、污染环境。损坏公共设施者应赔偿损失。

二、任务准备

1.组织准备

以 8 人为一组,每组配备一名组长和一名副组长,组长负责全组组织以及实际操作训练,副组长负责组织理论知识学习和复习。

2.仪器准备

(1)由仪器室借领:水准仪 1 台,塔尺 2 根,记录板 1 块,尺垫 2 个,记录纸。

(2)自备:计算器、铅笔、小刀、计算用纸。

三、操作步骤

(1)在一定距离处安置水准仪,尽量使前、后视距相等。

(2)粗平水准仪,瞄准后视尺,对光、调焦、消除视差。缓慢转动微倾螺旋,将管水准器的气泡严格符合后,读取中丝读数 a_1 为 1.542,将读数记入记录表(表 1-2-1)中(1)栏。

(3)读完后视读数,瞄准前视尺,用同样的方法读取前视读数 b_1 为1.279,并记入记录表(表1-2-1)中(2)栏。

变换仪器高法测量两点间高差记录　　　　表1-2-1

测点	水准尺读数(m)		高差 h_1(m)
	后视 a_1(m)	前视 b_1(m)	
A	(1)1.542		(3)0.263
B		(2)1.279	

测点	水准尺读数(m)		高差 h_2(m)
	后视 a_2(m)	前视 b_2(m)	
A	(4)1.440		(6)0.265
B		(5)1.178	

高差闭合差:f_h = (3) - (6) = -0.002

高差:h_{AB} = [(3) + (6)]/2 = (0.263 + 0.265)/2 = 0.264

(4)变更仪器高,仪器高度变化在10cm以上,重复上述步骤,并将所观测到的数据 a_2 为1.440、b_2 为1.178对应填入表1-2-1中(4)、(5)栏,两次仪器高所测得的高差之差应小于3mm,取平均值作为两点间的高差。如两次高差的差值超过限值,则需重测,直至符合要求为止。

四、数据处理

(1)将操作中读得的4个数字填入表格。

(2)后视 a_1 - 前视 b_1 = 高差 h_1,即(1) - (2) = 1.542m - 1.179m = (3)0.263m。

后视 a_2 - 前视 b_2 = 高差 h_2,即(4) - (5) = 1.443m - 1.178m = (6)0.265m。

(3)高差 h_1 - 高差 h_2 = f_h,即(3) - (6) = 0.263m - 0.265m = -0.002m。

(4)高差 h_{AB} = (高差 h_1 + 高差 h)/2 = [(3) + (6)]/2 = (0.263m + 0.265m)/2 = 0.264m。

作业布置

一、填空题

1. 高差测量是利用水准仪提供的_____来测定两点间高差的。
2. 高差测量中两点间的高差等于_____ - _____。
3. 若将水准仪立于A、B两点之间,A点水准尺上读数为 a = 1.243m,B点水准尺上读数为 b = 0.792m,高差 h_{AB} = _____,地形为_____。
4. 变换仪器高测高差中,高差闭合差等于_____ - _____。
5. 变换仪器高测得的两点间高差之差范围_____ mm,取_____值作为两点间高差。

二、选择题

1. 如果A、B两点的高差 h_{AB} 为正,则说明(　　)。
   A. A比B高　　　B. B比A高　　　C. 没有意义　　　D. A、B一般高
2. 高差测量中,同一测站,当后尺读数大于前尺读数时说明后尺点(　　)。
   A. 高于前尺点　　B. 低于前尺点　　C. 高于测站点　　D. 低于测站点

3. 高差测量中应使前后视距( )。
   A. 越大越好　　　B. 尽可能相等　　　C. 越小越好　　　D. 随意设置
4. 高差测量中的后视读数为 1.847，前视读数为 1.235，两点间高差为( )。
   A. 0.621　　　　B. 0.612　　　　C. -0.612　　　　D. -0.621
5. A、B 两点间高差为 1.643，前视读数为 0.958，后视读数为( )。
   A. 2.610　　　　B. 2.601　　　　C. 2.106　　　　D. 2.016

三、判断题

1. A、B 两点的高差 h_{AB} 小于零，则 A 点比 B 点高。　　　　　　　　　( )
2. 高差测量中后视点 A 读数为 1.055m，前视读数 B 为 0.950m，那么 BA 两点间高差为 0.105m。( )
3. 变化仪器高测高差中，两次高差的差值超过限值，则需重测，直至符合要求为止。
　　　　　　　　　　　　　　　　　　　　　　　　　　　　　　　　　　　( )
4. 当 $h_{ab}<0$ 时，地形为上坡。　　　　　　　　　　　　　　　　　　　　( )
5. 高差测量中前后视距的距离可随意设定。　　　　　　　　　　　　　　　　( )

四、简答题

1. 在高差测量中，高差的正负号是如何规定的？各说明什么问题？
2. 绘图说明高差测量的基本原理。
3. 试述在一测站上测定两点高差的观测步骤。

五、计算题

1. 若将水准仪立于 A、B 两点之间，A 点水准尺上读数为 $a=0.976$，B 点水准尺上读数为 $b=1.591$。试问：A 点高还是 B 点高？A、B 两点高差是多少？
2. 在 C、D 两点间安置水准仪，照准 C 尺读数为 2.343m，照准 D 尺读数为 1.964m。试问 C、D 两点高差为多少？C 点高还是 D 点高？

学习活动 3　水准仪检验校正

学习目标

1. 能描述水准仪各部位的几何关系及检验校正方法；
2. 会对水准仪进行检验校正；
3. 能够把有误差的水准仪检验校正合格。

情境描述

前面我们已经学习了如何进行高差测量，但是由于仪器室的仪器经常被借领、搬运等，在这中间仪器可能会出现一些问题，这时我们要进行正确的测量就必须得进行水准仪的检验并予以校正，本次活动就围绕检验校正的项目以及方法展开学习。

知识链接

一、微倾式水准仪的主要轴线及其概念

水准仪的轴线有：视准轴 CC、水准管轴 LL、圆水准器轴 $L'L'$、仪器竖轴 VV。

视准轴 CC：十字丝的交点与物镜光心的连线称为视准轴。

水准管轴 LL：水准管圆弧中点称为水准管零点，过零点且与水准管内壁圆弧相切的纵向直线称为水准管轴。

圆水准器轴 $L'L'$：圆水准器玻璃盒上表面的内面为球面，其半径为 $0.2\sim2\mathrm{m}$。连接水准器中心点与球心的直线称为圆水准器轴。

仪器竖轴 VV：望远镜旋转轴的几何中心线称为仪器的竖轴。

二、微倾式水准仪的各轴线间应满足的几何关系

水准仪在出厂前都进行了严格的检验与校正，根据高差测量的原理，水准仪必须提供一条水平视线，才能测出两点间的正确高差。因此，水准仪各轴线（图 1-3-1）的几何关系应满足下列条件：

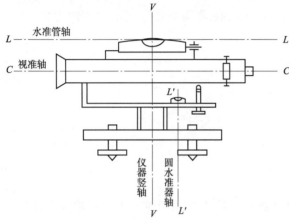

图 1-3-1 微倾式水准仪的主要轴线

（1）圆水准器轴 $L'L'$ 应平行于仪器竖轴 VV，即 $L'L'//VV$。

（2）十字丝中丝应垂直于仪器竖轴 VV，即中丝应水平。

（3）水准管轴 LL 应平行于视准轴 CC，即 $LL//CC$。

三、水准仪检验校正的项目

1. 圆水准器的检验与校正

目的：使圆水准器轴平行于仪器竖轴，即 $L'L'//VV$。

2. 十字丝横丝垂直于仪器的竖轴的检验与校正

目的：使十字丝的中横丝垂直于仪器的竖轴，即十字丝横丝处于水平位置。

3. 水准管轴平行于视准轴的检验与校正

目的：使水准管轴平行于视准轴，即 $LL//CC$。当管水准器气泡居中时，视线（视准轴）处于水平位置。

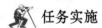 **任务实施**

一、安全教育

（1）打开仪器箱后，应先记清仪器在箱内的位置，避免装箱时困难。

（2）提取仪器之前应先松开制动螺旋，再用双手托住支架或基座取出仪器，放在三脚架上，保持一手握住仪器，一手拧紧连接螺旋，使仪器与脚架连接牢固。

（3）安装好仪器后注意随即关闭仪器箱盖，防止灰尘或湿气进入箱内，仪器箱上严禁坐人。

（4）仪器安装好后，必须有人看护，以防仪器跌损。

（5）各制动螺旋切勿扭得过紧，微动螺旋和脚螺旋不要旋到顶端，使用各种螺旋要均匀用力，切勿用力过大，以免损坏螺纹。

（6）仪器装箱前要松开各制动螺旋，仪器装箱后先试盖一次，在确认安放稳妥后再拧紧

各制动螺旋,以免仪器在箱内晃动受损,最后关箱上锁。

(7)在行走不便的地区迁站或远距离迁站时,必须将仪器装箱之后再搬迁。

(8)搬迁时,小组其他人员应协助观测员带走仪器箱和有关工具。

二、任务准备

1. 组织准备

以8人为一组,每组配备一名组长和一名副组长,组长负责全组组织以及实际操作训练,副组长负责组织理论知识学习和复习。

2. 仪器准备

(1)由仪器室借领:水准仪1台、塔尺2根、拨针1根、小螺丝刀1把。

(2)自备:计算器、铅笔、小刀、计算用纸。

三、操作步骤

1. 圆水准器的检验与校正

(1)检验方法:旋转脚螺旋使圆水准器气泡居中,然后将仪器绕竖轴旋转180°,如果气泡仍居中,则表示该几何条件满足;如果气泡偏离零点,则需要校正。

(2)校正方法:校正时,先调整脚螺旋,使气泡向零点方向移动偏离值的一半,此时竖轴处于铅垂位置。然后,稍旋松圆水准器底部的固定螺钉,用校正针拨动三个校正螺钉,使气泡居中,这时圆水准器轴平行于仪器竖轴且处于铅垂位置。

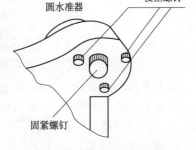

圆水准器校正螺钉的结构如图1-3-2所示。此项校正,需反复进行,直至仪器旋转到任何位置时圆水准器气泡皆居中为止。最后旋紧固定螺钉。

图1-3-2 圆水准器校正螺钉

2. 十字丝横丝垂直于仪器的竖轴的检验与校正

(1)检验方法:如图1-3-3所示,安置水准仪,使圆水准器的气泡严格居中后,在望远镜中用十字丝交点照准一明显、固定的目标M,拧紧水平制动螺旋,慢慢转动水平微动螺旋,从目镜中观察目标M移动,若目标M始终在十字丝横丝上移动,则条件满足,不需校正;若目标M不在横丝上移动,而发生偏离,则说明条件不满足,需要校正。

(2)校正方法:如图1-3-4所示,松开十字丝分划板座的固定螺钉,转动十字丝分划板座,使中丝一端对准目标点M,再将固定螺钉拧紧。此项校正也需反复进行,直到满足要求为止。

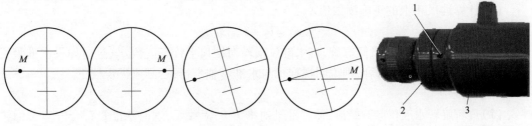

图1-3-3 十字丝的检验

图1-3-4 十字丝的校正
1-目镜筒固定螺钉;2-目镜筒;
3-物镜筒

当此项误差不明显时,一般不进行校正,因为在作业中通常利用横丝的中央部分进行读数。

3. 水准管轴平行于视准轴的检验与校正

1)检验方法

(1)在平坦的地面上选择 A、B、C 三点,并使其大致在同一条直线上,且使 $AC=CB$,A、B 相距 $60\sim 80\mathrm{m}$,如图 1-3-5 所示,在 A、B 两点处分别打下木桩或安放尺垫,并在木桩或尺垫上竖立水准尺。

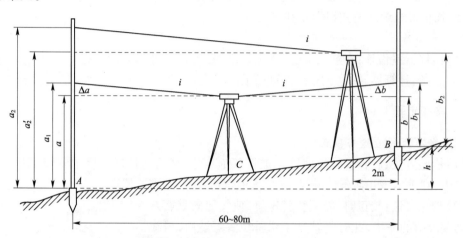

图 1-3-5　水准管轴平行于视准轴的检验

(2)先将水准仪架设于 C 点处,经过精平后,分别对 A、B 两点上的水准尺读数为 a_1、b_1,则 A、B 两点的高差为 $h_{AB}=a_1-b_1$。为了保证所测两点高差的准确性,一般用变换仪器高法测定 A、B 两点间的高差,两次高差之差不超过 3mm 时,可取平均值作为正确高差 h_{AB}。

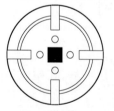

图 1-3-6　水准管的校正螺钉

如图 1-3-6 所示,假如水准仪的视准轴不平行于水准管轴,即视线倾斜了 i 角(此误差又称为 i 角误差),分别引起 A、B 两尺的读数误差为 Δa 和 Δb,由于此时仪器距两尺的距离相等,则根据几何关系可知:$\Delta a=\Delta b$,则 $h_{AB}=a_1-b_1=(a+\Delta a)-(b+\Delta b)=a-b$。

这说明不论视准轴与水准管轴平行与否,当水准仪架设在两点中间,测出的两点高差都是不受 i 角误差影响的正确高差。

(3)再把水准仪置搬到 B 点 $2\sim 3\mathrm{m}$ 的位置,精平仪器后读取近尺 B 上的读数 b_2。

(4)计算远尺 A 上的正确读数值 a_2':

$$a_2'=b_2+h_{AB}$$

(5)照准远尺 A,旋转微倾螺旋,将水准仪横丝对准尺上计算读数 a_2',这时如果水准管气泡居中,即符合气泡影像符合,则说明视准轴与水准管轴平行;否则应进行校正。

2)校正方法

(1)重新旋转水准仪微倾螺旋,使视准轴对准 B 尺读数 b_2,这时水准管符合气泡影像错开,即水准管气泡不居中。

(2)如图 1-3-6 所示,用校正针先松开水准管左右校正螺钉,再拨动上下两个校正螺钉[先松上(下)边的螺钉,再紧下(上)边的螺钉],直到使符合气泡影像符合为止。此项工作要重复进行几次,直到符合要求为止。

注意:用校正针拨动上、下校正螺钉时,应先松后紧,以防损坏校正螺钉。

四、注意事项

(1)保证前后视线长度基本相等,控制视线长度(一般视线长度在 80～100m 之间),消除视线不水平的误差。

(2)检查塔尺接头处和水准尺尺底,读数时水准尺要竖立铅直,克服因水准尺原因而引起的误差。

(3)仪器安置时应踏牢脚架和减少观察中在仪器周围来回走动,选择坚实处作转点或使用尺垫,消除仪器和转点下沉引起的误差。

(4)严格消除视差和准确估读小数,严格执行操作规程,细心工作,消除读数误差,克服测量中容易造成的错误。

(5)对仪器校正时,必须在专业维修人员指导下进行。

作业布置

一、填空题

1. 水准仪的轴线有:视准轴 CC、_____、圆水准器轴 $L'L'$、_____。
2. 连接水准器中心点与球心的直线叫作_____。
3. 十字丝中横丝应_____于仪器竖轴。
4. 当管水准器气泡居中时,视线(视准轴)处于_____位置。
5. 用校正针拨动上、下校正螺钉时,应先____后____,以防损坏校正螺钉。

二、选择题

1. 视准轴是指( )的连线。
   A. 物镜光心与目镜光心　　　　　B. 目镜光心与十字丝中心
   C. 物镜光心与十字丝中心　　　　D. 目镜光心与分划板中心

2. 水准仪四条主要轴线必须满足三个几何条件才能用之进行水准测量,以下条件中,不必要满足的是( )。
   A. $L'L'/\!/VV$　　　　　　　　　　B. $LL/\!/CC$
   C. 十字丝横丝⊥仪器竖轴　　　　D. $VV/\!/CC$

3. 关于微倾水准仪的视准轴与水准管轴不平行所产生的误差,以下说法正确的是( )。
   A. 误差大小一定,与前后视距无关
   B. 误差大小与两点间高差成比例,但与距离无关
   C. 误差与前、后视距之和成比例
   D. 误差与前、后视距之差成比例

4. 水准测量时,为了消除 i 角误差对一测站高差值的影响,可将水准仪置在( )处。
   A. 靠近前尺　　B. 前、后视距相等　　C. 靠近后尺　　D. 无所谓

5. 水准仪的正确轴系应满足( )。
   A. 视准轴⊥管水准轴、管水准轴/\!/竖轴、竖轴/\!/圆水准轴
   B. 视准轴/\!/管水准轴、管水准轴⊥竖轴、竖轴/\!/圆水准轴

C. 视准轴∥管水准轴、管水准轴∥竖轴、竖轴⊥圆水准轴
D. 视准轴⊥管水准轴、管水准轴∥竖轴、竖轴⊥圆水准轴

三、判断题

1. 用水准仪望远镜筒上的准星和照门照准水准尺后,若在目镜中看到图像不清晰,则应旋转目镜对光螺旋;若十字丝不清晰,则应旋转物镜对光螺旋。（　　）
2. 水准仪的横丝的作用是提供照准目标的标志。（　　）
3. 当符合水准器的气泡居中时,其视准轴处于水平位置。（　　）
4. 水准测量时,由于尺竖立不直,该读数值比正确读数偏小。（　　）
5. 使水准仪圆水准器轴垂直于仪器竖轴是水准仪检验项目之一。（　　）

四、简答题

1. 水准仪有哪些轴线？它们之间应满足什么条件？
2. 简述水准仪 i 角的检验过程。

学习活动 4　技 能 考 核

一、考核项目

水准仪变换仪高测量两点高差。

二、考核内容

(1) 水准仪用变换仪高的方法测量两点高差(两点间距 60～80m)。
(2) 完成该高差测量的记录。
(3) 计算出两次测量的较差。

三、评分标准

(1) 满分 100。
(2) 按操作时间评分 30 分。在规定时间(4min)内完成得 30 分,时间每超过 10s,扣 2 分。
(3) 按精度评分 40 分。两点高差较差≤3mm 时得 40 分,较差每超 1mm 扣 5 分。
(4) 计算评分 30 分。独立完成计算过程得 20 分,计算结果正确得 10 分。
(5) 卷面每涂改一处总分扣 5 分。

四、考核说明

(1) 考核过程中任何人不得提示,每人应独立完成仪器操作、记录、计算。
(2) 若有作弊行为,一经发现一律按零分处理。
(3) 考核时间自监考教师发出开始指令,至计算结束由选手报告操作完毕后终止计时。
(4) 读完最后一个读数不能动仪器,读数窗保持最后显示值,监考教师查看最后一个数据。
(5) 考核仪器水准仪为微倾式水准仪。
(6) 数据记录均填写在相应记录表中,不能转抄,记录表以外的数据不作为考核结果。

五、记录计算表

记录计算表见表1-4-1。

高差测量记录表 表1-4-1

班级：_____ 姓名：_____ 学号：_____

测点	水准尺读数(m)		高差 h(m)
	后视 a(m)	前视 b(m)	
A			
B			
$f_h =$			

操作时间：_____　　得分：_____　　精度：_____　　得分：_____

计算得分：_____　　　　　　　　　计算结果得分：_____

卷面涂改情况，扣分：_____　　　　总得分：_____

监考人：_____　　　　　　　　　　考核日期：_____

学习任务2 角度测量

学习目标

1. 能认识经纬仪的基本构造；
2. 能熟练安置经纬仪；
3. 能熟练安置全站仪；
4. 使用全站仪用测回法测水平角；
5. 会对全站仪进行检验校正。

任务导入

上一个任务我们已经针对高差测量的方法和原理进行了详细的学习，本次任务主要针对角度测量，从角度测量使用的仪器构造、观测方法、角度计算、仪器检校等方面展开学习。

学习活动1 经纬仪的安置

学习目标

1. 能认识经纬仪的基本构造；
2. 能熟练安置经纬仪(对中、整平)。

情境描述

如图2-1-1所示，在某三级公路设计时，在前进方向遇到了村庄，使前进方向发生了改变，要求将路线改变了的角度β测量出来。测量角度的仪器有光学经纬仪、电子经纬仪和全站仪，本次活动为学习光学经纬仪的构造和安置。

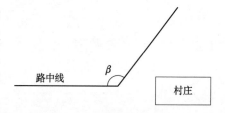

图2-1-1 路线转折示意图

知识链接

一、基本知识

(1)地面点的定位是通过角度、距离和高程三个元素来实现的，角度的测量是关键。

(2)测量角度常用的仪器有经纬仪、电子经纬仪、全站仪等，如图2-1-2所示。它们既可测量水平角也可测量竖直角。

(3)光学经纬仪分为 $DJ_{0.7}$、DJ_1、DJ_2、DJ_6、DJ_{15}、DJ_{30} 共6个级别。其中"D"和"J"是"大地测量"和"经纬仪"的汉语拼音的第一个字母，右侧下角数字表示该类仪器的精度等级，以秒为单位的精度指标，数据越小，其精度越高。

a)经纬仪　　　　　　b)电子经纬仪　　　　　c)全站仪

图 2-1-2　测角仪器

二、经纬仪的构造

光学经纬仪主要由照准部、水平度盘和基座三部分组成。本活动主要介绍 DJ_6 光学经纬仪。

1. 照准部

照准部主要包括望远镜、竖直度盘、水准器以及读数设备等。

(1)望远镜的作用是寻找并瞄准目标,望远镜筒外有一个粗瞄器,在寻找目标时,先用粗瞄器找到目标,再用望远镜的十字丝精确瞄准。

(2)竖直度盘(简称竖盘)的作用是测量竖直角。

(3)照准部水准管的作用是用来整平仪器,圆水准器的作用是用来粗略整平。

(4)读数设备的作用是用来读取度盘读数。

2. 水平度盘

水平度盘是用于测量水平角的。它是由光学玻璃制成的圆环,环上刻有 0°~360°的分划线,在整度分划线上标有注记,并按顺时针方向注记,其度盘分划值为 1°或 30′。照准部顺时针旋转时度数增大,逆时针旋转时度数减小。

水平度盘与照准部是分离的,当照准部转动时,水平度盘并不随之转动。如果需要改变水平度盘的位置,可通过照准部上的水平度盘变换手轮将度盘变换到所需要的位置。

3. 基座

基座是仪器的底座,用来支承整个仪器,并借助中心螺旋使经纬仪与三脚架结合。其上有 3 个脚螺旋用来整平仪器。竖轴轴套与基座连在一起。轴座连接螺旋拧紧后,可将照准部固定在基座上,使用仪器时,切勿松动该螺旋,以免照准部与基座分离而坠落。

DJ_6 级光学经纬仪的构造如图 2-1-3 所示。

三、经纬仪的安置

经纬仪的基本操作程序为对中、整平、照准、读数。本活动只学习前三步。

1. 对中

对中的目的是使仪器中心(竖轴)与测站点位于同一铅垂线上。

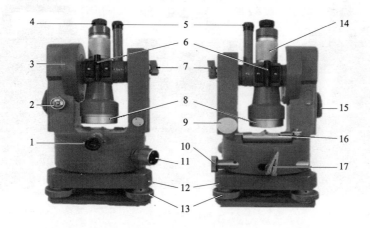

图 2-1-3 经纬仪构造

1-对点器;2-自动归零装置;3-竖直度盘;4-目镜对光螺旋;5-读数窗;6-粗瞄器;7-望远镜制动螺旋;8-望远镜物镜;9-竖直微动螺旋;10-水平微动螺旋;11-度盘变换手轮;12-基座;13-脚螺旋;14-物镜对光螺旋;15-反光镜;16-长水管;17-水平制动

2. 整平

整平的目的是使仪器的竖轴竖直,水平度盘处于水平位置。

3. 照准

使十字丝交点精确照准目标最底部中间。

任务实施

一、安全教育

(1)借领仪器时应该当场清点检查仪器工具及其附件是否齐全,背带及提手是否牢固,脚架是否完好等。如有缺损,可以补领或更换。还应注意仪器摆放的样子。实习期间不能坐仪器箱。

(2)转动仪器时,应先松开制动螺旋,再平稳转动。使用微动螺旋时,应先旋紧制动螺旋。制动螺旋应松紧适度,微动螺旋和脚螺旋不要旋到顶端,使用各种螺旋都应均匀用力,以免损伤螺纹。

(3)实习结束,应及时收装仪器工具,送还借领处检查验收,办理归还手续。如有遗失或损坏,应写出书面报告说明情况,并按有关规定给予赔偿。

二、任务准备

1. 组织准备

(1)以 8 人为一组,每组配备一名组长和一名副组长,组长负责全组组织以及实际操作训练,副组长负责组织理论知识学习和复习。

(2)每组选择 $10m^3$ 的实训场地。每组配备经纬仪 1 套。学生每人带教材、工作页。

2. 仪器准备

(1)由仪器室借领:经纬仪 6 台、三脚架 6 个、测钎 6 根、记录板 1 块。

(2)自备:计算器、铅笔、小刀、计算用纸。

三、操作步骤

1. 经纬仪的对中、整平

1）准备工作

（1）拧松三脚架架腿固定螺旋并将架腿收拢，根据操作者的身高将三脚架架腿调成等长且合适的高度，一般高度到操作者下颌，并拧紧架腿固定螺旋。

（2）打开三脚架将仪器固定到三脚架上中间。

（3）将3个脚螺旋调至中间高度位置。

2）对中

（1）旋转光学对中器的目镜，以看清分划板上圆圈，外拉或内推光学对中器至能看清晰地面上的影像。

（2）将经纬仪安置于测站点上，目估3个脚腿叉开角度均等，并使3个脚腿着地点至所对点的距离等同，这时仪器自然大致对中，基本能在光学对中器中找到地面上要对点的位置，然后踩稳一条架腿，双手移动另外两条架腿，前后、左右摆动，眼睛观察对中器使所对钉帽进入同心圆的小圈，放稳并踩实架脚。

3）粗平

在三脚架3条架脚尖着地点位置不动的情况下，根据圆水准器气泡往高处移动的规律，通过伸缩3条架腿长度调节圆水准器，使圆水准器气泡居中。

4）精平

如图2-1-4所示，将照准部水准管平行一对脚螺旋，调节脚螺旋使照准部水准管气泡居中；再将照准部水准管旋转90°，调节第三个螺旋使照准部水准管气泡居中。

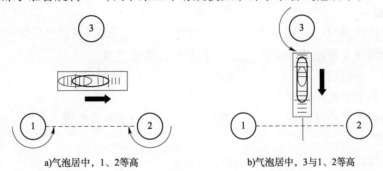

图2-1-4 精平

5）再对中

由于整平与对中相互影响，所以应检查光学对中器的中心是否仍对准测站点，若有少量偏差，可打开连接螺旋，将仪器在架面上缓慢移动，再次使对中器的中心对准测站点，然后再拧紧连接螺旋。

6）再精平

观察照准部水准管气泡，若偏离，则重复4）、5）步，直到精平与对中均满足要求为止。一般光学对中误差应小于1mm。气泡允许偏离零点的量以不超过半格为宜。

2. 照准

（1）先松开水平制动螺旋和望远镜制动螺旋，将望远镜指向天空白色明亮背景。

（2）调节目镜对光螺旋，使十字丝清晰。

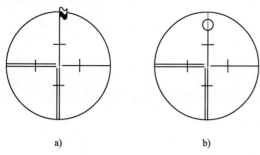

图 2-1-5　瞄准

(3)先用望远镜上的粗瞄器对准目标,固定水平制动螺旋和望远镜制动螺旋,此时目标像应已在望远镜视线范围内。

(4)调节物镜对光螺旋,使目标清晰并消除视差。

(5)转动水平微动螺旋和竖直微动螺旋,使十字丝交点精确照准目标最底部中间,如图 2-1-5 所示。

四、注意事项

(1)仪器出箱时要注意仪器在箱内的放置情况,以便按原样放回。

(2)将经纬仪由箱中取出并安放到三脚架上时,安放时必须是一只手拿住经纬仪的一个支架,另一只手托住基座的底部,并立即旋紧中心连接螺旋,严防仪器从脚架上掉下摔坏。

(3)安置经纬仪时,应使三脚架架头大致水平,以便能较快地完成对中、整平操作。

(4)操作仪器时,应用力均匀。转动照准部或望远镜,要先松开制动螺旋,切不可强行转动仪器。旋紧制动螺旋时用力要适度,不宜过紧。微动螺旋、脚螺旋均有一定调节范围,宜使用中间部分。

(5)在三脚架架头上移动经纬仪完成对中后,要立即旋紧中心连接螺旋。瞄准目标时应尽可能瞄准其底部。

作业布置

一、填空题

1. 光学经纬仪中"D"和"J"是"_____"和"_____"的汉语拼音的第一个字母。
2. 光学经纬仪主要由照准部、_____和基座三部分组成。
3. 照准部主要包括_____、竖直度盘、_____以及读数设备等。
4. 经纬仪的基本操作程序为_____、整平、_____、读数。
5. 整平的目的是使仪器的_____竖直,_____处于水平位置。

二、选择题

1. 下列经纬仪型号中,精度最高的为(　　)。
   A. DJ_1　　　B. DJ_2　　　C. DJ_6　　　D. DJ_{15}
2. 下列选项不属于经纬仪测设范围的是(　　)。
   A. 水平角　　B. 距离　　C. 坐标　　D. 竖直角
3. 下列不属于角度测量的仪器为(　　)。
   A. 全站仪　　B. 水准仪　　C. 电子经纬仪　　D. 经纬仪
4. 水平度盘由光学玻璃制成的圆环,环上刻有(　　)~(　　)的分划线。
   A. 0°　　B. 90°　　C. 360°　　D. 180°
5. 水平度盘用于测定(　　)。
   A. 竖直角　　B. 水平角　　C. 夹角　　D. 高差

三、判断题

1. 经纬仪的下标表示该类仪器的精度等级,以秒为单位的精度指标,数据越大,其精度

越高。（ ）

2.望远镜的用途是寻找并瞄准目标,望远镜筒外有一个粗瞄器,在寻找目标时,先用望远镜找到目标,再用粗瞄器精确瞄准。（ ）

3.照准部顺时针旋转度数增大,逆时针旋转度数减小。（ ）

4.在瞄准目标时,转动水平微动螺旋和竖直微动螺旋,使十字丝交点精确照准目标最底部中间。（ ）

5.安置经纬仪时,应使三脚架架头大致水平,以便能较快地完成对中、整平操作。（ ）

四、简答题

1.简述经纬仪的构造及其各部件作用。
2.简述经纬仪安置的操作步骤。

学习活动2　全站仪的安置

学习目标

1.能叙述全站仪各部位的名称及其功能;
2.会熟练安置全站仪(对中、整平)。

情境描述

上次活动我们介绍了一种光学测量角度的仪器经纬仪的构造及安置,本次活动来学习另一种测角仪器全站仪的构造与安置。

知识链接

一、全站仪简介

全站仪又称全站型电子速测仪,是目前进行测量和放样的主要仪器,是一种集光、机、电为一体的高技术测量仪器,是集水平角、垂直角、距离(斜距、平距)、高差测量功能于一体的测绘仪器系统。因其一次安置仪器就可完成该测站上全部测量工作,所以称为全站仪。

全站仪除了能完成角度测量、距离测量、坐标测量等基本测量功能外,依据内部系统软件还可以进行强大的数据采集、坐标放样和存储管理等功能。全站仪的测量功能很多,在公路勘测与施工中应用也最多,它使那些以往繁琐的坐标测量与公路中线放样工作变得简单、快速。

目前,我国常见的进口仪器类型有日本拓普康、索佳,瑞士徕卡,德国蔡司,美国天宝,国产主要类型为南方NTS系列、苏光OTS系列等,如图2-2-1所示。本学习活动主要介绍拓普康GTS-330全站仪。

二、全站仪的构造

全站仪主要由电子经纬仪、光电测距仪和数据处理系统三部分组成。

1.电子经纬仪

电子经纬仪构造与光学经纬仪基本相似,在此不再赘述。主要功能是测量角度,包括水平角和竖直角。

a)拓普康全站仪　　　　b)徕卡全站仪　　　　c)南方全站仪

图 2-2-1　全站仪

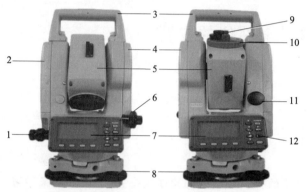

图 2-2-2　拓普康 GTS-332 全站仪构造图
1-水平制动与微动;2-电池;3-提手;4-竖直度盘;5-望远镜;6-光学对点器;7-屏幕;8-基座;9-目镜对光螺旋;10-物镜对光螺旋;11-竖直制动与微动;12-键盘

2. 光电测距仪

测距安装在望远镜中,主要功能是测量距离。

3. 数据处理系统(微机)

数据处理系统主要功能是数据、计算存储。

拓普康 330 系列全站仪有 GTS-332、GTS-335、GTS-336 三种型号,其中常用的拓普康 GTS-332 的主要技术指标是:单棱镜测程 3km,测角精度为 ±2″,测距精度为 $±(2mm+2ppm·D)$,其构造如图 2-2-2 所示。

三、全站仪的主要辅助设备

全站仪主要的辅助设备有三脚架、反射棱镜、通信数据连接线及备用电池和充电器等。三脚架用于测站上架设仪器或架设带底座棱镜,其操作与经纬仪相同。

反射棱镜作为目标安置于目标点上,供望远镜照准以测距离或坐标,其形式如图 2-2-3 所示,在工程测量中,往往根据测程的不同,选用不同的棱镜组,而根据测量的精度要求采用不同的架设方式。

四、基本测量功能

(1)角度测量原理:利用光栅增量度盘或绝对编码度盘计算位移量并通过微处理机,自动对度盘进行读数并显示出来,使观测时操作简单,避免产生读数误差。

a)单棱镜组　　b)三棱镜组　　c)支架棱镜

图 2-2-3　棱镜

(2)距离测量原理:利用已知光速 C,测定它在两点间传播的时间 T,以计算距离。

(3)坐标测量原理:可直接测算测点的三维坐标(X,Y,H)。

任务实施

一、安全教育

(1)实习分小组进行,组长负责组织协调工作,办理仪器工具的借领和归还手续。

(2)实习要在规定时间和场地进行,不得缺席、迟到和早退,不得擅自离开实习场地。

(3)实习过程中应遵守纪律,爱护花草树木,保护环境和公共设施。

(4)全站仪属于贵重仪器,全体同学要按照操作规程使用仪器,轻拿轻放,爱护仪器。

二、任务准备

1.组织准备

以 8 人为一组,每组配备一名组长和一名副组长,组长负责全组组织以及实际操作训练,副组长负责组织理论知识学习和复习。

2.仪器准备

(1)每组配备全站仪 1 套、带支架棱镜 1 个。学生每人带教材、工作页。

(2)自备:计算器,记录本,铅笔。

三、操作步骤

1.进行仪器安置

将全站仪连接到三脚架上,架设仪器,进行对中与整平(与经纬仪的架设方法相似)。多数全站仪有双轴补偿功能,所以仪器整平后在观测过程中,即使气泡稍有偏离,对观测也无影响。场地另一处将棱镜安置于对中杆上,将气泡调至水准管中心。

2.带支架棱镜的安置

将棱镜安置于对中杆上,将气泡调至圆水准器中心。

3.仪器外观构造

拓普康 GTS-332 全站仪操作面板,如图 2-2-4 所示。

4.操作键

(1) ⌞:进入坐标测量模式键。

(2) ⊿:进入距离测量模式键。

(3)[ANG]:进入角度测量模式键。

(4)[MENU]:进入菜单测量模式键。

(5)[ESC]:退出键,返回上一级状态或返回测量模式。

图 2-2-4　拓普康 GTS-332 全站仪操作面板

(6)[ENT]:确认键,在输入数值后按此键确认保存。

(7)[POWER]:电源开关键。

(8)▶◀:光标左右移动键。

(9)▲▼:光标上下移动、翻屏键。

(10)★:进入星键模式。

5.功能键(软键)

[F1]、[F2]、[F3]、[F4]:软功能键,分别对应显示屏上相应位置显示的命令,在不同测

量模式具有不同的功能。

6. 星键模式

按下(★)键即可看到下列仪器选项,并进行设置。

(1)按▲或▼键调节显示屏黑白对比度。

(2)按▼或◀调节十字丝亮度(1~9节)。

(3)显示屏照明开/关[F1]。

(4)设置倾斜改正[F2]。

(5)定线点指示灯开/关[F3](仅适用于有定线点指示器类型)。

(6)设置音响模式(S/A)[F4]。

7. 显示屏上显示符号的含义

(1)V:竖盘读数。

(2)HR:水平角(右角)。

(3)HL:水平角(左角)。

(4)HD:水平距离。

(5)VD:仪器望远镜至棱镜间高差。

(6)SD:斜距。

(7)V%:(垂直角)坡度显示。

(8)*:正在测距。

(9)N:北坐标,相当于 x。

(10)E:东坐标,相当于 y。

(11)Z:天顶方向坐标,相当于高程 H。

四、注意事项

(1)仪器出箱时要注意仪器在箱内的放置情况,以便按原样放回。

(2)将全站仪由箱中取出并安放到三脚架上时,必须是一只手拿住经纬仪的一个支架,另一只手托住基座的底部,并立即旋紧中心连接螺旋,严防仪器从脚架上掉下摔坏。

(3)操作仪器时,应用力均匀。转动照准部或望远镜,要先松开制动螺旋,切不可强行转动仪器。旋紧制动螺旋时用力要适度,不宜过紧。

(4)安置全站仪时,应使三脚架架头大致水平,以便能较快地完成对中、整平操作。

(5)在三脚架架头上移动全站仪完成对中后,要立即旋紧中心连接螺旋。

作业布置

一、填空题

1.全站仪能完成角度测量、_____、坐标测量等基本测量。

2.全站仪主要由电子经纬仪、_____和数据处理系统三部分组成。

3.全站仪主要的辅助设备有三脚架、_____、通信数据连接线及_____和充电器等。

4.全站仪角度测量原理:利用光栅增量度盘或绝对编码度盘计算位移量并通过微处理机,自动对_____进行读数并显示出来,使观测时操作简单,避免产生读数误差。

5.全站仪操作界面中[ANG]是进入_____模式键。

二、选择题

1. 全站仪下列哪个按键能进行距离测量(　　)。
   A. ↗   B. ◢   C. ★   D. [ANG]
2. 棱镜是(　　)所使用的辅助工具。
   A. 经纬仪   B. 水准仪   C. 全站仪   D. 平板仪
3. 全站仪的基本测量功能是指(　　)。
   A. 角度测量   B. 距离测量   C. 坐标测量   D. 角度、距离、坐标测量
4. 全站仪是由(　　)、电子经纬仪和数据处理系统组成。
   A. 控制器   B. 补偿管   C. 光电测距仪   D. 望远镜
5. 基本型全站仪的主要技术装备包括(　　)。
   A. 照准部、基座
   B. 光电测量系统、光电液体补偿技术、测量计算机系统
   C. 望远镜、水准器、基本轴系
   D. 光电测量系统、光电液体补偿技术

三、判断题

1. 全站仪有双轴补偿功能,在观测过程中,若气泡稍有偏离,对观测有影响。(　　)
2. 仪器型号最后一位数字表示该类仪器的精度等级,数值越小,其精度越高。(　　)
3. 全站仪是全能的仪器,任何情况下都可以进行测量。(　　)
4. 全站仪使用时,更换电池卸下电池前务必先关闭电源。(　　)
5. 全站仪既可以测量两点间的平距,也可测量斜距。(　　)

四、简答题

1. 全站仪有哪几种基本测量模式?如何进入这些测量模式?
2. 简述全站仪的构造及其作用。

学习活动3　全站仪测回法测水平角

学习目标

1. 能熟练安置全站仪;
2. 能熟练使用全站仪用测回法测定水平角;
3. 能对测量数据进行记录及计算。

情境描述

某高速公路施工前,要对导线进行复测。导线复测的外业工作主要是进行测角与量距,进行导线测量时有相应的精度等级要求。因此,利用全站仪进行角度与距离测量是完成导线测量的最基本也是最重要的环节,本次活动主要针对全站仪测回法测水平角进行学习。

知识链接

一、水平角的概念

水平角是指从一点出发的两条方向线所构成的空间角在水平面上的投影,或是指地面

上一点到两个目标点的方向线垂直投影到水平面上的夹角。水平角一般用 β 表示,角值范围为 $0°\sim 360°$。

二、水平角测量原理

如图 2-3-1 所示,A、O、B 为地面上任意 3 点,过 AO、OB 直线的竖直面,在水平面上的交线 ao、ob 所夹的角 β 就是 AO 和 OB 之间的水平角。

根据水平角的概念,若在过 O 点的铅垂线上,水平地安置一个有刻度的圆盘(称为水平度盘),度盘中心在 O' 点,过 OA、OB 竖直面与水平度盘交线为 $o'a'$、$o'b'$,在水平度盘上读数为 a'、b',则 $\angle a'o'b'$ 为所测得的水平角。一般水平度盘是顺时针刻划的,则:

$$\angle AOB = b' - a' = \beta \qquad (2\text{-}3\text{-}1)$$

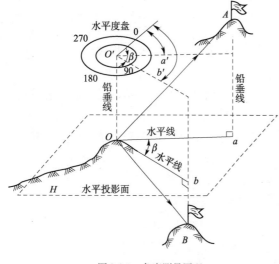

图 2-3-1 角度测量原理

若测量结果出现 a 大于 b 的情况,则:

$$\angle AOB = b' + 360° - a' = \beta \qquad (2\text{-}3\text{-}2)$$

用于测量水平角的仪器,必须具备一个能置于水平位置的水平度盘,且水平度盘的中心位于水平角顶点的铅垂线上,仪器上的望远镜不仅可以在水平面内转动,而且还能在竖直面内转动。

三、测回法

全站仪盘位如图 2-3-2 所示,测回法即用盘左(竖直度盘位于望远镜左侧)、盘右(竖直度盘位于望远镜右侧)两个位置进行观测。用盘左观测时,分别照准左、右目标得到两个读数,两数之差为上半测回角值。为了消除部分仪器误差,倒转望远镜再用盘右观测,得到下半测回角值。取上、下两个半测回角值的平均值作为一测回的角值。按精度要求可观测若干测回,取其平均值为最终的观测角值。

所谓盘左就是观测者对着望远镜的目镜时,竖盘在望远镜的左侧;盘右就是观测者对着望远镜的目镜时,竖盘在望远镜的右侧。盘左又称正镜,盘右又称倒镜。所以,测回法又被称为盘左盘右法或正倒镜法。

四、全站仪角度测量模式

全站仪测量水平角和竖直角的操作步骤与经纬仪操作步骤基本相同,只是照准目标后水平度盘读数或竖直度盘读数是从液晶显示屏幕上直接读得。开机后,仪器默认状态是角度测量模式,它共有 3 个界面菜单。屏幕上显示"V"即为竖直角,"HR"或"HL"为水平角。在每页菜单的最后一行,显示了角度测量的一些功能,其具体含义如图 2-3-3 所示。

1. 选择水平角显示方式

水平角显示具有左角(HL)和右角(HR)两种形式。进行测量前,应利用"R/L"键选择右角/左角(即 HR/HL)。当选择"HR"时,照准部顺时针旋转水平角度增加;当选择"HL"时,照准部逆时针旋转水平角度增加。测量水平角时一般设置为"HR"。

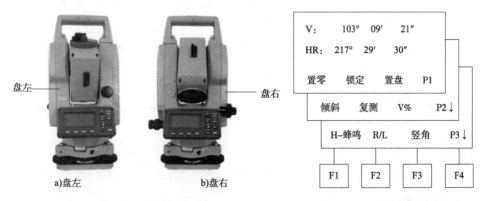

图 2-3-2　盘位示意图　　　　　图 2-3-3　角度测量模式界面

2. 水平度盘读数的设置

1) 水平方向置零

测定两条直线间的水平角,可将其中任一方向作为起始方向,并按【置零】功能键,将望远镜照准该方向时水平度盘的读数设置为 00°00′00″,简称为水平方向置零。

2) 方位角设置(水平度盘定向)

当在已知点上设站,照准另一已知点时,该直线方向的坐标方位角是已知的,此时可按【置盘】功能键设置水平度盘的读数为已知方位角值,这项操作称为水平度盘定向。此后照准其他方向时,水平度盘显示的读数即为该方向的方位角值。

3. 水平角测量

用全站仪测水平角时,首先选择水平角的显示方式 HR 或 HL,再精确照准左侧目标读出显示屏上的读数 a,然后旋转望远镜精确照准右侧目标,读出显示屏上的读数 b,水平角值等于 $b-a$。

任务实施

一、安全教育

(1) 实习分小组进行,组长负责组织协调工作,办理仪器工具的借领和归还手续。
(2) 实习要在规定时间和场地进行,不得缺席、迟到和早退,不得擅自离开实习场地。
(3) 实习过程中应遵守纪律,爱护花草树木,保护环境和公共设施。
(4) 全站仪属于贵重仪器,全体同学要按照操作规程使用仪器,轻拿轻放,爱护仪器。

二、任务准备

1. 组织准备

以 8 人为一组,每组配备一名组长和一名副组长,组长负责全组组织以及实际操作训练,副组长负责组织理论知识学习和复习。

2. 仪器准备

(1) 每组配备全站仪 1 套、带支架棱镜 1 个。学生每人带教材、工作页。
(2) 自备:计算器,记录本,铅笔。

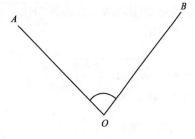

图 2-3-4 场地布置

三、操作步骤

选择一较为开阔的场地,在场地内确定 3 个点 A、O、B,如图 2-3-4 所示,在 O 点位置钉入铁钉,在 A、B 点竖立测钎,要求用全站仪采用测回法将 $\angle AOB$ 测量出来。

1. 上半测回

(1)将全站仪安置在 O 点上。

(2)打开电源进入测角模式,设置水平角的显示方式"HR"。

(3)盘左位置照准 A 点读取读数 $35°46'18''$,记入表 2-3-1 中①栏。

(4)顺时针转动仪器再照准 B 点读取读数 $93°26'21''$,记入表 2-3-1 中②栏。此为上半测回,如图 2-3-5 所示。

2. 下半测回

(1)盘右位置照准 B 点读取读数 $273°26'38''$,记入表 2-3-1 中③栏。

(2)顺时针转动仪器再照准 A 点读取读数 $215°46'24''$,记入表 2-3-1 中④栏。此为下半测回,如图 2-3-6 所示。

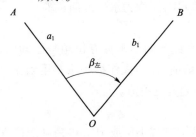

图 2-3-5 上半测回

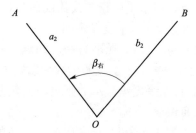

图 2-3-6 下半测回

水平角测回法观测记录表　　　　表 2-3-1

测 站	盘 位	目 标	水平度盘读数 (° ′ ″)	水平角	
				半测回值 (° ′ ″)	一测回值 (° ′ ″)
O	左	A	35 46 18 ①a_1	57 40 03 ⑤	57 40 09 ⑦
		B	93 26 21 ②b_1		
	右	A	215 46 24 ④a_2	57 40 14 ⑥	
		B	273 26 38 ③b_2		

3. 内业计算

1)计算半测回值

上半测回 = ② - ① = $93°26'21'' - 35°46'18'' = 57°40'03''$ = ⑤

下半测回 = ③ - ④ = $273°26'38'' - 215°46'24'' = 57°40'14''$ = ⑥

2)成果校核

上、下两半测回角值之差 ≤ 40″时,精度符合要求,否则应重新测量。

$f_\beta = \beta_左 - \beta_右$ = ⑤ - ⑥ = $57°40'03'' - 57°40'14'' = |-11''| < 40''$,精度符合要求,可以进行下一步计算。

3）一测回角值

$$\beta = \frac{\beta_左 + \beta_右}{2} = (57°40'03'' + 57°40'14'') \div 2 = 57°40'09'' = ⑦$$

四、注意事项

（1）操作前，应检查仪器是否完好，并调整好脚螺旋和脚架高低，打开水平与竖直制动。
（2）按操作规程进行作业，转动各螺旋时不要用力过大，要"稳、轻、慢"。
（3）仪器应安置在土质坚硬的地方，并应将三脚架踏实，防止仪器下沉。
（4）三脚架伸缩固定螺旋要拧紧，但用力不要过大。
（5）安置全站仪时要将中心连接螺旋拧紧，防止掉落，并做到人不离开仪器。
（6）对中与整平应反复进行，至满足要求为止。
（7）测量数据记录不得涂改和转抄。
（8）发现问题应及时向指导老师汇报。

作业布置

一、填空题

1. 水平角角值范围为_____。
2. 盘左是指竖直度盘位于望远镜_____侧。
3. 当选择"HR"时，照准部顺时针旋转水平角度_____；当选择"HL"时，照准部_____时针旋转水平角度增加。测量水平角一般设置为"_____"。
4. 按【____】功能键，将望远镜照准该方向时水平度盘的读数设置为00°00′00″，简称为水平方向置零。
5. 测回法又被称为_____法或正倒镜法。

二、选择题

1. 全站仪开机后，仪器默认状态是（　　）模式。
   A. 距离测量　　B. 角度测量　　C. 坐标测量　　D. 界面设置
2. 进行测量前，应利用（　　）键选择右角/左角。
   A.【置盘】　　B. "R/L"　　C. [MENU]　　D. ★
3. 全站仪测回法测水平角是上、下两半测回角值之差不应大于（　　）。
   A. 30″　　B. 35″　　C. 40″　　D. 60″
4. 测回法观测水平角，测完上半测回后，发现水准管气泡偏离两格多，应（　　）。
   A. 继续观测下半测回
   B. 整平后观测下半测回
   C. 整平后全部重测
   D. 调回一格多继续测
5. 将全站仪安置在 O 点，盘左照准左侧目标 A 点，水平盘读数为0°01′30″，顺时针方向瞄准 B 点，水平盘读数为68°07′12″，则水平夹角为（　　）。
   A. 58°05′32″　　B. 68°05′42″　　C. 78°15′42″　　D. 68°15′42″

三、判断题

1. 测量水平角一般设置为"HL"。　　　　　　　　　　　　　　　　　　　　（　　）

2. 全站仪角度测量模式中,当选择"HL"时,照准部顺时针旋转水平角度增加。（　　）

3. 全站仪测角时,盘左、盘右两个半测回合称为一个测回。（　　）

4. 在测量水平角时,测站与测点越近,角度测量的精度越高。（　　）

5. 测定两条直线间的水平角,可将其中任一方向作为起始方向,并按【置盘】功能键,将望远镜照准该方向时水平度盘的读数设置为00°00′00″。（　　）

四、简答题

1. 简述水平角的概念。

2. "HR"、"HL"分别为什么意思？两者有何区别？

五、计算题

图 2-3-7

如图 2-3-7 所示,在 B 安置全站仪观测水平角,盘左瞄准 A,水平度盘读数 57°40′14″,顺时针转动望远镜瞄准 C,水平度盘读数 153°29′56″;旋转望远镜盘右瞄准 C,水平度盘读数 333°30′06″;逆时针转动望远镜瞄准 A,水平度盘读数 237°40′26″,按以上读数记录、计算(表 2-3-2)。

测回法测水平角的记录计算　　　　　　　　表 2-3-2

测站	盘位	目标	水平度盘读数 (°′″)	水平角	
				半测回值 (°′″)	一测回值 (°′″)
B	左	A			
		C			
	右	C			
		A			

学习活动4　全站仪检验与校正

学习目标

1. 能叙述全站仪的主要轴线及其相互之间的关系；
2. 能进行全站仪的检验；
3. 能进行全站仪的校正。

情境描述

全站仪由于运输、野外作业受振以及长期使用的磨损等原因,其轴线间的几何关系已不能满足要求,为保证观测质量,应定期或在测量任务开始前进行严格的检验与校正。本活动为学习全站仪的检验校正。在使用全站仪时常常会发现,尽管在观测中每一个操作步骤都是严格按照要求进行的,但测量结果并不总是能符合要求,这时我们就会想到是不是使用的仪器存在问题,那么全站仪应该满足什么条件才能达到我们的使用要求,我们应该怎样对仪器进行检验和校正呢？

知识链接

一、全站仪的主要轴线及其概念

全站仪各主要轴线如图 2-4-1 所示,包括水准管轴 LL、视准轴 CC、竖轴 VV、横轴 HH。

(1)水准管轴 LL:水准管圆弧中点称为水准管零点,过零点与内壁圆弧相切的直线称为水准管轴。

(2)视准轴 CC:十字丝的交点与物镜光心的连线称为视准轴。

(3)竖轴 VV:望远镜旋转轴的几何中心线称为仪器的竖轴。

(4)横轴 HH:望远镜和竖直度盘安装在同一根旋转轴上,该旋转轴的几何中心线称为横轴。

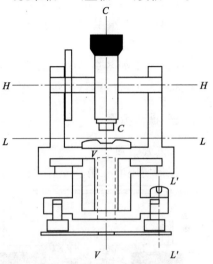

图 2-4-1 全站仪主要轴线

二、全站仪各轴线应满足的几何关系

(1)照准部水准管轴垂直于仪器竖轴($LL \perp VV$)。
(2)望远镜十字丝竖丝垂直于仪器横轴。
(3)望远镜视准轴垂直于仪器横轴($CC \perp HH$)。
(4)仪器横轴垂直于仪器竖轴($HH \perp VV$)。
(5)竖盘指标差应为零。
(6)光学对中器的光学垂线应与仪器竖轴重合。

三、全站仪的检验项目

(1)照准部水准管轴垂直于仪器竖轴的检验与校正。
(2)望远镜十字丝竖丝垂直于横轴的检验与校正。
(3)视准轴垂直于横轴的检验与校正。
(4)光学对中器的检验与校正。
(5)垂直角零基准校正。

任务实施

一、安全教育

(1)在测量实习之前,应学习教材中的有关内容,明确实习目的和要求,熟悉操作步骤,了解注意事项,并准备好所需的文具用品,以保证按时完成实习任务。

(2)实习分小组进行,组长负责组织协调工作,办理仪器工具的借领和归还手续。

(3)实习要在规定时间和场地进行,不得缺席、迟到与早退,不得擅自离开实习场地。

(4)服从老师的指导,认真、仔细操作,培养独立的工作能力和严谨的工作态度,发扬互助协作的精神,实习完毕应提交合格的测量成果和书写工整规范的实习报告。

(5)实习过程中应遵守纪律,爱护花草树木,保护环境和公共设施,不得踩踏花草、攀折树木、污染环境。损坏公共设施者应赔偿损失。

(6)全站仪属于贵重仪器,全体同学要按照操作规程使用仪器,轻拿轻放,爱护仪器。

二、任务准备

1. 组织准备

以 8 人为一组,每组配备一名组长和一名副组长,组长负责全组组织以及实际操作训练,副组长负责组织理论知识学习和复习。

2. 仪器准备

(1)每组配备全站仪 1 套、带支架棱镜 1 个、测钎 2 个。学生每人带教材、工作页。

(2)自备:计算器,记录本,铅笔。

三、操作步骤

1. 基座紧固

仪器使用前三角基座必须稳固,否则将影响测量精度。

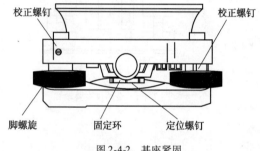

图 2-4-2 基座紧固

(1)每个脚螺旋上都有两个校正螺钉,使用前应检查拧紧,如图 2-4-2 所示。

(2)脚螺旋与三角板间有固定环和定位螺钉,先松开固定环再拧紧定位螺钉。

2. 长水准管检校

检验:(1)将长水准管置于脚螺旋 A、B 的连线平行的方向上,调整 A、B 使长水准管居中。

(2)将仪器绕竖轴旋转 180°,观察水泡是否居中,否则需校正。

长水准管检验如图 2-4-3 所示。

校正:(1)利用 A、B 调整使水泡向中间移动偏离量的一半。

(2)用拨针调整校正螺钉使水泡移动剩余的一半。

(3)将仪器绕竖轴再旋转 180°,检查气泡位置,若气泡还有偏离,重复以上步骤,直至居中为止。

长水准管校正如图 2-4-4 所示。

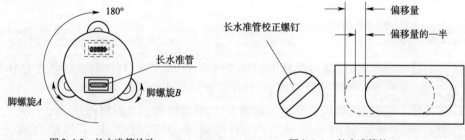

图 2-4-3 长水准管检验　　图 2-4-4 长水准管校正

3. 十字丝检校

检验:(1)严格整平仪器,照准 50m 外目标 A。

(2)让望远镜做轻微上下转动,若 A 点一直沿十字丝竖丝移动,无须校正。

(3)若 A 点偏离十字丝,则需校正。

十字丝检验如图2-4-5所示。

检验：(1)取下十字丝护罩，可见4个固定螺钉。

(2)松开4个固定螺钉，转动目镜端直至十字丝竖丝与A'点重合。

(3)重复以上两步直至十字丝竖丝一直与A点重合为止。

十字丝校正如图2-4-6所示。

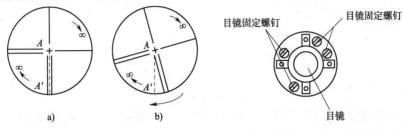

图2-4-5　十字丝检验　　　　图2-4-6　十字丝校正

4. 视准轴检校

检验：(1)将仪器安置在A、B之间，距A、B为50～60m，盘左位置瞄准A点。

(2)松开望远镜上下制动，将其沿竖直方向旋转180°，在B附近确定一点B_1。

(3)盘右位置瞄准A点，松开望远镜上下制动，将其沿竖直方向旋转180°，在B附近确定一点B_2。

(4)B_1点与B_2点应重合，否则应校正。

视准轴检验如图2-4-7所示。

校正：(1)在B_1与B_2的连线上确定一点B_3，使B_2至B_3的距离为$1/4B_1B_2$。

(2)旋下十字丝保护罩，松开上下校正螺钉，旋动左右两个校正螺钉，移动十字丝刻画板，使十字丝中心对准B_3点，重复检验，如B_1、B_2重合校正完成，否则重新校正。

视准轴校正如图2-4-8所示。

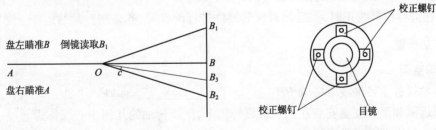

图2-4-7　视准轴检验　　　　图2-4-8　视准轴校正

5. 对点器检校

检验：(1)将仪器安置好，使其对准一清晰的地面点。

(2)将仪器旋转180°，观察光学对点器，地面点应处于对点器中心标志处，否则需校正。

校正：(1)旋下对点器目镜护罩，调整4个校正螺钉，使中心标志移向地面点移动偏离量的一半。

(2)利用脚螺旋使标志与地面点重合。

(3)重复以上步骤直至符合要求为止。

对点器校正如图2-4-9所示。

6. 垂直角度零基准校正

检验：正倒镜照准同一目标，垂直角之和等于360°，否则需校正。

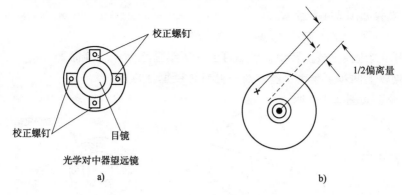

图 2-4-9 对点器校正

校正:(1)精确整平仪器,按住 F1 再按电源键开机,按 F1 键(竖角零基准)。

(2)正镜照准目标 A,按 F4 回车键。

(3)倒镜照准目标 A,按 F4 回车键。

(4)垂直角零位测定值被设定,仪器进入正常角度测量模式,如图 2-4-10 所示。

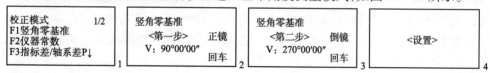

图 2-4-10 垂直角度零基准校正

四、注意事项

(1)仪器在进行检验校正的过程中,三脚架务必要踩牢,仪器与三脚架连接要牢固,操作过程中不要用手扶或碰动三脚架。

(2)在转动照准部及使用各种螺旋时,用力要轻。

(3)在进行仪器校正时,如必须对仪器硬件进行调整时,务必在教师的监督下完成。

作业布置

一、填空题

1. 全站仪各主要轴线有横轴 HH、_____、_____、竖轴 VV。

2. 望远镜和竖直度盘安装在同一根旋转轴上,该旋转轴的几何中心线称为_____。

3. 光学对中器的光学垂线应与_____重合。

4. 仪器使用前三角基座必须_____,否则将影响测量精度。

5. 正倒镜照准同一目标,垂直角之和等于_____。

二、选择题

1. 在经纬仪照准部的水准管检校过程中,大致整平后使水准管平行于一对脚螺旋,气泡居中,当照准部旋转 180°后,气泡偏离零点,说明( )。

    A. 水准管轴不平行于横轴   B. 仪器竖轴不垂直于横轴

    C. 水准管轴不垂直于仪器竖轴   D. 水准管轴垂直于仪器竖轴

2. 水平度盘指标与照准部的转动关系和竖盘与竖盘指标的转动关系不同之处在于( )。

    A. 无差别

    B. 水平度盘:指标转动,度盘不动;竖盘:指标不动,度盘转动

C. 水平度盘:指标不动,度盘转动;竖盘:指标不动,度盘转动
D. 水平度盘:指标不动,度盘转动;竖盘:指标转动,度盘不动

3. 用正倒镜位置观测水平角取平均值可以消除仪器( )误差。

   A. 视准轴不垂直于横轴   B. 横轴不垂直竖轴

   C. 对中误差   D. 照准部偏心差

   E. 指标差

4. 全站仪检验校正的内容包括( )。

   A. 照准部水准管的检验校正   B. 十字丝竖丝垂直于横轴的检验校正

   C. 视准轴垂直于横轴的检验校正   D. 横轴垂直于竖轴的检验校正

   E. 竖盘指标水准管的检验校正

5. 要消除度盘刻划误差对水平角观测的影响,采用的方法为( )。

   A. 各测回间改变度盘起始位置   B. 盘左、盘右观测

   C. 消除视差   D. 认真估读减小读数误差

三、判断题

1. 水准管圆弧中点称水准管零点,过零点与内壁圆弧相切的直线称水准管轴。( )
2. 视准轴检校时,将仪器安置在 A、B 之间,距 A、B 为 60～80m。( )
3. 垂直度盘零基准校正时,正倒镜照准同一目标,垂直角之和等于180°,需进行校。( )
4. 在进行仪器校正时,如必须对仪器硬件进行调整时,可自行进行调整。( )
5. 经纬仪望远镜十字丝竖丝垂直于横轴的检验与校正。( )

四、简答题

1. 简述全站仪的主要轴线及其概念。
2. 简述全站仪各轴线应满足的关系。
3. 简述十字丝检校的方法。

学习活动 5 技 能 考 核

一、考核项目

全站仪测三角形内角和。

二、考核内容

(1) 用测回法完成一个等边三角形三个内角的观测(边长 10m 左右)。
(2) 完成必要记录计算。

三、考核要求

(1) 记录、字体工整,无错误。
(2) 内角和闭合差 ≤ ±90″。
(3) 必须使用测回法完成内角观测。

四、考核标准

(1)满分100。
(2)按操作时间评分30分。在规定时间(15min)内完成得30分,时间每超过20s,扣2分。
(3)按精度评分40分。内角闭合差≤90″时得40分,较差每超10″扣5分。
(4)计算评分30分。独立完成计算过程得20分,计算结果正确得10分。
(5)卷面每涂改一处总分扣5分。

五、考核说明

(1)考核过程中任何人不得提示,各人应独立完成仪器操作、记录。
(2)若有作弊行为,一经发现一律按零分处理。
(3)考核前考生应准备好钢笔或圆珠笔、计算器,考核者应提前找好标杆人。
(4)考核时间自裁判发出开始指令,至读完并记录完最后一个读数由选手报告操作完毕后终止计时,必须等裁判复核最后一个数据。
(5)考核仪器为拓普康 GTS-332 全站仪。
(6)数据记录均填写在相应记录表(表2-5-1)中、不得转抄,记录表以外的数据不作为考核结果。

水平角测回法记录表　　　　　　　表2-5-1

班级:＿＿＿＿＿＿　　姓名:＿＿＿＿＿＿　　学号:＿＿＿＿＿＿

测点	盘位	目标	水平度盘读数 (° ′ ″)	水平角	
				半测回值 (° ′ ″)	一测回值 (° ′ ″)

操作时间:＿＿＿＿＿＿　　得分:＿＿＿＿＿＿　　精度:＿＿＿＿＿＿　　得分:＿＿＿＿＿＿
计算得分:＿＿＿＿＿＿　　　　　　　　　　　　　计算结果得分:＿＿＿＿＿＿
卷面涂改情况,扣分:＿＿＿＿＿＿　　　　　　　　总得分:＿＿＿＿＿＿
监考人:＿＿＿＿＿＿　　　　　　　　　　　　　　考核日期:＿＿＿＿＿＿

学习任务 3 距 离 测 量

> **学习目标**
> 1. 能独立阅读工作任务单,明确项目任务和个人任务要求;
> 2. 能在教师引导下以小组完成工作计划的制订;
> 3. 能进行直线定线并用钢尺丈量两点间距离;
> 4. 能描述出全站仪距离测量原理;
> 5. 能正确使用全站仪进行距离测量;
> 6. 能正确进行成果记录并交付检验。

任务导入

距离测量是确定地面点位之间长度的测量,是工程测量的一项最基本的工作。而工程上的距离是指地面两点之间的水平距离。通常距离测量的方法有钢尺(皮尺)量距、全站仪距离测量及视距测量等。钢尺量距使用的方法及工具简单,一般适用于小范围低精度要求的测距。全站仪测距则具有效率高、精度高、测程远的特点,目前在各项工程中应用比较普遍。本次学习任务包括钢尺量距、直线定线、全站仪量距、技能考核等学习活动。

学习活动 1 钢尺丈量两点距离

学习目标

1. 能进行直线定线;
2. 能使用钢尺进行直线的距离丈量;
3. 会进行测量数据的记录与计算。

情境描述

学校将要举行运动会,由于操场为土质场地。现需要进行100m跑道的白灰画线。公路系与学校体育组配合来完成此项工作。现有30m钢尺,经纬仪与花杆,本次活动每个小组完成一条跑道的定线与距离丈量,要求误差为+0.05m。

知识链接

一、距离的形成

距离形成的途径可走弯形、折线、直线,但测量中是指 AB 之间最短的水平距离,如图3-1-1所示。

概念:距离是指地面上两点之间的水平距离,它需要用标志将点位固定下来。

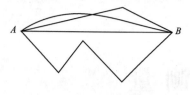

图 3-1-1　距离的形成

二、直线定线

直线定线就是当两点间距较长时,要分成几段进行距离丈量,为了使量距能够沿着拟定的方向在直线上测量,就必须在两点间标定若干点,通过这些点将直线在地面上标定出来,从而使量距沿着直线进行。这种标定直线的工作就称为直线定线。直线定线的方法有两种,在测量精度要求不高时,可用花杆定线;在精度要求较高时,则要用经纬仪定线。

三、直线丈量

1. 直线丈量方法

(1)花杆钢尺法:即花杆定方向,钢尺量距。

(2)经纬仪、水准仪视距法(准确度较差):利用视距测量的方法获得距离,适用于低等级公路的近距离测量。

2. 丈量工具

通常使用的量距工具主要有钢尺、皮尺、绳尺等,辅助工具有测钎、标杆和垂球等。

(1)钢尺又称钢卷尺,由带状薄钢条制成,如图 3-1-2 所示。钢尺有手柄式和盒式两种,长度有 20m、30m、50m 几种。按尺的零点位置的不同,可分为端点尺和刻线尺两种,如图 3-1-3 所示,端点尺是零点从尺的端点开始,适用于从建筑物墙边开始丈量距离的工作;刻线尺是从尺上刻的一条横线作为零点。使用钢尺时必须注意钢尺的零点位置,以免发生错误。

图 3-1-2　钢尺

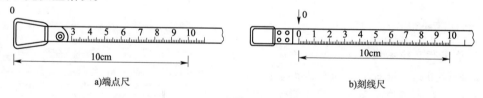

a)端点尺　　　　　b)刻线尺

图 3-1-3　端点尺与刻线尺

用普通钢尺量距一般精度为 1/5000 ~ 1/1000,若按较精密的方法施测并按较严密的方法进行数据处理,其精度可达 1/30000 ~ 1/10000。

(2)皮尺又称布卷尺,皮尺是由麻布织入铜丝而成,呈带状,也有用塑料制成的。长度有 20m、30m、50m 几种。如图 3-1-4 所示,一般刻划到厘米,尺的零点在尺的最外端。皮尺使用及携带灵活。但耐拉能力较差,伸缩性较大,可用于普通低精度量距。

(3)绳尺又称测绳,其外皮用线或麻绳包裹,中间加有金属丝制成的。其外形如电线,并涂以蜡,每隔一米包一金属片,并注明米数。长度一般有 50m、100m 两种。如图 3-1-5 所示,一般用于精度较低的测量工作要求。

(4)标杆又称花杆,长为 2m 或 3m,直径为 3 ~ 4cm,用木杆或玻璃钢管、空心钢管制成。杆上按 20cm 间隔涂上红白漆,杆底为锥形铁脚,用于显示目标和直线定线,如图 3-1-6 所示。

图3-1-4　皮尺　　　　　　　　　　图3-1-5　测绳

(5)测钎用粗铁丝制成,如图3-1-7所示,测钎长为30cm或40cm,上部弯一个小圈,可套入环内,在小圈上系一醒目的红布条。一般要具备一组测钎有6根或11根。在丈量时用它来标定尺端点位置和计算所量过的整尺段数。

图3-1-6　标杆　　　　　　　　　图3-1-7　测钎

3. 不同地形的丈量要求

通常用在低等级的导线测量中或精度要求不高的量距中。操作要求为:直、平、准。

直:量的是直线长度,因此定线要直,尺要拉直。

平:量的是两点之间的水平距离,要求尺身水平,量取斜距时也要改成水平距离。

准:对点、投点、计算要准,丈量结果不能有错误,并符合精度要求。

1)平坦地面上丈量距离的方法

用钢尺丈量地面上两点间的水平距离时,为了提高丈量精度,采用往返丈量的方法进行,如图3-1-8所示。

2)在倾斜地面上丈量距离的方法

当地面稍有倾斜时,可把尺的一端紧贴高端对准端点,低处一端抬高,使钢尺处于水平状态,再按整尺段依次分段量取水平距离,最后计算总长,如图3-1-9所示。

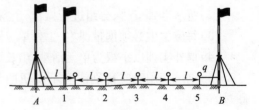

图3-1-8　平坦地面丈量距离示意图

当地面坡度较大且坡度稳定时可采用斜量法,即通过量取AB两点的斜距L及竖直角α来计算AB两点水平距离 $D = L\cos\alpha$,如图3-1-10所示。

4. 丈量精度的评定

为了避免出错和增强丈量结果的可靠性,并提高丈量精度,距离丈量要求往返丈量。当丈量精度符合要求时,取往返丈量的平均值作为丈量结果。如果超限,则应重新丈量至符合要求为止。

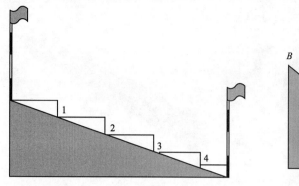
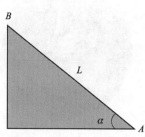

图 3-1-9　倾斜地面平量法　　　　图 3-1-10　倾斜地面平量法

用往返丈量的较差 ΔD 的绝对值与平均距离 D 之比来衡量它的精度,并用分子为 1 的分数形式来表示,即为相对误差 K。计算公式如下：

$$\Delta D = D_{往} - D_{返} \tag{3-1-1}$$

$$D_{平} = \frac{1}{2}(D_{往} + D_{返}) \tag{3-1-2}$$

$$K = \frac{|\Delta D|}{D_{平}} = \frac{1}{\dfrac{D_{平}}{|\Delta D|}} \tag{3-1-3}$$

如果相对误差在规定的允许限度内,即 $K \leqslant K_{允}$,精度符合要求,可取往返丈量的平均值作为丈量结果。

在一般情况下,平坦地区丈量的相对精度应高于 1/3000,困难地区也不应低于 1/1000。

任务实施

一、安全教育

(1)本活动以室外实训为主,请同学们注意课堂纪律,不做与课堂无关的事情。
(2)听从老师安排,分组进行操作,不得嬉戏打闹,不能玩手机。
(3)每位学生必须携带课本、工作单、计算器、练习本、笔。
(4)课外实训以小组为单元活动,组长要切实负责,组员要服从组长指挥。
(5)钢尺使用时要特别注意不要扭曲,因为特别容易脆断,所以不能让车辆从尺身上碾过。
(6)注意人身安全,测量过程中随时注意过往车辆,不要拿测量工具玩耍打闹。
(7)距离测量没有良好的团队配合很难准确测量,因此要培养良好的协助精神。

二、任务准备

1. 组织准备

以 8 人为一组,每组配备一名组长和一名副组长,组长负责组织全组活动以及实际操作训练,副组长负责组织理论知识学习和复习。

2. 仪器准备

(1)由仪器室借领:30m 钢尺一把,花杆 3 根,测钎 1 束,钉子 3 个等。

(2)自备:计算器,记录本,铅笔。

三、操作步骤

如图 3-1-11 所示,在土质运动场直道段设置 A、B 两点,A 点定为起点,A 与 B 点间距约 100m。

1. 外业操作

(1)先在 A、B 两点立花杆,然后再用花杆法在地面上定线,即"三点一线"进行瞄准。将各分段点用小木桩标定在 A、B 直线上。

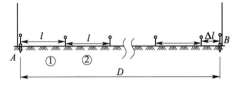

图 3-1-11 距离丈量

(2)后尺手拿尺的零端立在 A 点,前尺手拿尺的末端并携带测钎沿 AB 方向前进,走到一整尺段处停下。

(3)后尺手把钢尺的零点对准 A 点,并喊"预备",然后前、后尺手将钢尺沿着用小木桩标定的直线同时拉紧尺子,并拉平、拉直以确保量距沿着 AB 直线进行。

(4)当尺子拉平、拉直并稳定后,后尺手喊"好",前尺手迅速将一测钎对准尺的终点刻划竖直插在地面上。这样就量完了第一尺段。

(5)前后尺手同时抬尺前进,当后尺手到达测钎处时停住,重复以上操作方法,继续向前量第二、第三等尺段。并将整尺段数记入表 3-1-1 第 2 列。

注意:量好每一尺段时,后尺手必须将前尺手插在地面上的测钎拔出收好,用来计算整尺段数。

(6)当丈量到 B 点时,一般已不足一个整尺段(称为零尺段),这时由前尺手用尺上某整刻划线对准终点 B,后尺手在尺的零端读数至毫米,求出零尺段长 Δl。将数据记入表 3-1-1 第 3 列,这样就完成了从 A 点到 B 点的"往测",如图 3-1-11 所示。往测距离全长 D 为:

$$D = nl + \Delta l \qquad (3\text{-}1\text{-}4)$$

式中:l——整尺段的长度;

n——丈量的整尺段数;

Δl——不足一个整尺段的余长。

(7)往测后再调转尺头,从 B 点返测至 A 点。往、返各丈量一次称为一测回,在符合精度要求时,取往返距离的平均值作为丈量结果的测回值。

量 距 记 录 表　　　　　　表 3-1-1

测线		整尺段(m)	零尺段(m)	总计(m)	较差(m)	精度	平均值(m)	备注
1		2	3	4	5	6	7	8
AB	往	$N \times 30$						精度要求小于 1/2000
	返	$N \times 30$						

2. 内业计算

(1)将所测数据填写在表格中。

(2)丈量成果处理与精度评定。

作业布置

一、填空题

1. 确定地面上点的位置一般要进行角度测量与_____。
2. 钢尺量距是丈量地面上两点间的_____距离。
3. _____尺的零点位于挂圈外端。
4. 标定直线的工作称为_____,直线定线的方法有花杆法与_____。
5. 用钢尺丈量一直线,往测丈量的长度为 226.40m,返测为 226.50m,其相对误差为_____。

二、选择题

1. 距离丈量的结果是求得两点间的( )。
   A. 斜线距离　　　B. 水平距离　　　C. 折线距离　　　D. 坐标差值
2. 用钢尺进行一般方法量距,其测量精度一般能达到( )。
   A. 1/50 ~ 1/10　　　　　　　　B. 1/300 ~ 1/200
   C. 1/5000 ~ 1/1000　　　　　　D. 1/40000 ~ 1/10000
3. 往返丈量一段距离,均 $D = 184.480$m,往返距离之差为 +0.04m,其精度为( )。
   A. 0.00022　　B. 4/18448　　C. 2.2×10^{-4}　　D. 1/4612
4. 往返丈量直线 AB 的长度为:$D_{AB} = 126.72$m,$D_{BA} = 126.76$m,其相对误差为( )。
   A. $K = 1/3100$　B. $K = 1/3500$　C. $K = 0.000315$　D. $K = 0.00315$
5. 距离测量时由 A 测到 B,然后由 B 测到 A,称为( )测回。
   A. 一个　　　　B. 半个　　　　C. 两个　　　　D. 全不对

三、判断题

1. 丈量地面两点间的距离,指的是两点间的直线距离。　　　　　　　　( )
2. 钢尺量距时,如定线不准,则所量结果总是偏大。　　　　　　　　　( )
3. 把多根标杆标定在已知直线上的工作称为直线定向。　　　　　　　 ( )
4. 端点尺是以尺的最外端作为尺的零点。　　　　　　　　　　　　　( )
5. 倾斜地面距离丈量时地势起伏不大时可利用平量法测量。　　　　　 ( )

四、简答题

1. 钢尺直线丈量的工具有哪些?
2. 直线定线中花杆与测钎的作用是什么?

五、计算题

1. 距离丈量外业数据已填入表3-1-2,要求完成计算,把表格填写完整。

量 距 记 录 表　　　　　　　　　　　　　表3-1-2

测　线		整尺段(m)	零尺段(m)	总计(m)	较差(m)	精度	平均值(m)	备注
AB	往	5×30	20.863					精度小于 1/2000
	返	5×30	20.793					

2. 丈量两段距离,甲段往测为 126.780m,返测 126.680m,乙段往返测分别为 397.230m 和 397.330m,两段距离往返测差数均为 0.1m,是否可以说两段距离丈量精度相等?如果不等,哪一段测量比较精确?为什么?两段距离丈量结果各等于多少?

学习活动 2　全站仪距离测量

学习目标

1. 能熟练安置仪器;
2. 能使用全站仪进行角度、距离测量;
3. 能描述全站仪距离测量原理;
4. 能规范操作仪器,个人能得出符合精度要求的测量成果。

情境描述

学校实训教学楼即将开工建设,基础开挖前施工单位已经用白灰撒出开发轮廓,并在边角定下木桩。学校作为建设单位,要求利用全站仪核准一下开挖尺寸。这就需要利用全站仪的测距功能来完成此项工作。

知识链接

全站仪距离测量是全站仪最基础和最重要的一项功能。全站仪测距的优点是:距离长,时间短,反应快,精度高,同时能完成定线功能。钢尺丈量主要缺点有:工作量大,同时精度也低,存在尺长改正、温度改正、倾斜改正、拉力改正、钢尺垂曲误差、定线误差和丈量本身的误差。

一、红外测距原理

全站仪测距是通过测定它发出的红外线在两点间传播的时间来计算距离的,此即为红外线测距原理。

测距方法如图 3-2-1 所示,在 A 点安置全站仪,在 B 点上设置反射棱镜,当望远镜发出的红外线到达棱镜又被反射回来时,仪器通过记录光线的往返时间 t 来计算仪器至棱镜的距离 D。即:

$$D = \frac{1}{2}ct \quad (3\text{-}2\text{-}1)$$

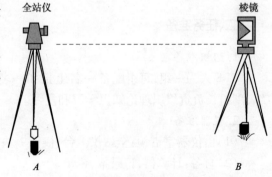

图 3-2-1　外光电测距原理

式中:D——待测距离;

c——红外光在大气中的传播速度;

t——红外光在往返距离上的传播时间。

全站仪可自动把计算出的距离显示在屏幕上。

二、功能模式介绍

以拓普康 GTS-330 型全站仪为例,进行距离测量操作时,按 ◢ 键进入距离测量模式,它有两个界面菜单,如图 3-2-2 所示。显示屏上,HR 表示水平角读数,HD 表示水平距离,VD 表示高差。全站仪测距时,棱镜是其不可缺少的合作伙伴(近几年出现了免棱镜全站仪,但测程都较短,一般在 250m 以下)。在瞄准棱镜、读取距离值之前,首先应该按"S/A"键,进行

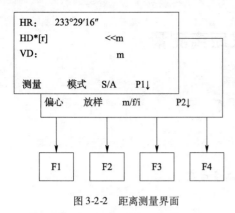

图 3-2-2　距离测量界面

大气改正值 PPM 和棱镜常数改正值 PSM 的设置。大气改正的设置可以通过输入温度和气压来获取,也可直接输入 PPM 值。拓普康的棱镜常数为 0,设置棱镜改正为 0,如使用其他厂家生产的棱镜,则在使用之前应先设置一个相应的常数。

其次,应按"模式"键选择合适的测距模式。全站仪的测距模式有精测模式、跟踪模式和粗测模式三种。精测模式,是最常用的测距模式,最小显示单位为 0.2mm 或 1mm;跟踪模式,常用于跟踪移动目标或放样时连续测距,最小显示单位一般为 1cm;粗测模式,最小显示单位为 1cm 或 1mm。

仪器设置好后,按"测量"键,可以测出仪器点至棱镜点的斜距或平距并显示在屏幕上。

任务实施

一、安全教育

(1)本活动以室外实训为主,请同学们注意课堂纪律,不做与课堂无关的事情。

(2)听从老师安排,分组进行操作,不得嬉戏打闹,不能玩手机。

(3)每位学生必须携带课本、工作单、计算器、练习本、笔。

(4)课外实训以小组为单元活动,组长要切实负责,组员要服从组长指挥。

(5)注意保护好仪器,正确使用,要有专人看护仪器,架设要稳固,防止仪器摔落。

(6)注意人身安全,测量过程中随时注意过往车辆,不要拿测量工具玩耍打闹。

(7)距离测量没有良好的团队配合很难准确测量,因此要培养良好的协助精神。

二、任务准备

1. 组织准备

以 8 人为一组,每组配备一名组长和一名副组长,组长负责全组组织以及实际操作训练,副组长负责组织理论知识学习和复习。

2. 仪器准备

(1)由仪器室借领:全站仪 1 台、棱镜 1 块、对中杆 1 个、三脚架 1 个,测钎 2 个。

(2)自备:计算器,记录本,铅笔。

三、操作步骤

(1)如图 3-2-3 所示,要测量地面两点 AB 间水平距离 D,在 A 点架设全站仪,进行对中、整平。在 B 点架设棱镜,进行对中。

(2)调整仪器,瞄准棱镜中心,锁定照准部。

(3)操作步骤,操作界面如图 3-2-4 所示。

①按 POWER 键开机。

②按[▲]进入距离测量模式。

③[F1]测量显示距离。

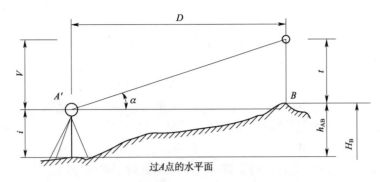

图 3-2-3 全站仪距离测量

距离测量界面模式如图 3-2-5 所示。

图 3-2-4 拓普康 GTS-330 全站仪测距界面

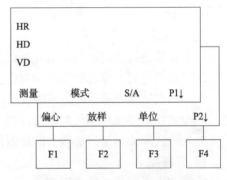

图 3-2-5 全站仪距离测量操作界面

功能：按▲进入，可进行水平角、竖直角、斜距、平距、高差测量及 PSM、PPM、距离单位等设置。

第 1 页

    F1　测量：进行测量。

    F2　模式：设置测量模式，精测/粗测/跟踪。

    F3　S/A：设置棱镜常数改正值（PSM）、大气改正值（PPM）。

    F4　P1↓：进入第 2 页。

第 2 页

    F1　偏心：偏心测量方式。

    F2　放样：距离放样测量方式。

    F3　单位：距离单位米/英尺/英寸的切换。

    F4　P2↓：进入第 1 页。

作业布置

一、填空题

1. 全站仪的基本测量模式有角度测量、_____、坐标测量。
2. 距离测量模式中 HD 表示仪器中心至棱镜中心的距离_____。
3. 全站仪上按_____键进入距离测量模式。
4. 全站仪距离测量时，仪器必须对准棱镜_____才能读数。
5. 全站仪的测距模式有_____、跟踪模式和粗测模式三种。

二、选择题

1. 跟踪测量模式精确到厘米位,主要用于(　　)测量。
   A. 距离　　　　B. 对边　　　　C. 放样　　　　D. 坐标
2. 精测模式与粗测模式的测距结果都精确到(　　)位。
   A. 米　　　　　B. 分米　　　　C. 厘米　　　　D. 毫米
3. 全站仪进行距离测量的辅助工具有(　　)。
   A. 棱镜　　　　B. 花杆　　　　C. 钢尺　　　　D. 舣板
4. 全站仪距离测量前,进行棱镜常数与大气改正数设定的键是(　　)。
   A. MODE　　　 B. S/A　　　　C. P1↓　　　　D. SO
5. 下列表示水平距离的是(　　)。
   A. HR　　　　 B. SD　　　　 C. VD　　　　 D. HD

三、判断题

1. 全站仪进行距离测量时需先配以花杆进行直线定线。　　　　　　　　(　　)
2. 全站仪进行角度和距离测量时都必须配棱镜。　　　　　　　　　　　(　　)
3. 全站仪之键表示距离测量中斜长、水平距离及高差。　　　　　　　　(　　)
4. 全站仪测距要比钢尺测距反应快,精度高。　　　　　　　　　　　　(　　)
5. 在导线距离测量时必须采取精测的距离测量模式。　　　　　　　　　(　　)

四、简答题

1. 简述光电测距的基本原理。
2. 影响全站仪测距精度的操作因素有哪些?

五、计算题

1. 全站仪测量 A、B 两点距离,仪器显示水平距离 $HD=80.255\mathrm{m}$,高差 $VD=3.180\mathrm{m}$,计算仪器中心至棱镜中心距离斜距 SD。
2. 全站仪测量 A、B 两点距离,仪器由 A 测到 B 为 $110.557\mathrm{m}$,由 B 测到 A 为 $110.553\mathrm{m}$,求 A、B 两点距离并评价测量精度。

学习活动 3　技 能 考 核

一、考核项目

钢尺量距。

二、考核内容

(1)如图 3-3-1 所示,考核前有教师事先在地面钉设两个已知点 A、B,该两点距离大约 100m。同时,要求利用花杆与钢尺配合精确测量 A、B 两点间直线距离。

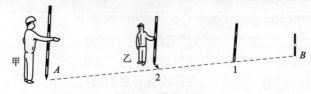

图 3-3-1　直线丈量

(2)考核仪器为30m钢尺、花杆、测钎。

(3)考核地点学校操场。

三、考核要求

(1)考核前在A、B两点竖立花杆,由教师发令开始计时,然后再用花杆法在地面上定线,即"三点一线"进行瞄准。将各分段点用测钎标定在A、B直线上。两名同学拉尺量距,往返各一次,测得A、B之间的距离。

(2)考核过程中任何人不得提示,各人应独立完成仪器操作、记录工作。

(3)若有作弊行为,一经发现取消考核资格。

(4)考核前考生应准备好钢笔或圆珠笔、计算器,考核者应提前找人安置花杆。

(5)考核时间自架立仪器开始,至拆卸仪器放进仪器箱并递交记录表为终止。

(6)数据记录填写在相应记录表中,记录表不可用橡皮擦修改,记录表外的数据不作为考核结果。

四、评分标准

(1)满分100。

(2)按操作时间评分40分。在规定时间(15min)内完成得40分,时间每超过20″,扣2分。

(3)按精度评分40分。精度$k \leq 1/20000$时得40分,k值每增大1/100得分递减5分。

(4)计算评分20分。独立完成计算过程得10分,计算结果正确得10分。

(5)卷面每涂改一处总分扣5分。

五、记录计算

距离丈量记录计算表见表3-3-1。

距离丈量记录计算表　　　　表3-3-1

测线		整尺段(m)	零尺段(m)	总计(m)	较差(m)	精度	平均值(m)	备注
AB	往							求小于精度要求1/2000
	返							

学习任务4 坐 标 测 量

> **学习目标**
> 1. 能独立阅读工作任务单,明确项目任务和个人任务要求;
> 2. 能在教师引导下以小组完成工作计划的制订;
> 3. 能确定直线的方向和进行方位角的推算;
> 4. 会坐标的正、反计算;
> 5. 能正确运用全站仪进行坐标测量;
> 6. 能正确分析测量成果,找出成果不符合标准的原因,总结可采用的操作技巧;
> 7. 能够正确进行成果记录并交付检验。

任务导入

工程的设计与施工中,结构物的位置通常以坐标的形式来表达。应用坐标表示位置,形式统一简单,精度高。因此坐标测量是工程测量的一项最基本的工作。同时也是目前应用很普遍的一项工作。本次任务包括直线定向、坐标及方位角计算、坐标测量等活动。

学习活动1 确定直线的方向

学习目标

1. 能够确定直线的方向;
2. 能理解测量的坐标系;
3. 会用罗盘来测定直线的磁方位角;
4. 能进行象限角与方位角的转换计算。

情境描述

某二级公路施工过程中,已知 $JD_5 \sim JD_6$ 方位角为 $120°$, JD_6 转角为 $25°$, $K15+150$ 桩位于 $JD_6 \sim JD_7$ 的直线段上,在放样该桩时我们要先确定 $JD_6 \sim K15+150$ 的方位角,再确定 $JD_6 \sim K15+150$ 的距离,便可以确定该中心桩的位置。本次活动的任务是确定直线的方向。

知识链接

一、直线定向

测量中把确定一条直线与标准方向线之间水平夹角的工作称为直线定向。

二、测量坐标系统

1. 测量坐标系概念

在高低起伏的地球自然表面上,要想确定地面点的空间位置及其相互关系,必须建立坐标系统。在测量工作中,地面点的位置是由地面点在投影面上的坐标和地面点沿投影线到投影面的距离(高程)来确定的。目前,测量坐标系中应用较多的是大地坐标系、高斯平面直角坐标系及独立平面直角坐标系。

2. 大地坐标系

大地坐标系是采用大地纬度、经度和大地高程来描述空间位置的。如图 4-1-1 所示,纬度是空间的点与参考椭球面的法线与赤道面的夹角;经度是空间的点与参考椭球的自转轴所在的面与参考椭球的起始子午面的夹角;大地高程是空间的点沿着参考椭球的法线方向到参考椭球面的距离。

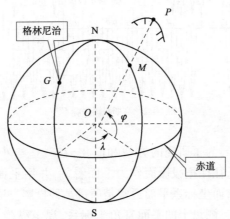

图 4-1-1 大地坐标系示意图

3. 高斯平面直角坐标系

在投影面上,中央经线和赤道的投影都是直线,以中央经线和赤道的交点作为坐标原点,以中央经线的投影为纵坐标,以赤道的投影为横坐标,就形成了高斯平面直角坐标系。

如图 4-1-2 所示,地面点的 x 坐标值,表征此地面点至赤道的距离,中国位于北半球,x 坐标值均为正值,"位于北半球"的"N"也常省略;地面点的 y 坐标值、表征此地面点至中央子午线的距离,当地面点位于中央子午线以东时为正,位于以西时为负。通常将纵坐标轴向西平移 500km,不仅可保证 6°带投影和 3°带投影后的 y 坐标值不出现负值,并可使其千米数是 3 位数,以便与前面所加的带号区别开。全球有 60 个(对于六度带投影)或 120 个(对于三度带投影)地面点具有相同的 y 坐标值,为使 y 坐标值能与地球椭球体面上的地面点一一对应,并反映地面点所处投影带的带号,常在移轴后的 y 坐标值之前,加上相应的带号,此时 y 坐标值连同相应的 x 坐标值,称为高斯坐标的通用值(常称高斯坐标),而将未经移轴加带号者称为高斯坐标的自然值。当 y 坐标值大于 500km 时,表示此地面点位于中央子午线以东,反之以西。中国疆域位于 6°带投影的第 13～23 带和 3°带投影的第 25～45 带之间,故带号 24 作为区分 6°带投影抑或 3°带投影的标志。如:中国有两地面点分别为 x_A = 432123.567m,y_A = 19623456.789m;x_B = 345678.912m,y_B = 38356789.123m。即此地面点 A 位于赤道以北 432123.567m、六度带投影的第 19 带,其中央子午线的经度为东经 110°,位于中央子午线以东 123456.789m；地面点 B 位于赤道以北 345678.912m、三度带投影的第 38 带，其中央子午线的经度为东经 114°，位于中央子午线以西 143210.877m。

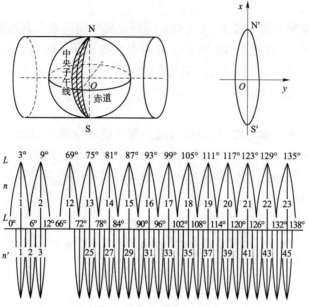

图 4-1-2　高斯投影坐标系

4. 平面直角坐标系

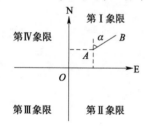

图 4-1-3　测量中的平面直角坐标系与坐标方位角

为了研究的方便和简化，在一适当小的区域内进行测量工作时，往往把投影面作为平面看待，并用平面直角坐标来表示点的位置，而坐标系平面通常是通过某种投影方法建立的。

测量上的平面直角坐标系，规定纵坐标轴为 x 轴，表示南北方向，向北为正；横坐标轴为 y 轴，表示东西方向，向东为正，如图 4-1-3 所示。坐标原点可假定，也可选在测区的已知点上。象限按顺时针方向编号，测量所用的平面直角坐标系之所以与数学上常用的直角坐标系不同，是因为测量上的直线方向都是从纵坐标轴的北端顺时针方向度量的。

三、象限角

某一目标点的方向线与子午线在较为接近的一端（南端或北端）之间所夹的角，称为这一直线的象限角。它的角值介于 0°～90°之间，用大写字母 R 来表示。如图 4-1-4 所示，正北的方向线或正南的方向线起始，向两侧进行计算的，正北和正南为 0°，正东和正西为 90°。一般用北偏东、北偏西、南偏东、南偏西多少度来表示。

四、坐标方位角

1. 直角坐标系的标准方向

在平面直角坐标系中，将纵坐标轴的方向，即正北（N）方向作为标准方向。它是直线定向的依据。

2. 坐标方位角

在平面直角坐标系中，直线的方向用坐标方位角来表示。坐标方位角是指以正北方向线为标准方向,以直线的起点为中心,顺时针由标准方向旋转至该直线的水平夹角。方位角的角值范围介于 0°～360°之间,用字母 α 来表示,如图 4-1-5 所示。

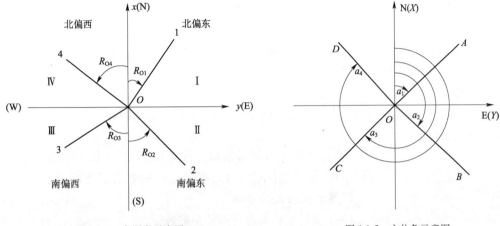

图 4-1-4　象限角示意图　　　　　　　图 4-1-5　方位角示意图

五、象限角与方位角的关系

如图 4-1-6 所示,第一象限 $\alpha = R$；第二象限 $\alpha = 180° - R$；第三象限 $\alpha = 180° + R$；第四象限 $\alpha = 360° - R$。

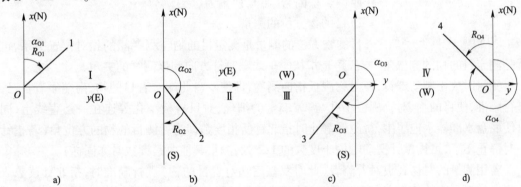

图 4-1-6　象限角与方位角的关系

六、罗盘仪的使用

罗盘仪是利用磁针确定直线方向的仪器,通常用于独立测区的近似定向,以及线路和森林的勘测定向。

1. 罗盘仪的构造

罗盘仪式样很多,但结构基本是一致的,我们常用的是圆盆式地质罗盘仪,如图 4-1-7 所示。罗盘仪由磁针、刻度盘、测斜仪、瞄准觇板、水准器等部分安装在一铜、铝或木制的圆盆内组成。

（1）磁针。一般为中间宽两边尖的菱形钢针,按装在底盘中央的顶针上,可自由转动,不用

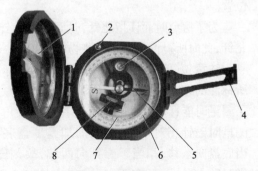

图 4-1-7　罗盘仪的构造
1-反光镜；2-磁针制动器；3-圆形水准器；4-瞄准觇板；5-磁针；6-水平刻度盘；7-垂直刻度盘；8-长方形水准器

时应旋紧制动螺钉,将磁针抬起压在盖玻璃上避免磁针帽与项针尖的碰撞,以保护顶针尖,延长罗盘使用时间。在进行测量时放松固动螺钉,使磁针自由摆动,最后静止时磁针的指向就是磁针子午线方向。由于我国位于北半球,磁针两端所受磁力不等,使磁针失去平衡。为了使磁针保持平衡常在磁针南端绕上几圈铜丝,用此也便于区分磁针的南北两端。

(2)水平刻度盘。水平刻度盘的刻度是采用这样的标示方式:从零度开始按逆时针方向每10°一记,连续刻至360°,0°和180°分别为 N 和 S,90°和270°分别为 E 和 W,利用它可以直接测得地面两点间直线的磁方位角。

(3)水准器。通常有两个,分别装在圆形玻璃管中,圆形水准器固定在底盘上,长形水准器固定在测斜仪上。

(4)瞄准器。包括接物和接目觇板,反光镜中间有细线,下部有透明小孔,使眼睛、细线、目的物三者成一线,作瞄准之用。

2. 罗盘仪的使用方法

1)在使用前必须进行磁偏角的校正

因为地磁的南、北两极与地理上的南北两极位置不完全相符,即磁子午线与地理子午线不相重合,地球上任一点的磁北方向与该点的正北方向不一致,这两方向间的夹角叫作磁偏角(图4-1-8)。

地球上某点磁针北端偏于正北方向的东边称作东偏,偏于西边称作西偏。东偏为(+),西偏为(-)。

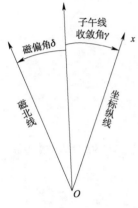

图4-1-8　磁偏角

2)目的物方位的测量

目的物方位的测量是测定目的物与测者间的相对位置关系,也就是测定目的物的方位角(方位角是指从子午线顺时针方向到该测线的夹角)。

测量时放松制动螺钉,使对物觇板指向测物,即使罗盘北端对着目的物,南端靠着自己,进行瞄准,使目的物、对物觇板小孔、盖玻璃上的细丝、对目觇板小孔等连在一条直线上,同时使底盘水准器水泡居中,待磁针静止时指北针所指度数即为所测目的物的方位角(若指针一时静止不了,可读磁针摆动时最小度数的1/2处,测量其他要素读数时亦同样)。

若用测量的对物觇板对着测者(此时罗盘南端对着目的物)进行瞄准时,指北针读数表示测者位于测物的什么方向,此时指南针所示读数才是目的物位于测者什么方向,与前者比较这是因为两次用罗盘瞄准测物时罗盘的南、北两端正好颠倒,故影响测物与测者的相对位置。

为了避免时而读指北针,时而读指南针,产生混淆,应以对物觇板指着所求方向恒读指北针,此时所得读数即所求测物的方位角。

注意:方位角刻度盘为逆时针方向标注。所标注的东、西方向与实地相反,其目的是为了测量时能直接读出磁方位角和磁象限角,因测量时磁针相对不动,移动的却是罗盘底盘。当底盘向东移,相当于磁针向西偏,故刻度盘逆时针方向标记(东西方向与实地相反)所测得读数即为所求。在具体工作中,如图 4-1-9 所示,A 与 B 的测线位置在方位角刻度盘上读作90°。

图4-1-9　方位角刻度盘

任务实施

一、安全教育

(1) 本课程以室外实训为主,请同学们注意课堂纪律,不做与课堂无关的事情。
(2) 听从老师安排,分组进行操作,不得嬉戏打闹,不能玩手机。
(3) 室外实训课每位学生必须携带课本、工作单、计算器、练习本、笔。
(4) 课外实训以小组为单元活动,组长要切实负责,组员要服从组长指挥。
(5) 要保护好仪器,防止掉落摔坏。
(6) 注意人身安全,测量过程中随时注意过往车辆,不要拿测量工具玩耍打闹。
(7) 距离测量没有良好的团队配合,要想准确测量是很困难的,要培养良好的协助精神。

二、任务准备

1. 组织准备

以 8 人为一组,每组配备一名组长和一名副组长,组长负责全组组织以及实际操作训练,副组长负责组织理论知识学习和复习。

2. 仪器准备

罗盘仪 1 台,花杆,计算器,记录本,铅笔等自备。

三、操作过程

利用罗盘仪测定直线磁方位角的操作过程如下:

(1) 将罗盘仪安置在直线的一端,进行对中,将罗盘内的水准器进行整平,在直线的另一端树立花杆。
(2) 放松制动螺钉,使对物觇板指向花杆,即使罗盘北端对着目的物,南端靠着自己,进行瞄准,使花杆、对物觇板小孔、盖玻璃上的细丝、对目觇板小孔等连在一条直线上,同时使底盘水准器水泡居中,待磁针静止时指北针所指度数即为该直线磁方位角。
(3) 测量结束,必须旋紧磁针制动螺旋,避免顶针磨损,以保护磁针的灵敏性。

作业布置

一、填空题

1. 确定直线方向的工作称为_____。
2. 测量上选用的平面直角坐标系方向以_____规定为标准方向。
3. 常用的是圆盆式地质罗盘仪主要由_____、刻度盘、测斜仪、_____、水准器等几部分组成。
4. 测量上的平面直角坐标系中直线的方向用_____来表示。
5. 地球上磁北方向与正北方向的夹角称为_____。

二、选择题

1. 能测定直线磁方位角的仪器是( )。
   A. 水准仪　　　　B. 全站仪　　　　C. 罗盘仪　　　　D. 经纬仪
2. 测量上的直线方向是从( )量度的。
   A. 纵坐标轴的北端顺时针方向　　　　B. 横坐标轴的北端顺时针方向

C. 横坐标轴的北端逆时针方向　　　　D. 纵坐标轴的北端顺时针方向

3. 罗盘上指针所指方向为(　　)。
   A. 磁子午线方向　　　　　　　　　B. 真子午线方向
   C. 中央子午线方向　　　　　　　　D. 铅垂方向

4. 方位角的范围(　　)。
   A. -90°~+90°　　B. 0°~180°　　C. 0°~90°　　D. 0°~360°

5. 罗盘上水平刻度盘90°代表的方向是(　　)。
   A. 东　　　　　　B. 南　　　　　　C. 西　　　　　　D. 北

三、判断题

1. 象限角的取值范围0°~360°。　　　　　　　　　　　　　　　　(　　)
2. 罗盘上方位角刻度盘为逆时针方向标注。　　　　　　　　　　　(　　)
3. 测量所用的平面直角坐标系之所以与数学上常用的直角坐标系不同。(　　)
4. 某直线方位角是160°,其象限角为东南20°。　　　　　　　　　　(　　)
5. 已知某直线象限角为北偏西60°,其方位角为300°。　　　　　　　(　　)

四、简答题

1. 直线定向的目的是什么？用什么来表示直线的方向？
2. 简述象限角与方位角之间的关系。

五、计算题

1. 已知直线 AB 象限角南西20°25′,求直线 AB 的方位角。
2. 已知直线 AB 方位角为202°,求直线 AB 的象限角。

学习活动2　计算方位角与坐标

学习目标

1. 能进行方位角的推算；
2. 会进行坐标的正算与反算。

情境描述

某高速公路施工,已知中桩 K11+500~K12+300 位于直线路段,方位角为150°。K11+500 中桩坐标为(2000,3000),现要对 K12+050 中桩及边桩进行坐标放样,高速公路路基宽度为24.5m,因此我们在坐标计算中需要涉及方位角的推算以及坐标正算等问题。

知识链接

一、坐标方位角的推算

1. 图解法

图解法推算的原则是：推算哪条有向直线的方位角,就首先过这条直线的起点作正北方向,根据此点上方位角与偏角(转角)的关系来进行推算。

1) 反方位角的推算

如图4-2-1所示,如果有向直线 AB 的方位角 α_{AB} 为正方位角,则有向直线 BA 的方位角

α_{BA} 为反方位角。

已知方位角 α_{AB},要求推算出反方位角 α_{BA}。首先,过有向线段 BA 的起点 B 作正北方向线,则方位角:

$$或 \quad \begin{matrix} \alpha_{BA} = \alpha_{AB} \pm 180° \\ \alpha_{正} = \alpha_{反} \pm 180° \end{matrix} \right\} \quad (4\text{-}2\text{-}1)$$

由此可见,一条有向直线的方位角与它的反方位角相差 180°。

2) 由转角推算坐标方位角

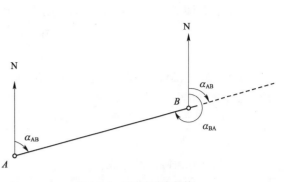

图 4-2-1　正反方位角推算

所谓转角是指路线由一个方向偏转到另一方向时,偏转后的方向与原方向的水平夹角,当偏转后的方向在原方向的右边时称为右转角,当偏转后的方向在原方向的左边时称为左转角。转角通常是通过测量路线的右角而推算出的。

如图 4-2-2 所示,起始边 12 的方位角为 α_{12},路线的转角分别为 θ_1、θ_2、θ_3、θ_4,求 56 边的方位角。

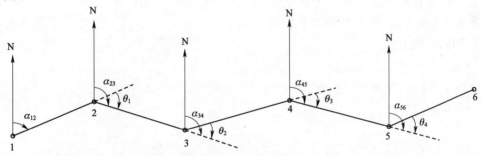

图 4-2-2　方位角的推算

首先,过每个转点作正北方向线,由图 4-2-2 可知:$\alpha_{23} = \alpha_{12} + \theta_1$;$\alpha_{34} = \alpha_{23} - \theta_2$;$\alpha_{45} = \alpha_{34} + \theta_3$;$\alpha_{56} = \alpha_{45} - \theta_4$。

由上述各边方位角的表达式互相代入,可得:

$$\alpha_{56} = \alpha_{12} + \theta_1 - \theta_2 + \theta_3 - \theta_4 \quad (4\text{-}2\text{-}2)$$

2. 公式法

由此看来,按路线前进方向,前一条直线的坐标方位角等于后一条直线的坐标方位角加减转角。如果是右转角就"+",如果是左转角就"-",即:终边方位角 = 始边方位角 + Σ右转角 - Σ左转角。

$$\alpha_{前} = \alpha_{后} \begin{matrix} + \theta_{右} \\ - \theta_{左} \end{matrix} \quad (4\text{-}2\text{-}3)$$

这个规律对于有任意条边的情况都成立。

二、点的平面坐标计算

1. 坐标正算

根据已知点的坐标及已知边长和坐标方位角计算未知点的坐标,称为坐标正算。

如图 4-2-3 所示,设 A 点为已知起始点,B 点为终点,A 点的坐标为 (x_A, y_A),AB 的长度

为 D_{AB}，直线 AB 的坐标方位角为 α_{AB}，则终点 B 的坐标 (x_B, y_B) 可以这样计算：

$$\left.\begin{array}{l} x_B = x_A + \Delta x_{AB} \\ y_B = y_A + \Delta y_{AB} \end{array}\right\} \quad (4\text{-}2\text{-}4)$$

其中，Δx_{AB}、Δy_{AB} 为坐标增量（即 A、B 两点的坐标差），它可以根据边长 D_{AB} 和坐标方位角 α_{AB} 计算求得：

$$\left.\begin{array}{l} \Delta x_{AB} = D_{AB} \cdot \cos\alpha_{AB} \\ \Delta y_{AB} = D_{AB} \cdot \sin\alpha_{AB} \end{array}\right\} \quad (4\text{-}2\text{-}5)$$

所以式(4-2-4)又可写成：

$$\left.\begin{array}{l} x_B = x_A + D_{AB} \cdot \cos\alpha_{AB} \\ y_B = y_A + D_{AB} \cdot \sin\alpha_{AB} \end{array}\right\} \quad (4\text{-}2\text{-}6)$$

式(4-2-6)是我们在公路施工测量中进行放样点坐标计算的基本公式。在工程实际中，欲计算哪一点的坐标就将此点看作某条有向直线的终点，然后利用式(4-2-6)计算其坐标，此公式也是全站仪进行点位平面坐标测量的理论依据。

2. 坐标反算方位角

已知一条有向直线起、终点坐标，反求该直线坐标方位角称为坐标反算。

如图 4-2-4 所示，设 A、B 为两个已知点，其坐标分别为 (x_A, y_A) 和 (x_B, y_B)，α_{AB} 为有向直线 AB 方位角，则有：

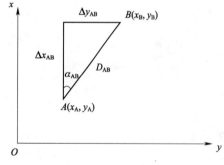
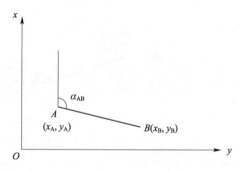

图 4-2-3　坐标正算　　　　　　　　图 4-2-4　坐标反算

坐标增量：

$$\left.\begin{array}{l} \Delta x_{AB} = x_B - x_A \\ \Delta y_{AB} = y_B - y_A \end{array}\right\}$$

$$\tan\theta = \left|\frac{\Delta y_{AB}}{\Delta x_{AB}}\right|$$

$$\theta = \arctan\left|\frac{\Delta y_{AB}}{\Delta x_{AB}}\right| \quad (4\text{-}2\text{-}7)$$

按式(4-2-7)求得的 θ 只是象限角的大小，即纵轴的北端或南端与直线 AB 所夹的锐角，要获得直线 AB 的坐标方位角 α_{AB}，还需根据 Δx_{AB} 和 Δy_{AB} 的正负按下列公式计算：

（1）当 $\Delta x_{AB} > 0, \Delta y_{AB} > 0$ 时，直线 AB 在第一象限，其方位角：

$$\alpha_{AB} = \arctan\frac{\Delta y_{AB}}{\Delta x_{AB}} \quad (4\text{-}2\text{-}8)$$

（2）当 $\Delta x_{AB} < 0, \Delta y_{AB} > 0$ 时，直线 AB 在第二象限，其方位角：

$$\alpha_{AB} = 180° - \arctan\left|\frac{\Delta y_{AB}}{\Delta x_{AB}}\right| \quad (4\text{-}2\text{-}9)$$

(3)当 $\Delta x_{AB} < 0, \Delta y_{AB} < 0$ 时,导线边 AB 在第三象限,方位角:

$$\alpha_{AB} = 180° + \arctan\frac{\Delta y_{AB}}{\Delta x_{AB}} \qquad (4\text{-}2\text{-}10)$$

(4)当 $\Delta x_{AB} > 0, \Delta y_{AB} < 0$ 时,导线边 AB 在第四象限,方位角:

$$\alpha_{AB} = 360° - \arctan\left|\frac{\Delta y_{AB}}{\Delta x_{AB}}\right| \qquad (4\text{-}2\text{-}11)$$

任务实施

一、安全教育

(1)实习中随时注意观察来往的人行车辆,不得嬉戏打闹,保证人身安全。
(2)注意按照操作规程使用仪器,轻拿轻放,爱护仪器。
(3)注意测量操作时的团队配合。

二、任务准备

1. 组织准备

以小组为单位完成实例计算,8 人为一组,每组配备一名组长和一名副组长,组长负责全组组织以及实际计算训练,副组长负责具体分工及计算。

2. 仪器准备

计算器、记录本、铅笔等自备。

三、操作步骤

【**例 4-2-1**】 如图 4-2-5 所示,已知路线的 3 个交点,坐标分别为 $JD_1(1000.000,105000.000)$,$JD_2(1250.000,105300.000)$,$JD_3(980.200,105525.000)$,分别求出直线 $JD_1 JD_2$,$JD_2 JD_3$ 的坐标方位角和边长,并计算出路线的转角 θ 值。

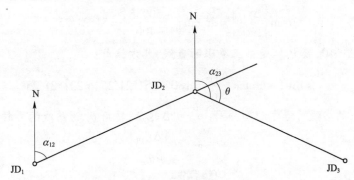

图 4-2-5 路线转角计算

解:① $\Delta x_1 = x_{JD_2} - x_{JD_1} = 1250.000 - 1000.000 = 250.000$

$\Delta y_1 = y_{JD_2} - y_{JD_1} = 105300.000 - 105000.000 = 300.000$

$$\arctan\left|\frac{\Delta y_1}{\Delta x_1}\right| = \arctan\frac{300}{250} = 50°11'40''$$

因 $\Delta x_1 > 0, \Delta y_1 > 0$,故知 $JD_1 JD_2$ 为第一象限的直线,故得:

$$\alpha_{JD_1 \sim JD_2} = \arctan\frac{\Delta y_1}{\Delta x_1} = 50°11'40''$$

$$D_1 = \sqrt{250^2 + 300^2} = 390.512$$

②
$$\Delta x_2 = x_{JD_3} - x_{JD_2} = 980.200 - 1250.000 = -269.800$$

$$\Delta y_2 = y_{JD_3} - y_{JD_2} = 105525.000 - 105300.000 = 225.000$$

$$\arctan\left|\frac{\Delta y_2}{\Delta x_2}\right| = \arctan\left|\frac{225}{-269.8}\right| = 39°49'35''$$

因 $\Delta x_2 < 0, \Delta y_2 > 0$，故知 $JD_2 JD_3$ 为第二象限的直线，故得：

$$\alpha_{JD_2 \sim JD_3} = 180° - \arctan\left|\frac{\Delta y_2}{\Delta x_2}\right| = 140°10'25''$$

$$D_2 = \sqrt{(-269.8)^2 + 225.0^2} = 351.308$$

③ 转角：$\theta = \alpha_{JD_2 \sim JD_3} - \alpha_{JD_1 \sim JD_2} = 140°10'25'' - 39°49'35'' = 100°20'50''$，此转角为右转角。

【例 4-2-2】 如图 4-2-6 所示，已知 P_1 点的坐标为 (122000.000, 302500.500)，P_2 点的坐标为 (121600.000, 302000.200)，路线的转折角 $\theta_1 = 55°$，$\theta_2 = 50°$，$P_2 P_3$ 的边长为 270.5m，$P_3 P_4$ 的边长为 350m，求 P_4 点的坐标。

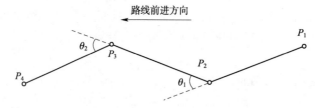

图 4-2-6 坐标计算

解： ① 根据 P_1 点和 P_2 点的坐标反算其坐标方位角：

$$\Delta x_{12} = x_{P_2} - x_{P_1} = 121600.000 - 122000.000 = -400.000$$

$$\Delta y_{12} = y_{P_2} - y_{P_1} = 302000.200 - 302500.500 = -500.3$$

$$\arctan\left|\frac{\Delta y_{12}}{\Delta x_{12}}\right| = \arctan\left|\frac{-500.3}{-400}\right| = 51°21'25''$$

因 $\Delta x < 0, \Delta y < 0$，故 $P_1 P_2$ 是第三象限的直线，其方位角：

$$\alpha_{12} = 180° + \arctan\frac{\Delta y_{12}}{\Delta x_{12}} = 180° + 51°21'25'' = 231°21'25''$$

② 根据图中的路线前进方向知，转角 θ_1 为右转角，转角 θ_2 为路线的左转；又知路线方位角的推算公式为：

$$\alpha_{前} = \alpha_{后} \begin{array}{c} +\theta_{右} \\ -\theta_{左} \end{array}$$

故方位角为：

$$\alpha_{23} = \alpha_{12} + \theta_1 = 231°21'25'' + 55° = 286°21'25''$$

$$\alpha_{34} = \alpha_{23} - \theta_2 = 286°21'25'' - 50° = 236°21'25''$$

③ 根据坐标推算公式知：

$$x_{P_3} = x_{P_2} + D_{23} \cdot \cos\alpha_{23} = 121600.000 + 270.5 \times \cos 286°21'25''' = 121676.178$$

$$y_{P_3} = y_{P_2} + D_{23} \cdot \sin\alpha_{23} = 302000.200 + 270.5 \times \sin 286°21'25'' = 301740.648$$

$$x_{P_4} = x_{P_3} + D_{34} \cdot \cos\alpha_{34} = 121676.178 + 350 \times \cos236°21'25'' = 121482.272$$
$$y_{P_4} = y_{P_3} + D_{34} \cdot \sin\alpha_{34} = 301740.648 + 350 \times \sin236°21'25'' = 301449.271$$

所得 P_4 点的坐标为(121482.272,301449.271)。

作业布置

一、填空题

1. 直线 AB 为正方位角,则 BA 为_____,正反方位角相差_____。
2. 路线由一个方向偏转到另一个方向,偏转后的方向与原方向的水平夹角称为_____。
3. 已知一条有向直线起、终点坐标,反求该直线坐标方位角称为_____。
4. 方位角推算时,按路线前进方向,前一条直线的坐标方位角等于后一条直线的坐标方位角加减_____而得。
5. 求未知点坐标,需知道已知点坐标,已知点到未知点水平距离和_____。

二、选择题

1. 已知 A 点的坐标为(25.26,35.46),B 点的坐标为(13.45,45.78),则直线 AB 的水平距离为(   )。
   A. 11.810   B. 10.32   C. 15.684   D. 138.852
2. 已知 A 点的坐标为(35.64,25.48),B 点的坐标为(23.42,75.32),则直线 AB 的方位角为(   )。
   A. 256°13′25″   B. 103°46′35″   C. -256°13′25″   D. -103°46′35″
3. 设 AB 距离为 200.23m,方位角为 121°23′36″,则 AB 的 x 坐标增量为(   )。
   A. -170.92m   B. 170.92m   C. 104.30m   D. -104.30m
4. 坐标正算的前提条件是(   )。
   A. 已知直线两端点坐标   B. 已知直线长度及其坐标方位角
   C. 已知直线长度及其一端点坐标 D. 同时具备 B 和 C 的条件
5. 如图所示支导线,AB 边的坐标方位角为 $\alpha_{AB} = 125°30′30″$,转折角如图 4-2-7 所示,则 CD 边的坐标方位角 α_{CD} 为(   )。

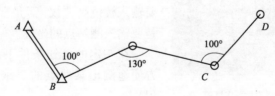

图 4-2-7

   A. 75°30′30″   B. 15°30′30″   C. 45°30′30″   D. 25°29′30″

三、判断题

1. 右转角与右角是一回事。   (   )
2. 已知一条有向直线起、终点坐标,求该直线坐标方位角称为坐标正算。   (   )
3. 若 $\Delta x < 0, \Delta y > 0$,则该两点连线在第二象限内。   (   )
4. $x_A = 100.00, y_A = 100.00; x_B = 50.00, y_B = 50.00$,坐标反算 $\alpha_{AB} = 45°00′$。 (   )
5. 设 A、B 两点的纵坐标分别是 150m、160m,则纵坐标增量 $\Delta x_{BA} = -10$m。   (   )

四、简答题

1. 简述坐标正反算的关系。
2. 简述路线右角与右转角的关系。

五、计算题

1. 已知直线 AB 的坐标方位角为 $66°40'30''$,直线 BC 的坐标方位角为 $232°25'48''$,求直线 AB 至直线 BC 的转角,并判断其是左转角还是右转角。

2. 已知 $x_1 = 500.00$,$y_1 = 500.00$,$D_{12} = 80.16\text{m}$,$D_{23} = 131.69\text{m}$,$\alpha_{12} = 120°35'46''$,$\beta_2 = 157°30'12''$(左角),$\beta_3 = 320°58'00''$(右角),请推算各边坐标方位角 α_{23} 和 α_{34},并计算 2 点的坐标。

学习活动 3　全站仪坐标测量

学习目标

1. 能熟练安置全站仪;
2. 能使用全站仪测量点的坐标;
3. 能描述全站仪坐标测量原理与方法。

情境描述

某二级公路在勘测设计中,导线已布置好,导线点坐标已知。经选线以后交点位置现场已定出,在设计路线以前必须已知交点坐标,因此就要利用导线点坐标用全站仪测出交点坐标,以便进行内业数据处理。

知识链接

坐标测量是全站仪的一项主要功能,以拓普康 GTS-332 例,如图 4-3-1 所示,按[⌒]键可进入坐标测量模式。它有三个主界面菜单,按[F4]软键可翻页查看。其中,功能键"镜高"是要输入棱镜高,"仪高"是要输入仪器高,"测站"是要输入测站点的坐标。

在一定的已知条件下,利用全站仪,可以很方便地测出某些点的三维坐标(平面坐标和高程)。

图 4-3-1　全站仪坐标测量操作界面

如图 4-3-2 所示,已知 O 点的坐标 (N_O, E_O, Z_O),直线 OA 的方位角为 α_{OA},利用全站仪测量出 β 角(即直线 OA 和 OB 的夹角)和 O、B 两点间的斜距 S,则 B 点的坐标 (N_B, E_B, Z_B) 计算过程如下:

直线 OB 的方位角:

$$\alpha_{OB} = \alpha_{OA} + \beta \qquad (4\text{-}3\text{-}1)$$

B 点的平面坐标:

$$\left. \begin{aligned} N_B &= N_O + D \cdot \cos\alpha_{OB} \\ E_B &= E_O + D \cdot \sin\alpha_{OB} \end{aligned} \right\} \qquad (4\text{-}3\text{-}2)$$

又因为 OB 间的平距：
$$D = S \cdot \sin\theta_Z \quad (4\text{-}3\text{-}3)$$

B 点的三维坐标：
$$\left.\begin{array}{l} N_B = N_0 + S \cdot \sin\theta_Z \cdot \cos\alpha_{OB} \\ E_B = E_0 + S \cdot \sin\theta_Z \cdot \sin\alpha_{OB} \\ Z_B = Z_0 + S \cdot \cos\theta_Z + i - r \end{array}\right\} \quad (4\text{-}3\text{-}4)$$

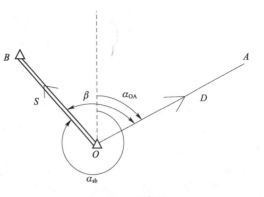

图 4-3-2 坐标测量

式中：N_0、E_0、Z_0——测站点坐标，其中 Z_0 指测站点的高程；

N_B、E_B、Z_B——待测点 B 的坐标，其中 Z_B 指待测点的高程；

D——O、B 两点间的平距；

S——O、B 两点间的斜距；

i——测站点 O 上的仪器高；

r——待测点 B 上的棱镜高；

θ_Z——天顶距（天顶为0）。

上述计算过程是由全站仪机内软件计算完成的，B 点的坐标 (N_B, E_B, Z_B) 直接显示在屏幕上。

任务实施

一、安全教育

(1)本课程以室外实训为主，请同学们注意课堂纪律，不做与课堂无关的事情。

(2)听从老师安排，分组进行操作，不得嬉戏打闹，不能玩手机。

(3)室外实训课每位学生必须携带课本、工作单、计算器、练习本、笔。

(4)课外实训以小组为单元活动，组长要切实负责，组员要服从组长指挥。

(5)注意保护好仪器，正确使用，仪器跟前要有人看护，架设一定要稳固，防止摔落。

(6)注意人身安全，测量过程中随时注意过往车辆，不要拿测量工具玩耍打闹。

(7)距离测量没有良好的团队配合很难准确测量，因此要培养良好的协助精神。

二、任务准备

1. 组织准备

以小组为单位完成实例计算，8 人为一组，每组配备一名组长和一名副组长，组长负责全组组织以及实际操作训练，副组长负责组织理论知识学习和复习。

2. 仪器准备

全站仪 1 台，棱镜 1 块、对中杆 1 个、三脚架 1 个、钉子 2 个、计算器、记录本、铅笔等。

三、全站仪坐标测量操作步骤

如图 4-3-3 所示，已知直线 OA 的方位角 α_{OA} 和 O 点的坐标 (N_0, E_0, Z_0)，要求用全站仪测出 B 点的坐标 (N_B, E_B, Z_B)。

测量时，选择已知坐标点 O 作为测站点，选择已知方位角的直线 OA 作为后视方向线，

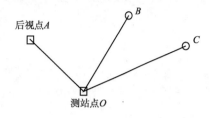

图 4-3-3 全站仪坐标测量示意图

直线 OB 作为前视方向。具体操作步骤如下（以拓普康 GTS-330 型全站仪为例）：

1. 方法一：直接测量坐标

（1）安置仪器。在测站点 O 上安置全站仪，对中、整平，用钢尺仔细量取仪器高和待测点上的棱镜高。

（2）开机，按[⚏]键进入坐标测量模式，按[F3]（S/A）键，进行棱镜常数改正值 PSM 和大气改正值 PPM 的设置。

拓普康的棱镜常数为 0，设置棱镜改正为 0，如使用其他厂家生产的棱镜，则在使用之前应先设置一个相应的常数。大气改正的设置可以通过输入温度和气压来获取，也可直接输入 PPM 值。当棱镜常数改正值 PSM 和大气改正值 PPM 设置完之后，按[ESC]退出键，返回上一级坐标测量模式。

（3）按 ANG 键，进入测角模式，瞄准后视点 A。

（4）按后视，输入测站 O 至后视点 A 的坐标方位角。

（5）按[⚏]键，进入坐标测量模式。按 P↓，进入第 2 页。

（6）按测站，分别在 N、E、Z 输入测站坐标 (X_0, Y_0, H_0)。

（7）按 P↓，进入第 2 页，在 INS.HT 栏，输入仪器高。

（8）按 P↓，进入第 2 页，在 R.HT 栏，输入 B 点处的棱镜高。

（9）准待测量点 B，按测量，得 B 点的 (X_B, Y_B, H_B)。

2. 方法二：利用数据采集功能进行坐标测量

（1）安置仪器。在测站点上安置全站仪，对中、整平，用钢尺仔细量取仪器高和待测点上的棱镜高。

（2）开机，按面板上 MENU 键，屏幕显示菜单 1/3，如图 4-3-4 所示。

（3）按 F1 数据采集，屏幕显示选择一个文件。按 F1 输入进行文件名的输入，再按面板上的数字键将在屏幕下方显示该键所代表的字母和数字，分别对应 F1、F2、F3、F4。完成文件名的输入后按 F4 回车，屏幕返回数据采集 1/2 菜单。

（4）按 F1 输入测站点，屏幕显示点名、编码、仪器高的输入界面。再按 F1 输入，依次输入点名、仪高后，按 F3 测站，屏幕进入测站点界面。

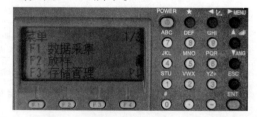

图 4-3-4 全站仪数据利用采集进行坐标测量

（5）按 F3 坐标，屏幕进入测站点坐标（N,E,Z）输入界面。

（6）按 F1 输入，分别输入对应的坐标值，完成后按 F4 回车，屏幕返回。

（7）按 F4 记录，屏幕显示记录？[是][否]，按 F4 选择[是]，屏幕返回数据采集 1/2 菜单。

（8）按 F2 输入后视点，屏幕显示后视点点名、编码、棱镜高参数设置状态。

（9）按 F1 输入，依次输入后视点点名、棱镜高各参数，完成后按 F3 后视，屏幕进入后视点界面。

（10）按 F3 坐标，屏幕进入后视点坐标（N,E,Z）输入界面。

（11）按 F1 输入，分别输入对应的坐标值，完成后按 F4 回车，屏幕返回后视界面。

(12)按 F4 测量,仪器显示[角度][斜距][坐标]。在转动全站仪精确瞄准后视点棱镜。

(13)按 F1 角度,仪器显示当前竖直角 V 和方位角 HR。

(14)按 F4 记录,仪器返回数据采集 1/2 菜单。

(15)按 F3 测量,屏幕显示待求坐标点的点名,编码,棱镜高输入界面。

(16)按 F1 输入,依次输入待求点点名,棱镜高各参数。完成后按 F3 测量,屏幕显示[角度][斜距][坐标][偏心]。转动全站仪对准待测点棱镜中心。

(17)按 F3 坐标,仪器显示待求点的 N、E、Z 值。

(18)按 F4 记录,仪器返回第 15 步,输入新的待求点的参数,按 F4 同前即可进行新的待求点坐标测量。

作业布置

一、填空题

1. 全站仪坐标测量时,按_____键进入坐标测量模式。
2. 全站仪测量的三维坐标指_____。
3. 全站仪进行坐标测量时,后视设置的方向值为_____。
4. 进行坐标测量时,全站仪所架设的点称为_____。
5. 全站仪利用程序测量时,用_____菜单进行坐标测量。

二、选择题

1. 全站仪坐标测量时,所测得三维坐标里 Z 代表(　　)。
   A. 北　　　　　B. 东　　　　　C. 高程　　　　D. 距离
2. 全站仪在进行坐标测量时,不仅要设置气压改正数,还要设置(　　)。
   A. 天顶距　　　B. 湿度　　　　C. 棱镜常数　　D. 温度
3. 全站仪坐标测量时,仪器因架设在(　　)。
   A. 已知点　　　B. 未知点　　　C. 后视点　　　D. 任意点
4. 利用数据采集功能进行坐标测量操作时,因先(　　)。
   A. 设置后视　　B. 设置测站　　C. 建立或选择文件　D. 按【测量】测坐标
5. 已知测站点坐标(500,3000),后视点坐标(300,2800),后视方位角为(　　)。
   A. 325°　　　　B. 225°　　　　C. 145°　　　　D. 60°

三、判断题

1. 全站仪能同时测定目标点的平面位置 (x,y) 与高程 (H)。　　　　　　　　(　　)
2. 全站仪在进行坐标测量时,必须进行后视设置。　　　　　　　　　　　　(　　)
3. 全站仪在进行坐标测量时,仪器进行后视必须将棱镜置于后视点上。　　(　　)
4. 全站仪坐标测量实质为仪器测得角度与距离,然后利用程序计算未知点的三维坐标。
　　　　　　　　　　　　　　　　　　　　　　　　　　　　　　　　　　(　　)
5. 利用全站仪测高程比水准仪测高程要准确得多。　　　　　　　　　　　　(　　)

四、简答题

1. 简述全站仪进行坐标测量的主要步骤。
2. 全站仪坐标测量与坐标放样有什么区别?

五、计算题

1. 已知测站点 $A(2000.000,5000.000)$,后视点坐标 $B(2150.000,4900.000)$,仪器后视

完成后顺时针旋转135°对准待测点 C 棱镜,测距为 70.150m,求 C 点平面坐标。

2. 已知测站点 $A(3500.000, 55000.000, 760.500)$ 测得仪器中心至待测点 C 棱镜中心斜距 $S=175.500$m,竖直角 $V=85°$,量得仪高 1.425m,棱镜高 1.682m,现求待测点 C 高程。

学习活动4 技 能 考 核

一、考核项目

全站仪三角形坐标测量。

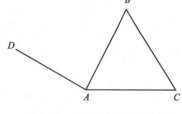

图 4-4-1 三角形坐标测量示意图

二、考核内容

(1)如图 4-4-1 所示,在地面上订设 A、B、C、D 四个导线点,测点间隔 8~10m,A、D 两导线点的坐标已知,在 A、B、C 点上架设仪器,测出 B、C、A_1 的坐标,并计算导线相对闭合差。

(2)考核仪器为全站仪、三脚架、棱镜、测钎。

(3)考核地点学校操场。

三、考核要求

(1)考核前仪器装箱、三脚架应横放在地面,三脚架架腿上的紧固螺旋可事先松开、棱镜及测钎均按要求摆放于考核场外指定位置。

(2)由教师发令开始计时,架设全站仪,进行对中、整平,仪器对中误差不大于 3mm。整平误差不大于半格。按逆时针方向逐站测量,最终核对 A_1 与已知 A 点坐标值,计算相对闭合差 $K \leq K_{允}$。

(3)考核过程由主操手来完成,助手只负责后视点指示及棱镜架设。

(4)考核过程中任何人不得提示,主操手考生应独立完成仪器操作、记录工作。

(5)若有作弊行为,一经发现取消考核资格。

(6)考核前考生应准备好钢笔或圆珠笔、计算器。

(7)考核时间自架立仪器开始,至拆卸仪器放进仪器箱摆放整齐并递交记录表为终止。

(8)数据记录填写在相应记录表中,记录表不可用橡皮擦修改,记录表外的数据不作为考核结果。

四、评分标准

(1)满分 100。

(2)按操作时间评分 40 分。在规定时间(15min)内完成得 40 分,时间每超过 20″,扣 2 分。

(3)按精度评分 40 分。精度 $k_\beta \leq 1/2000$ 时得 40 分,k 值每增大 1/100 得分递减 5 分。

(4)计算评分 20 分。独立完成计算过程得 10 分,计算结果正确得 10 分。

(5)卷面每涂改一处总分扣 5 分。

五、记录计算表

全站仪操作记录表见表4-4-1。

全站仪操作记录表　　　　　　表4-4-1

点	x 坐标	y 坐标	距离	备注
D	1015.000	2970.000		
A	1000.000	3000.000		
B				
C				
A_1				
$\Sigma \Delta$				

成果校核：

$$K = \frac{f_D}{\Sigma D} = \frac{1}{\frac{\Sigma D}{f_D}}$$

$$f_D = \sqrt{f_x^2 + f_y^2}$$

学习任务 5　GPS　测　量

> **学习目标**
> 1. 能理解 GPS 测量及放样原理；
> 2. 能描述静态 GPS 测量坐标的方法；
> 3. 能描述静态 GPS 坐标平差的方法；
> 4. 能描述动态 RTK 坐标测量的方法。

任务导入

现代经济的快速发展促进了我国公路工程建设的开展，也对公路施工企业的技术管理工作提出了更高的要求。GPS 技术是当今信息社会发展最快的技术之一，GPS 定位技术以其速度快、精度高、全天候、不受通视条件限制、费用省、操作简便等优良特性被广泛应用。

学习活动 1　静态 GPS 测量

学习目标
1. 理解全球定位系统 GPS 测量基本知识；
2. 了解 GPS 测量原理；
3. 掌握静态 GPS 测量坐标的方法；
4. 掌握静态 GPS 坐标平差的方法。

情境描述

目前，GPS 静态定位在测量中被广泛运用于大地测量、工程测量、地籍测量、物探测量及各种类型的变形监测等，因为其观测精度高，所以主要运用于建立各种级别、不同用途的控制网。而其测量速度快、精度高等优势在公路勘测设计与施工中也得到了广泛的应用。

知识链接

一、基本知识

1. 全球定位技术的基本概念

全球定位系统又称全球卫星定位系统。是一种可以授时和测距的空间交会定点的导航系统，可向用户提供连续、实时、高精度的三维位置、三维速度和时间信息。

2. 全球共有四种全球定位系统

1）GPS 全球卫星系统

GPS 全球定位系统是目前最成熟的卫星定位导航系统。它是美国从 20 世纪 70 年代开始研制,历时20年,耗资近200亿美元,于1994年全面建成的新一代卫星导航与定位系统。GPS利用导航卫星进行测时和测距,具有在海、陆、空全方位实时三维导航与定位的能力。它是继阿波罗登月计划、航天飞机后的美国第三大航天工程。如今,GPS已经成为当今世界上最实用,也是应用最广泛的全球精密导航、指挥和调度系统。

2) GLONASS 全球卫星系统

"GLONASS"是"全球卫星导航系统,GLOBAL NAVIGATION SATELLITE SYSTE"的缩写。最早开发于苏联时期,后由俄罗斯继续该计划。俄罗斯1993年开始独自建立本国的全球卫星导航系统。

3) 伽利略卫星导航定位系统

欧盟主导的伽利略系统的目标是:耗资30亿欧元,共发射30颗卫星,其中27颗卫星为工作卫星,3颗为候补卫星,卫星高度为24126km,位于3个倾角为56°的轨道平面内,该系统除了30颗中高度圆轨道卫星外,还有2个地面控制中心。据称最高精度比美国GPS高10倍。包括韩国、中国在内,日本、阿根廷、澳大利亚、俄罗斯等国也在参与该计划。

4) 北斗卫星导航定位系统

北斗卫星导航系统是中国正在实施的自主研发、独立运行的全球卫星导航系统。"北斗"卫星导航定位系统需要发射35颗卫星,足足要比GPS多出11颗。按照规划,"北斗"卫星导航定位系统将有5颗静止轨道卫星和30颗非静止轨道卫星组成,采用"东方红"-3号卫星平台。30颗非静止轨道卫星又细分为27颗中轨道(MEO)卫星和3颗倾斜同步(IGSO)卫星组成,27颗MEO卫星平均分布在倾角为55°的三个平面上,轨道高度为21500km。

二、GPS 系统

1. 定义

GPS是全球定位系统的英文简称。它的含义是利用导航卫星进行测时和测距,构成全球定位系统。

2. 组成

GPS系统由三大部分组成,即空间卫星部分、地面监控部分、用户接收机部分,如图5-1-1所示。

1) 空间卫星部分

空间卫星部分由21颗工作卫星和3颗备用卫星组成,分布在6个轨道面上,如图5-1-2所示。轨道面相对地球赤道面的倾角为55°,各轨道平面升交点赤经相差60°,相邻轨道上卫星的升交距角相差30°。轨道平均高度约20200km,运行周期为11h58min。

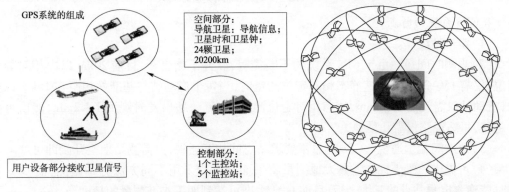

图 5-1-1　GPS 系统的组成　　　　　　　图 5-1-2　GPS 空间卫星部分

2)地面监控部分

地面监控站负责收集由卫星传回的信息,并计算卫星星历、相对距离、大气校正等数据。GPS 的地面监控部分包括 1 个主控站(科罗拉多斯平士),3 个注入站(阿森松群岛、迭哥伽西亚、卡瓦加兰),5 个监控站(以上主控站、注入站及夏威夷)。

3)用户设备部分

用户设备部分由 GPS 接收机硬件和相应的数据处理软件,以及微处理机及其终端设备组成。其主要功能是接收 GPS 卫星发射的信号,获得必要的导航和定位信息及观测量,并经简单数据处理实现实时导航和定位。用后处理软件包对观测数据进行精加工,以获取精确定位结果。

GPS 接收机的基本类型分导航型和大地型。大地型接收机又分单频型和双频型。

3. GPS 定位方法分类

(1)绝对/单点定位。确定观测点在 WGS-84 系中的坐标,即绝对位置。

(2)相对定位。确定观测点在国家或地方独立坐标系中的坐标,即相对位置。相对定位的分为:后处理测量(静态测量、动态测量)和实时动态测量。

GPS 绝对定位和相对定位的原理如图 5-1-3 所示。

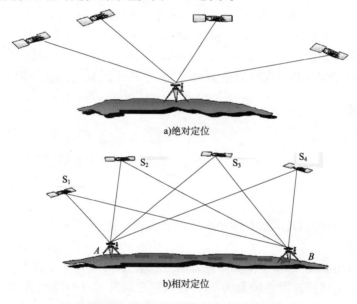

a)绝对定位

b)相对定位

图 5-1-3 GPS 绝对定位和相对定位的原理

4. GPS 系统的特点

(1)定位精度高。

(2)观测时间短。由于 GPS 系统的不断完善,软件不断更新,目前 20km 以内相对静态定位,仅需 15~20min,快速静态相对定位测量时,当每个流动站与基准站相距在 15km 以内时,流动站只需观测 1~2min,动态相对定位测量时,流动站出发时观测 1~2min,然后可随时定位,每站观测仅需几秒钟。

(3)测站间无须通视。GPS 测量不要求站点间相互通视,只需测站上空开阔即可。

(4)可提供三维坐标。经典大地测量将平面与高程采用不同方法分别施测,而 GPS 可同时精确测定测站点的三维坐标,目前 GPS 水准可达到四等水准测量的精度。

(5)操作简便。随着 GPS 不断改进,自动化程度越来越高,体积也越来越小,重量越来越轻,有的已达"傻瓜化"的程度。

(6)全天候作业。使用 GPS 测量,不受时间限制,24h 都可以工作,也不受起雾、刮风、下雨、下雪等气候的影响。

(7)功能多、应用广。GPS 系统不仅可用于定位测量,还可用于测速、测时。测速精度可达 0.1m/s,测时精度可达几十毫秒。随着人们对 GPS 系统的不断开发,其应用领域正在不断地扩大。

三、南方灵锐 S86 接收机的认识

南方灵锐 S86GPS 接收机将接收单元、数据采集单元、电源、电台等合为一体,高品质液晶屏,全合金外壳,三防设计,使 S86GPS 接收机可适应各种恶劣的气候,一体化的设计使其极为坚固且电磁兼容性能优良,先进的基准站内置发射电台技术,使基准站摆脱沉重电瓶和线缆并实现全无线作业,能满足简便的操作,更适合野外测量。

1. 南方灵锐 S86 接收机认识

南方灵锐接收机的构造如图 5-1-4 所示。

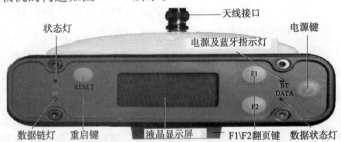

a)南方灵锐S86 正面板构造认识

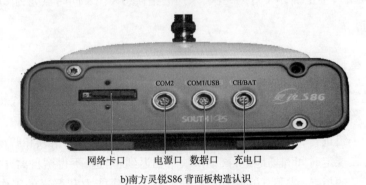

b)南方灵锐S86 背面板构造认识

图 5-1-4 南方灵锐接收机的构造

说明:COM2 为电台接口,用来连接基准站外置发射电台,为五针接口。COM1/USB 为数据接口,用来连接电脑传输数据,或者用手簿连接主机时使用。CH/BAT 为主机电池充电接口。

2. 按键和指示灯

指示灯位于液晶屏的两侧,左侧的 TX 灯、RX 灯为发信号指示灯和接信号指示灯,BT 灯、DATA 灯分别为蓝牙灯和数据传输灯。按键从左到右依次为重置键、两个功能键和开关机键。详细介绍见表 5-1-1。

各种模式下指示灯状态说明　　　　　　　表 5-1-1

项　目	功　能	作 用 或 状 态
开机键	开关机,确定,修改	开机,关机,确定修改项目,选择修改内容
F1 或 F2 键	翻页,返回	一般为选择修改项目,返回上级接口
重置键	强制关机	特殊情况下关机键,不会影响已采集数据
DATA 灯	数据传输灯	按采集间隔或发射间隔闪烁
BT 灯	蓝牙灯	蓝牙接通时 BT 灯长亮
RX 灯	收信号指示灯	按发射间隔闪烁
TX 灯	发信号指示灯	按发射间隔闪烁

说明:(1)静态模式:DATA 灯按设置的采样间隔闪烁。

(2)基准站模式(电台):TX、DATA 同时按发射间隔闪烁。

(3)移动站模式(电台):RX 灯按发射间隔闪烁,DATA 灯在收到差分数据后按发射间隔闪烁,BT(蓝牙)灯在蓝牙接通时长亮。

(4)GPRS 模块工作模式:正常通信时 TX、RX 交替显示,DATA 灯在收到差分数据后按发射间隔闪烁。TX 常亮时为有错误,错误类型按 RX 灯的闪烁方式判断:RX 灯快闪,卡无 GPRS 功能或欠费停机或 APN 错误或用户名密码注册被网络拒绝;RX 灯闪 1 次,无基站或移动站与其相连,VRS_NTRIP 时为错误注册码或等待验证,此时网络是通的;RX 灯闪 2 次,连接被服务器断开;RX 灯闪 3 次,无天线或信号太差,等网络信号;RX 灯闪 4 次,TCP 连接超时,可能 IP 或端口不正确;RX 灯闪 5 次,未知的错误;TX、RX 同时点亮为 CLOSE 状态。

任务实施

一、安全教育

(1)在测量实习之前,应复习教材中的有关内容,明确实习目的和要求,熟悉操作步骤,了解注意事项,并准备好所需的文具用品,以保证按时完成实习任务。

(2)实习分小组进行,组长负责组织协调工作,办理仪器工具的借领和归还手续。

(3)实习要在规定时间和场地进行,不得缺席和迟到、早退,不得擅自离开实习场地。

(4)服从老师的指导,认真、仔细操作,培养独立的工作能力和严谨的工作态度,发扬互助协作的精神,实习完毕应提交合格的测量成果和书写工整规范的实习报告。

(5)实习过程中应遵守纪律,爱护花草树木,保护环境和公共设施,不得踩踏花草、攀折树木、污染环境。损坏公共设施者应赔偿损失。

二、任务准备

1.组织准备

以 8 人为一组,每组配备一名组长和一名副组长,组长负责全组组织以及实际操作训练,副组长负责组织理论知识学习和复习。

2. 仪器准备

(1) S86 静态接收机(三台套以上)。

(2) 装 GPS 数据处理软件的电脑一台。

三、实施步骤

1. 选点及埋标

1) 选点

由于 GPS 观测站之间不一定要相互通视,而且网的图形结构也比较灵活,所以选点工作比常规控制测量的选点要简便。但由于点位的选择对于保证观测工作的顺利进行和测量结果的可靠性有着重要的意义,所以在选点工作开始前,除收集和了解有关测区的地理情况和原有测量控制点分布和标架、标型、标石完好状况,决定其适宜的点位外,选点工作还应遵守以下原则。

(1) 点位应设在易于安装接收设备、视野开阔的较高点上。

(2) 点位目标要显著,视角要大于 15°,此范围内不应有障碍物,以减少 GPS 信号被遮挡或被障碍物吸收。

(3) 点位应远离大功率无线电发射源(如电视台、微波站等),其距离不得小于 200m;远离高压输电线或微波无线电信号传送通道,其距离不得小于 50m,以避免电磁场对 GPS 信号的干扰。

(4) 点位附近不应有大面积水域或强烈干扰卫星信号接收的物体,以减弱多路径效应的影响。

(5) 点位应选在交通方便,有利于其他观测手段扩展与联测的地方。

(6) 地面基础稳定,易于点的保存。

(7) 选点人员应按技术设计进行踏勘,按要求在实地选定点位。当利用旧点时,应对旧点的稳定性、完好性,以及该点觇标是否具有安全、可用性进行检查,符合要求方可利用。

(8) 网型设计应有利于同步观测边、点联结。

(9) 当所选点位需要进行水准联测时,要求选点人员实地踏勘水准路线,并加以确定。

2) 埋标

GPS 网点一般应埋设具有中心标志的标石,以精确标志点位;点的标石和标志必须稳定、坚固以利于长久保存和利用。在基岩裸露地区,可以直接在基岩上嵌入金属标志。点名一般取村名、山名、地名、单位名,并向当地政府部门或群众进行调查后确定。利用原有旧点时,点名不宜更改。

每个点位标石埋设结束后,应按规范填写点之记并提交以下资料:点之记、GPS 网的选点网图、土地占用批准文件与测量标志委托保管书、选点和埋标工作技术总结。

2. 观测作业

1) 观测工作的依据(表 5-1-2)

2) 天线安置

(1) 在正常点位,天线基座安置在三脚架上,整平、对中后,天线架设在天线基座上。

(2) 在特殊点位,当天线需要安置在三角点觇标的观测台或回光台上时,应先将觇标顶部拆除,以防止对 GPS 信号的遮挡。这时,可将标志中心反投影到观测台或回光台上,作为安置天线的依据。如果觇标顶部无法拆除,接收天线若安置在标架内观测,可能会造成卫星信号中断,影响观测精度。在这种情况下,可进行偏心观测。

GPS 测量基本技术规定　　　　　　　　　　　　表 5-1-2

级别 项目	B	C	D	E
卫星截止高度角(°)	10	15	15	15
同时观测有效卫星数(颗)	≥4	≥4	≥4	≥4
有效观测卫星总数(颗)	≥20	≥6	≥4	≥4
观测时段数(个)	≥3	≥2	≥1.6	≥1.6
时段长度(min)	≥1380	≥240	≥60	≥40
采样间隔(s)	30	10～30	5～15	5～15

(3)刮风天气安置天线时,应将天线进行三方向固定,以防倒地碰坏。雷雨天气安置电线时,注意将其底盘接地,以防雷击天线。

(4)架设天线不宜过低,一般应距地面 1m 以上。天线架设好后,在圆盘天线间隔 120°的三个方向分别量取天线高,3 次测量结果之差不应超过 3mm,取其 3 次结果的平均值计入测量手簿,天线高取值至毫米。

(5)在高精度 GPS 测量中,要求测定气象元素。每时段气象观测应不少于 3 次(时段开始、中间、结束)。

(6)复查点名并记入测量手簿,将天线电缆与仪器连接正确后,才能通电开机。

3)开机观测

(1)开机:进入"初始界面"(打开 S86 电源后进入程序初始接口,初始接口有两种模式选择:设置模式、采集模式)。初始接口下按 F2 键进入设置模式。

(2)设置:进入设置模式主接口,按 F1 或 F2 选择设置工作模式,选好后按 确定。设置如图 5-1-5 所示。

(3)设置工作模式:进入设置工作模式后,按 F1 或 F2 选择静态模式。工作模式如图 5-1-6 所示。

(4)静态模式参数设置:进入静态工作模式可选择静态模式参数设置(图 5-1-7),选择"修改"进入参数设置接口(图 5-1-8)。按 可分别进入截止角、采样间隔、采集模式的设置(图 5-1-9)。

图 5-1-5　设置模式　　　图 5-1-6　工作模式　　　图 5-1-7　参数设置 1　　　图 5-1-8　参数设置 2

图 5-1-9　参数修改

说明:GPS 接收机高度截止角、采集间隔的设置依据为表 5-1-2,同时工作的几台 S86 主机高度截止角、采集间隔最好保证一致,即同样的设置值。

(5)数据采集:在设置模式下选择工作模式为静态,主机重启后进入静态模式。如选择手动模式,则需要按 F1 然后再次按 F1 确定进入采集模式(图5-1-10);如选择自动模式,重新开机后自动进行数据采集。静态模式下一共有3个界面轮流切换来分别显示锁定卫星的信息(图5-1-11)。选择数据采集后,进入采集界面,当观测时间达到规定的时间后,如需结束采集,按下 F1 会提示是否确认采集结束,再次按下 F1 后会提示正在关闭文件(图5-1-12)。

图5-1-10　开始数据采集

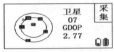 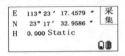 

图5-1-11　工作状态

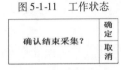 

图5-1-12　结束数据采集

4)观测数据传输(采用南方测绘 GPS 数据处理软件)

(1)用通讯电缆连接好电脑的串口1(COM1)或串口2(COM2)。

(2)要等待(约10s)9600主机进入主界面后再进行连接和传输(初始界面不能传输)。

(3)进行通讯参数的设置。

①选择"通讯"菜单中的"通讯接口"功能,系统弹出如图5-1-13所示的通讯参数设置对话框。

②在通讯参数设置对话框中选择通讯接口 COM1 或 COM2,鼠标单击"确定"按钮。

图5-1-13　通讯参数设置对话框

③连接计算机和 GPS 接收机。在主界面选择"工具"菜单中的"南方接收机数据下载"然后选择"通讯"菜单中的"开始连接"功能或直接在工具栏中选择" 连接 "。如果在第二步中设置的通讯参数正确系统将连接计算机和 GPS 接收机,在程序视窗的下半部分显示 GPS 接收机内的野外观测数据,如图5-1-14所示。

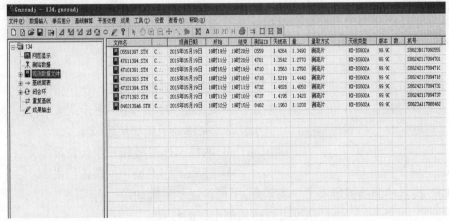

图5-1-14　连接计算机和 GPS 接收机后的程序菜单

④保存数据,如图5-1-15所示。例如要将数据保存在 E 盘根目录下 JT 文件夹中,则可

图 5-1-15　GPS 数据传输

以进行如下操作：

　　a. 打开 E 盘根目录下 JT 文件夹。
　　b. 选定欲传输的数据。
　　c. 然后鼠标左键点击"开始"，该点上采集的数据"2113"将传输到指定的 E 盘根目录下 JT 文件夹。

5）数据解算（操作流程）

新建文件名→数据输入→增加观测数据→查找数据文件→全选并确定→观测数据文件→输入天线高→基线解算→静态基线处理设置→设定高度截止角 15、历元间隔 15、双固定解（3、0.04）→全部解算→测站数据（输入已知点坐标，可是一点或两点）→平差处理→平差参数设置→自动处理→三维平差→二维平差→高程拟合→输出平差结果。

GPS 静态测量内业数据处理工作包括数据预处理和基线解算、观测成果的外业检核、网平差、技术总结与上交资料。

作业布置

一、填空题

1. 全球定位系统是由_____、_____和_____组成的。

2. 地面监控部分是由_____、_____和_____组成的。

3. 按用途，可将 GPS 接收机分为_____、_____和_____三种。

4. GPS 全球定位系统具有全能性、全球性、全天候、_____性和实时性的导航、定位和定时功能。能为各类用户提供精密的_____、速度和时间。

5. GPS 卫星位置采用_____大地坐标系。

二、选择题

1. 在 GPS 测量中，观测值都是以接收机的（　　）位置为准的，所以天线的相位中心应该与其几何中心保持一致。

　　A. 几何中心　　　B. 相位中心　　　C. 点位中心　　　D. 高斯投影平面中心

2. GPS 定位的实质就是根据高速运动的卫星瞬间位置作为已知数据，采用（　　）的方法，确定待定点的空间位置。

　　A. 空间距离后方交会　　　　B. 空间距离前方交会
　　C. 空间角度交会　　　　　　D. 空间直角坐标交会

3. 我国自行建立的第一代卫星导航定位系统"北斗导航系统"是全天候、全天时提供卫星导航信息的区域导航系统，它由（　　）组成了完整的卫星导航定位系统。

　　A. 两颗工作卫星　　　　　　B. 两颗工作卫星和一颗备份星
　　C. 三颗工作卫星　　　　　　D. 三颗工作卫星和一颗备份星

4. GPS 技术给测绘界带来了一场革命，下列说法不正确的是（　　）

　　A. 利用 GPS 技术，测量精度可以达到毫米级的程度

　　B. 与传统的手工测量手段相比，GPS 技术有着测量精度高的优点

　　C. GPS 技术操作简便，仪器体积小，便于携带

D. 当前,GPS技术已广泛应用于大地测量、资源勘查、地壳运动观测等领域

5. GPS系统的空间部分由21颗工作卫星及3颗备用卫星组成,它们均匀分布在( )相对于赤道的倾角为55°的近似圆形轨道上,它们距地面的平均高度为20200km,运行周期为11h58min。

A. 3个　　　　B. 4个　　　　C. 5个　　　　D. 6个

三、判断题

1. GPS系统是测时测距系统。　　　　　　　　　　　　　　　　　　　　　( )
2. 全球定位系统具有高精度和自动测量的特点,但是受地形、天气等自然因素影响较大。　　　　　　　　　　　　　　　　　　　　　　　　　　　　　　( )
3. 全球定位系统使用的卫星轨道均为近圆形,运行的周期约为24h。　　　　( )
4. 观测作业的主要任务是捕获GPS卫星信号,并对其进行跟踪、处理和量测,以获得所需要的定位信息和观测数据。　　　　　　　　　　　　　　　　　　　　( )
5. GPS观测站之间一定要去相互通视。　　　　　　　　　　　　　　　　( )

四、简答题

1. 简述GPS系统的特点。
2. 简述四种导航定位系统的不同。

学习活动2　动态RTK坐标测量

学习目标

1. 能描述动态RTK坐标测量的原理;
2. 能描述动态RTK的一般使用方法;
3. 能描述动态RTK坐标测量的方法。

情境描述

GPS实时动态定位实时动态差分法。这是一种新的常用的GPS测量方法,以前的静态、快速静态、动态测量都需要事后进行解算才能获得厘米级的精度,而RTK是能够在野外实时得到厘米级定位精度的测量方法,它采用了载波相位动态实时差分方法,是GPS应用的重大里程碑,它的出现为工程放样、地形测图,各种控制测量带来了新曙光,极大地提高了外业作业效率。

知识链接

RTK工作原理及方法如下:

(1)原理:与动态相对定位方法相比,定位模式相同,仅需在基准站和流动站间增加一套数据链,实现各点坐标的实时计算、实时输出。

(2)方法:在基准站上设置1台GPS接收机,对所有可见GPS卫星进行连续地观测,并将其观测数据通过无线电传输设备,实时地发送给用户观测站。在用户站上,GPS接收机在接收GPS卫星信号的同时,通过无线电接收设备,接收基准站传输的观测数据,然后根据相对定位原理,实时地解算整周模糊度未知数并计算显示用户站的三维坐标及其精度。

(3)RTK用途:适用于精度要求不高的施工放样及碎部测量。作业范围:内置电台5km、

外置电台 10km 左右。精度可达到 (10~20)mm+1ppm。

（4）RTK 由两部分组成：基准站部分和移动站部分。基准站包括基站接收机、电台、电源、电台天线，移动站包括移动站接收机、手簿，如图 5-2-1 所示。

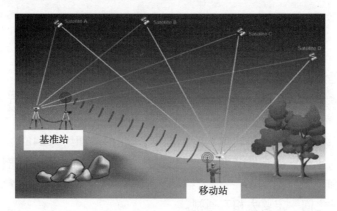

图 5-2-1　RTK 组成

任务实施

本次活动以南方灵锐 S86 接收机为例。

一、安全教育

（1）在测量实习之前，应学习教材中的有关内容，明确实习目的和要求，熟悉操作步骤，了解注意事项，并准备好所需的文具用品，以保证按时完成实习任务。

（2）实习分小组进行，组长负责组织协调工作，办理仪器工具的借领和归还手续。

（3）实习要在规定时间和场地进行，不得缺席、迟到及早退，不得擅自离开实习场地。

（4）服从老师的指导，认真、仔细操作，培养独立的工作能力和严谨的工作态度，发扬互助协作的精神，实习完毕应提交合格的测量成果和书写工整规范的实习报告。

（5）实习过程中应遵守纪律，爱护花草树木，保护环境和公共设施，不得踩踏花草、攀折树木、污染环境。损坏公共设施者应赔偿损失。

二、任务准备

1. 组织准备

以 8 人为一组，每组配备一名组长和一名副组长，组长负责全组组织以及实际操作训练，副组长负责组织理论知识学习和复习。

2. 仪器准备

（1）由仪器室借领：RTK 一套，脚架两个。

（2）自备：计算器、铅笔、小刀、计算用纸。

三、操作步骤

1. 基准站仪器设置与安置

（1）开机：进入"初始界面"（打开 S86 电源后进入程序初始接口，初始接口有两种模式选择：设置模式、采集模式）。初始接口下按 F2 键进入设置模式。进入设置模式主接口，按

或选择设置工作模式,选好后按●确定,设置模式如图5-2-2所示。

(2)设置工作模式:进入设置工作模式后,按或选择基准站模式,如图5-2-3所示。

图5-2-2　设置模式　　　图5-2-3　工作模式

(3)基准站模式参数设置:进入基准站模式可选择基准站模式设置(图5-2-4),选择"修改"进入参数设置接口(图5-2-5),按可●分别进入差分格式、发射间隔、记录数据的设置(图5-2-6)。设置完参数后返回图5-2-4界面,选择"开始",则进入模块设置界面(图5-2-7),选择"修改",即进入数据链修改界面(图5-2-8),按●可分别可以选择内置电台、GPRS网络、CDMA网络(图5-2-9)。本次学习活动以内置电台为例,按下按或选择内置电台,按●确认。电台模式设置(图5-2-10),按下按或选择通道,按●确认所选通道(图5-2-11),确认后回到图5-2-7,按下即进入电台设置完成界面(图5-2-12),选择"开始",电台模式设置完成。

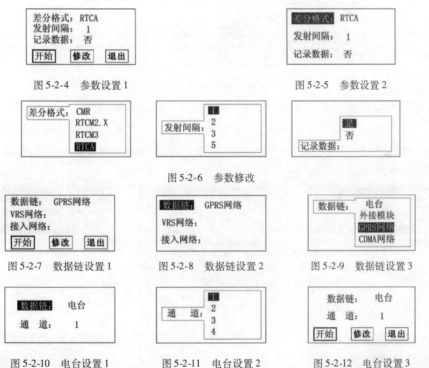

(4)基准站设置完成后,在基准站架设点上安置脚架,安装基座,再将基准站主机用连接器安置于基座之上,对中整平(如架在未知点上,则大致整平即可)。

2.移动站仪器设置

移动站仪器的设置与基准站的设置项目相同。不同之处为:设置工作模式时,移动站应选择"移动站工作模式"(图5-2-13);设置数据链时,选择应与基准站相同,尤其选择内置电台时,通道数应与基准站设置一致。

图5-2-13　移动站模式设置

设置完成后,将移动站主机接在碳纤对中杆上,并将接收天线接在主机顶部,同时将手簿使用托架夹在对中杆的适合位置。

3. 基准站与移动站的电台连接

当基准站与移动站的数据链设置同时设置为内置电台,并且通道数设置一致时,在基准站的有效发射范围内,移动站即可与基准站自动连接。

4. 移动站与手簿的蓝牙连接

(1)打开手簿开机后在"开始"菜单中选择"设置"下拉菜单"控制面板",双击"Bluetooth 设备属性",如图 5-2-14 所示。

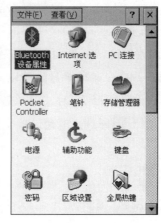

图 5-2-14 蓝牙设置

(2)在蓝牙设备管理器中点击"设置",选择"启用蓝牙",如图 5-2-15 所示。

(3)在蓝牙设备管理器界面点击"蓝牙设备",打开 GPS 移动站接收机主机,点击"扫描设备"后手簿会进行蓝牙搜索,几秒钟(附近蓝牙设备多的话时间会长一点),会出现搜索结果,如图 5-2-16 所示。

图 5-2-15 启用蓝牙　　　　　　　　　　图 5-2-16 蓝牙匹配

(4)根据自己主机的编号点击相应的选项前面的"+",例如点击"H1090830953"数据项前面的"+",会出现几个子菜单选项,点击"串口服务",进入"连接蓝牙串口服务界面,如图 5-2-17 所示。

(5)进入串口服务界面,有两个选择项:串口前缀(选 COM 口)和串口号。在串口号后面的选项框中选择端口,点击"确定",如图 5-2-18 所示。

图 5-2-17 蓝牙连接

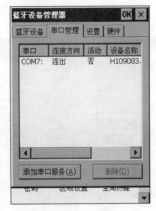

图 5-2-18 端口配置

(6)打开"工程之星"软件,点击"配置"进行端口设置,如图 5-2-19 所示。连接完成后,状态栏有数据,时间开始走动,说明蓝牙已经连通,此时 GPS 主机上的蓝牙灯也会变亮。

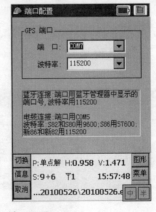

图 5-2-19 端口配置

5. 工程之星软件操作

(1)启动工程之星软件。用光笔双击手簿桌面上"工程之星" ,即可启动(图 5-2-20)。

说明:状态栏中"P"为采集状态,固定解时方可采集数据;"H、V"分别为平面和竖直面精度,越小越好;"S"为卫星颗数,9+5 表示 9 颗 GPS 卫星、5 颗 GLONASS 卫星;"T1"为电台通道和信号。

图 5-2-20 工程之星界面认识

(2)配置端口和电台(图 5-2-21)。

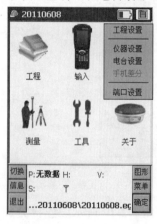  

图 5-2-21 配置端口和电台

(3)工程设置。新建工程(工程→新建工程),选择向导,依次按要求填写或选取如下工程信息:工程名称、椭球系名称、投影参数设置、四参数设置(未启用可以不填写)、七参数设置(未启用可以不填写)和高程拟合参数设置(未启用可以不填写),最后确定,工程新建完毕(图 5-2-22)。

 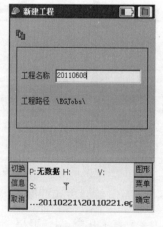 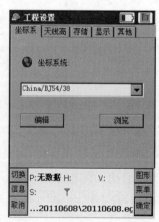

图 5-2-22 工程设置

6. 校正

校正有以下两种方法。

1) 基准站架在未知点上

选择"基准站架设在未知点",再点击"下一步"。输入当前移动站的已知坐标、天线高和天线高的量取方式,再将移动站对中立于已知点上后点击"校正",系统会提示是否校正,"确定"即可(图5-2-23)。

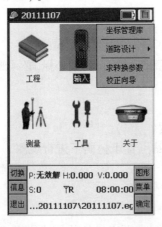

图 5-2-23　校正模式选择

2) 基准站架在已知点上

选择"基准站架设在已知点",点击"下一步",输入基准站架设点的已知坐标及天线高,并且选择天线高形式,输入完后即可点击"校正"。系统会提示是否校正,并且显示相关帮助信息,检查无误后"确定"校正完毕。

注意:如果软件界面上的当前状态不是"固定解"时,会弹出提示,这时应该选择"否"来终止校正,等精度状态达到"固定解"时重复上面的过程重新进行校正。

7. 坐标测量

在菜单窗口内点击"测量"下拉菜单中的"点测量",在固定解状态下对中杆气泡居中按A键(数字1)即可采集坐标并存储当前点坐标,输入点号、天线高。继续存点时,点名将自动累加。双击"B"键,可以查看所测量坐标(图5-2-24)。

图 5-2-24　坐标测量

作业布置

一、填空题

1. 我国自行建立第一代卫星导航定位系统_____是全天候、全天时提供卫星导航信息的区域导航系统,它由两颗工作卫星和一颗备份星组成了完整的卫星导航定位系统。

2. 进行 GPS 外业工作之前,必须做好实施前的_____、_____、器材筹备、观测计划拟定、GPS 仪器检较以及设计书编写等工作。

3. GPS 定位分为_____与_____。

4. GPS 卫星工作星座由_____颗卫星和 3 颗在轨备用卫星组成。

5. 在用 GPS 信号进行导航定位时,为了解算得测站的三维坐标,必须观测至少_____颗 GPS 卫星才能进行定位。

二、选择题

1. 以下哪个因素不会削弱 GPS 定位的精度(　　)。
   A. 晴天为了不让太阳直射接收机,将测站点置于树荫下进行观测
   B. 测站设在大型蓄水的水库旁边
   C. 在 SA 期间进行 GPS 导航定位
   D. 夜晚进行 GPS 观测

2. 根据 GPS 定位原理,至少需要接收到(　　)颗卫星的信号才能定位。
   A. 5　　　　B. 4　　　　C. 3　　　　D. 2

3. 与传统的手工测量手段相比,GPS 技术具有的特点是(　　)。
   A. 测量精度高,操作复杂　　　　B. 仪器体积大,不便于携带
   C. 全天候操作,信息自动接收、存储　　D. 中间处理环节较多且复杂

4. GPS 卫星定位测量精度最高的测量方法是(　　)。
   A. 静态测量　　B. 动态测量　　C. 快速动态测量　　D. 准动态测量

5. 公路测量 GPS 点的英文符号为 GPS,图示为(　　)。
   A. ■　　　　B. △　　　　C. ▲　　　　D. □

三、判断题

1. GPS 目前所采用的坐标系统,是 WGS-84 坐标系。(　　)
2. GPS 工作卫星,均匀分布在 4 个轨道上。(　　)
3. 由于 RTK 数据链的传播限制和定位精度要求,RTK 测量一般不超过 10km。(　　)
4. GPS 测量可同时测定待测点的平面位置和高差。(　　)
5. GPS 定位技术是一种常规测量的方法。(　　)

四、简答题

1. 简述 GPS-RTK 的工作原理。
2. 概括总结 GPS-RTK 坐标测量的操作步骤。

学习活动 3　技能考核

一、考核项目

RTK 的使用。

二、考核内容

(1)学生安置基准站(包括安置、开机、设置),启动移动站、手簿(包括设置、手簿与移动接收机蓝牙设置及连接),校正(包括单点校正、求转换参数校正),测量一点的坐标。

(2)考核仪器为南方 RTK 一套。

(3)考核地点为操场。

三、考核要求

(1)考核过程中任何人不得提示,每个同学应独立完成仪器操作、记录工作。

(2)若有作弊行为,一经发现取消考核资格。

(3)数据记录填写在相应记录表中,记录表不可用橡皮擦修改,记录表外的数据不作为考结果。

四、考核标准

(1)本项目考核满分 100 分。

(2)操作仪器 80 分。

①安置仪器:5 分。

②基准站、移动站设置:10 分。

③数据链设置:10 分。

④基准站、移动站连接:10 分。

⑤移动站、手簿蓝牙连接:10 分。

⑥新建工程:10 分。

⑦求转换参数:15 分。

⑧特征点测量:10 分。

(3)时间评分 20 分。20min 内完成操作得 20 分,超过 6s 扣 1 分。

五、记录及评分表

RTK 的测量评分表见表 5-3-1。

RTK 的测量评分表　　　　　　　　　　表 5-3-1

班级_____　姓名_____　学号_____　得分_____

序号	主要操作步骤	考核要点	评分标准	配分	得分
1	安置仪器	安置方法	安装位置准确	5	
2	基站、移动站设置	仪器设置	设置完成	10	
3	数据链设置	仪器设置	设置完成	10	
4	基站、移动站连接	仪器设置	连接完成	10	
5	移动站与手簿连接	仪器设置	连接完成	10	
6	新建工程	工程名的建立及工程设置	设置准确	10	
7	求转换参数	手簿操作	第三点复核正确	15	
8	特征点测量	测量方法	测量点数量	10	
9	操作时间	20 分钟	超过 6 秒扣 1 分	20	

监考人:_____　　考核日期:_____

学习任务 6 平面控制测量

> **学习目标**
> 1. 能理解导线测量的基本知识;
> 2. 能描述导线测量的方法及导线的布设形式;
> 3. 能描述导线测量的外业测量工作;
> 4. 能熟练使用全站仪进行闭合导线及附合导线外业测量;
> 5. 会推算导线的坐标方位角;
> 6. 能熟练进行闭合导线测量与附合导线测量的内业计算;
> 7. 会计算闭合导线及附合导线的角度闭合差及坐标增量;
> 8. 能正确计算和处理导线测量的成果。

任务导入

控制测量包括平面控制测量与高程控制测量两部分。按照控制点之间组成几何图形的不同,平面控制测量分为导线测量和三角控制测量。根据测区的不同情况和要求,导线一般可布设成闭合导线、附合导线和支导线三种形式,本次学习任务主要介绍平面控制测量中的导线测量,即闭合导线测量、附合导线测量两个学习活动。本次学习任务要求同学们能理解闭合导线与附合导线测量的基本知识、导线的测量原理,会推算闭合导线的坐标方位角,能熟练使用全站仪完成闭合导线与附合导线测量的外业测量工作与内业计算工作。

学习活动 1 闭合导线测量

学习目标

1. 能理解闭合导线测量的基本知识;
2. 能理解闭合导线的测量原理;
3. 能熟练使用全站仪完成闭合导线测量的外业工作;
4. 会推算闭合导线的坐标方位角;
5. 能描述全站仪闭合导线测量的操作步骤;
6. 能熟练进行闭合导线测量的内业计算;
7. 能描述闭合导线测量的内业计算步骤;
8. 能得出闭合导线测量的成果。

情境描述

某新建高速公路服务区工程,在勘测设计过程中,在该区域内已设置有一高级控制点 B,如图 6-1-1 所示,为方便服务区内各结构物的施工,施工时需在该区域内增设若干个起控制作用的导线点,组成一个闭合多边形。因此,首先需要测定各导线点的坐标。那么导线点坐标是如何精确测量的呢?闭合导线该如何进行布设呢?导线的布设形式有哪几种?什么叫导线测量?导线测量的目的是什么?导线测量的外业工作有哪些?导线测量的内业计算包括哪几步?

本次活动的工作任务是每个测量小组协作配合,完成闭合导线的外业测设工作和内业计算工作,从而得到各控制点的坐标。

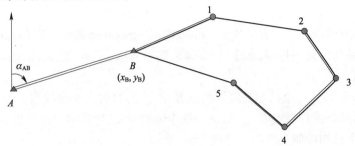

图 6-1-1　闭合导线

 知识链接

一、导线测量的相关知识

1. 导线测量的概念及布设形式

控制测量包括平面控制测量与高程控制测量两部分。精确测定控制点平面位置(x、y)的工作,称为平面控制测量。按照控制点之间组成几何图形的不同,平面控制测量分为导线测量和三角控制测量。精确测定控制点高程(H)的工作,称为高程控制测量。根据采用测量方法的不同,高程控制测量分为水准测量和三角高程测量。

导线测量是平面控制测量中一种常用的方法。如图 6-1-2 所示,导线就是将测区内相邻控制点连成的折线。构成导线的控制点 1、2、3、…、n 称为导线点;相邻导线点之间的水平角 β_2、β_3、…、β_n 称为转折角,导线的转折角有左角和右角之分,以导线为界,按编号顺序方向前进,在前进方向左侧的角称为左角,在前进方向右侧的角称为右角。导线测量的目的就是用测量仪器测定各转折角和各导线边长,并根据起始点已知坐标和起始边的坐标方位角,推算各导线点坐标的工作。

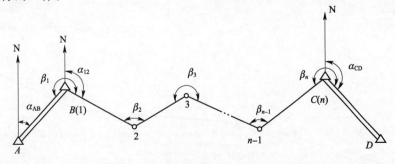

图 6-1-2　导线

根据测区的不同情况和要求,导线一般可布设成闭合导线、附合导线和支导线三种形式,如图 6-1-3 所示。本学习活动主要介绍平面控制测量中的导线测量,即闭合导线测量、附合导线测量两个学习活动,现分述如下:

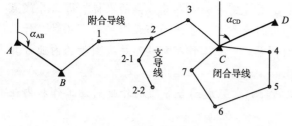

1）闭合导线

从某一高级控制点 B 出发，经过各导线点 1、2、3、4、5 后，又回到原已知高级控制点 B，组成一个闭合多边形，这种导线形式称为闭合导线，如图 6-1-1 所示。即起止于同一个已知控制点的导线。

图 6-1-3　导线布设形式

闭合导线因其组成一个闭合多边形，本身具有严密的几何条件，可以对观测成果进行检核，多用于局部地区的测图控制，如学校、高速公路服务区、车站、加油站、工厂、住宅区等。

2）附合导线

如图 6-1-4 所示，从一个已知高级控制点 B 出发，经过若干个导线点 1、2、3、4 点后，最后附合到另一个已知高级控制点 C 上，形成一条连续的折线，这样的导线布设形式称为附合导线，即布设在两个已知控制点之间的导线。

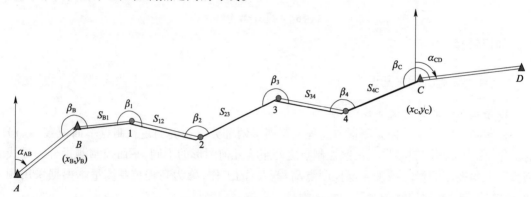

图 6-1-4　附合导线

由于其本身的已知条件，附合导线具有对观测成果的检核作用，附合导线通常用于带状地区作测图控制。被广泛应用于公路、铁路、水利等工程的施工和勘测设计。

3）支导线

从一个已知控制点出发，经过 1~2 个导线点后，既不回到原始起点，也不附合到另一已知控制点上的导线布设形式称为支导线。如图 6-1-5 所示，B 点为已知高级控制点，1 点和 2 点为支导线点。

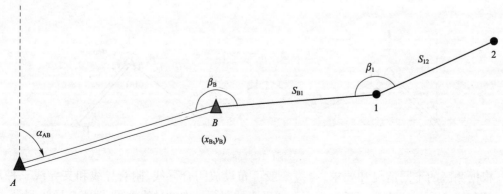

图 6-1-5　支导线

闭合导线和附合导线由于本身具有校核功能,是导线布设的主要形式。支导线没有校核条件,若在测量中发生错误,无法校核,因此一般只作导线点加密使用,且支导线的导线点数不宜超过两个。

2. 导线的等级

除国家精密导线外,在公路勘测阶段,根据测区范围和精度的要求,导线测量可分为二等、三等、四等、一级和二级导线五个等级,各级公路和桥梁、隧道平面控制测量的等级不得低于表6-1-1的规定。

平面控制测量等级选用　　　　　　　　　　　表6-1-1

高架桥、路线控制测量	多跨桥梁总长 L(m)	单跨桥梁 L_K(m)	隧道贯通长度 L_G(m)	测量等级
—	$L \geqslant 3000$	$L_K \geqslant 500$	$L_G \geqslant 6000$	二等
—	$2000 \leqslant L < 3000$	$300 \leqslant L_K < 500$	$3000 \leqslant L_G < 6000$	三等
高架桥	$1000 \leqslant L < 2000$	$150 \leqslant L_K < 300$	$1000 \leqslant L_G < 3000$	四等
高速、一级公路	$L < 1000$	$L_K < 150$	$L_G < 1000$	一级
二、三、四级公路	—	—	—	二级

各级导线测量的主要技术要求应符合表6-1-2的规定。

导线测量的主要技术要求　　　　　　　　　　表6-1-2

测量等级	附(闭)合导线长度(km)	边数	每边测距中误差(mm)	单位权中误差(″)	导线全长相对闭合差	方位角闭合差(″)	测回数 DJ$_1$	测回数 DJ$_2$	测回数 DJ$_6$
三等	≤18	≤9	≤±14	≤±1.8	1/52000	$3.6\sqrt{n}$	≥6	≥10	—
四等	≤12	≤12	≤±10	≤±2.5	1/35000	$5\sqrt{n}$	≥4	≥6	—
一级	≤6	≤12	≤±14	≤±5.0	1/17000	$10\sqrt{n}$	—	≥2	≥4
二级	≤3.6	≤12	≤±11	≤±8.0	1/11000	$16\sqrt{n}$	—	≥1	≥3

注:1. 表中 n 为测站数。

　　2. 以测角中误差为单位权中误差。

　　3. 导线网节点间的长度不得大于表中长度的0.7倍。

当工程需要提供大比例尺地形图时,就得建立测图控制网,图根导线测量的技术要求见表6-1-3。

图根导线测量的技术要求　　　　　　　　　　表6-1-3

边长测定方法	测图比例尺	导线全长(m)	平均边长(m)	测回数	测角中误差(″)	方位角闭合差(″)	导线最大相对闭合差
光电测距	1:500	≤750	75	≥1	≤±20	$±40\sqrt{n}$	≤1/4000
	1:1000	≤1500	150				
	1:2000	≤3000	300				
钢尺量距	1:500	≤500	50	≥1	≤±20	$±40\sqrt{n}$	≤1/2000
	1:1000	≤1000	85				
	1:2000	≤2000	180				

导线测量就是精确测量测区内导线点的坐标。导线测量工作分为外业工作和内业工作。外业工作主要包括勘测选点及建立标志、量边和测角;内业工作是根据已知的起始数据

和外业观测成果,经过计算最后求得各导线点的平面坐标。下面分别介绍导线测量的外业工作和内业计算过程。

二、闭合导线测量的外业工作

1. 选点及建立标志

选点时,应调查搜集测区已有的地形图和控制点的相关资料,可先在已有的地形图上初定导线布设方案,然后到野外去踏勘、校对、修改和落实点位。

确定导线点位置后,应在点位上埋设标志。导线点位确定后应对导线点按顺序编号,为便于寻找,可根据导线点与周围地物的相对关系绘制导线点位关系草图。如图 6-1-6 所示为四等平面控制测量桩的固定和埋设尺寸图。

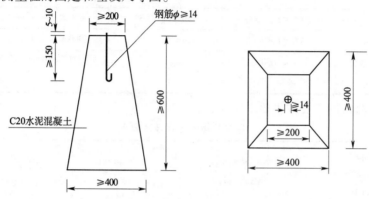

a)四等平面控制测量桩尺寸图

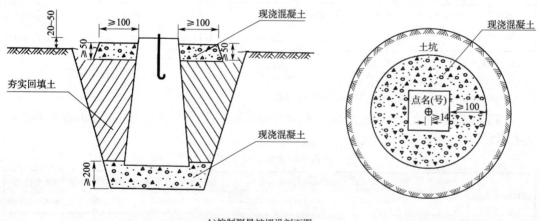

b)控制测量桩埋设剖面图

图 6-1-6 四等平面控制测量桩的固定和埋设尺寸图(尺寸单位:mm)

一、二级平面控制点标志可采用 $\phi14 \sim \phi20$mm,长度为 $30 \sim 40$cm 的普通钢筋制作,钢筋顶端应锯"+"字标记,距离底端 5cm 处应弯成钩状。

二、三等平面控制点标石规格及埋设结构图如图 6-1-7 所示,柱石和盘石间应放 1~2cm 厚粗砂,两层标石中心的最大偏差不应超过 3mm。

四等平面控制点可不埋盘石,柱石。高度应适当加大。

一、二级平面控制点标石规格及埋设结构图如图 6-1-8 所示。

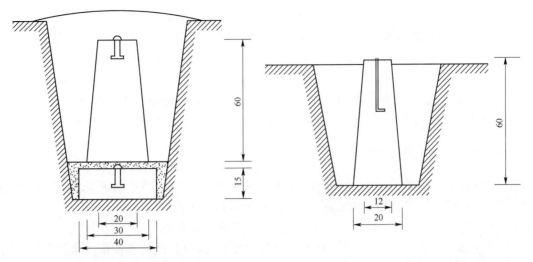

图 6-1-7 二、三等平面控制点标石埋设图　　图 6-1-8 一、二级平面控制点标石埋设图
（尺寸单位：cm）　　　　　　　　　　　　　　（尺寸单位：cm）

2. 导线边长的测定

导线的边长可采用全站仪往返进行测定，当相对误差满足精度表 6-1-2 的要求时，取平均值作为导线边长。对一级及以上导线的边长，应采用光电测距仪施测，二级导线的边长，可采用普通钢尺进行测量。光电测距仪的选用及技术要求见表 6-1-4 和表 6-1-5。

光电测距仪的选用　　表 6-1-4

测距仪精度等级	每公里测距中误差 m_0(mm)	适用的平面控制测量等级
Ⅰ级	$m_0 \leq \pm 5$	二、三、四等，一、二级
Ⅱ级	$\pm 5 < m_0 \leq \pm 10$	三、四等，一、二级
Ⅲ级	$\pm 10 < m_0 \leq \pm 20$	一、二级

光电测距仪的主要技术要求　　表 6-1-5

导线等级	观测次数		每边测回数		一测回读数间较差（mm）	单程各测回较差（mm）	往返较差
	往	返	往	返			
二等	≥1	≥1	≥4	≥4	≤5	≤7	$\leq \sqrt{2}(a + b \cdot D)$
三等	≥1	≥1	≥3	≥3	≤5	≤7	
四等	≥1	≥1	≥2	≥2	≤7	≤10	
一级	≥1	—	≥2	—	≤7	≤10	
二级	≥1	—	≥1	—	≤12	≤17	

注：1. 测回是指照准目标一次，读数四次的过程。
　　2. 表中 a 为固定误差，b 为比例误差系数，D 为水平距离（km）。

采用普通钢尺丈量距离时，其技术指标应满足表 6-1-6 的要求。

普通钢尺丈量距离的主要技术要求　　表 6-1-6

定线偏差（mm）	每尺段往返高差之差（mm）	最小读数（mm）	三组读数之差（mm）	同段尺长差（mm）	外业手薄计算取值（mm）		
					尺长	各项改正	高差
≤5	≤1	1	≤3	≤4	1	1	1

注：每尺段指 2 根同向丈量或单尺往返丈量。

3.角度的测定

角度观测就是观测各导线点上的转折角。测设时应采用测回法进行测定,精度满足要求取平均值作为转折角。导线的转折角有左角与右角之分。在附合导线中,可测量导线的右角也可测其左角,在公路测量中,一般测右角;在闭合导线中,一般均测内角,闭合导线若按逆时针方向编号,闭合导线的内角即为左角,闭合导线若按顺时针方向编号,闭合导线的内角即为右角。导线与高级控制点连接时,须测出连接角,以推算各边的方位角。

三、闭合导线测量内业计算

导线的内业计算是利用外业的观测成果来计算导线点坐标,外业观测成果不可避免存在着误差,如何判定误差是否满足要求?又如何处理这些误差?

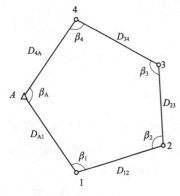

图 6-1-9　闭合导线

1.角度闭合差的计算和调整

闭合导线外业测量完成后,经检查各角度观测及每条边的距离测量精度均满足要求后,应将所观测的各角值按顺序填入表 6-1-8 中第 2 列,并计算各角值的总和,即 $\sum\beta_{测}$ 值。

如图 6-1-9 所示,闭合导线的内角和在理论上应满足下列关系:

$$\sum\beta_{理} = (n-2)\times 180° \tag{6-1-1}$$

在公路工程测量中,由于存在测角误差,使实测的多边形内角之和与理论值不相等,二者的差值称为闭合导线的角度闭合差 f_β,即角度观测值总和与理论值总和之差即为角度闭合差:

$$\begin{aligned}f_\beta &= \sum\beta_{测} - \sum\beta_{理} \\ &= \sum\beta_{测} - (n-2)\times 180°\end{aligned} \tag{6-1-2}$$

式中:n——闭合导线的转折角的个数;

$\sum\beta_{理}$——转折角理论值的总和;

$\sum\beta_{测}$——转折角的外业观测值总和。

当 $f_\beta > f_\beta$ 时,则说明角度闭合差超限,不满足精度要求,应返工重测直到满足精度要求;当 $f_\beta \leq f_\beta$ 时,说明所测角度满足精度要求,可进行角度闭合差调整,使调整后的角值满足理论上的要求。

角度闭合差调整的原则是:将角度闭合差 f_β 以相反的符号平均分配于各观测角中。

各观测角的改正数为:

$$v_{\beta i} = -\frac{f_\beta}{n} \tag{6-1-3}$$

改正后的角值:

$$\beta_i = \beta_{测 i} + v_{\beta i} \tag{6-1-4}$$

当采用式(6-1-3)不能整除时,则可将余数分配给短边相邻的角上,这是因为在短边测角时由于仪器对中、照准所引起的误差较大。

各内角的改正数之和应等于角度闭合差,但符号相反,即 $\sum v_\beta = -f_\beta$。改正后的各内角值之和应等于理论值,即:

$$\sum\beta_i = (n-2)\times 180°$$

2. 导线坐标方位角的推算(第5列内业计算)

闭合导线坐标方位角可以由已知边的坐标方位角和改正后的内角值推算出其他各边的坐标方位角。路线的转角推导得出,即按路线前进方向,前一条导线的坐标方位角 $\alpha_{前}$ 等于后一条导线坐标方位角 $\alpha_{后}$ 加减转角而得。

在闭合导线中,若按顺时针编号,则观测导线的右侧角为内角,如图6-1-10所示,则各边方位角推算如下:

$$\alpha_{23} = \alpha_{12} + 180° - \beta_2$$
$$\alpha_{34} = \alpha_{23} + 180° - \beta_3$$
$$\alpha_{45} = \alpha_{34} + 180° - \beta_4$$
$$\alpha_{51} = \alpha_{45} + 180° - \beta_5$$
$$\alpha_{12} = \alpha_{51} + 180° - \beta_1$$

由此可见,即按路线前进方向,前一条导线的坐标方位角 $\alpha_{前}$ 等于后一条导线坐标方位角 $\alpha_{后}$ 加180°,再减去两边所夹的右角,即:

$$\alpha_{前} = \alpha_{后} + 180° - \beta_{右} \tag{6-1-5}$$

若按逆时针编号,则观测导线的左侧角为内角,如图6-1-11所示,则各边方位角推算如下:

$$\alpha_{23} = \alpha_{12} + \beta_2 - 180°$$
$$\alpha_{34} = \alpha_{23} + \beta_3 - 180°$$
$$\alpha_{45} = \alpha_{34} + \beta_4 - 180°$$
$$\alpha_{51} = \alpha_{45} + \beta_5 - 180°$$
$$\alpha_{12} = \alpha_{51} + \beta_1 - 180°$$

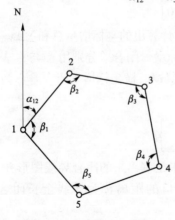 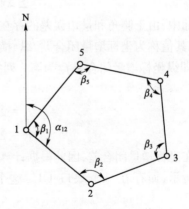

图6-1-10 闭合导线内角图　　图6-1-11 闭合导线内角图

由此可见,即按路线前进方向,前一条导线的坐标方位角 $\alpha_{前}$ 等于后一条导线坐标方位角 $\alpha_{后}$ 加两边所夹的左角,再减去180°,即:

$$\alpha_{前} = \alpha_{后} + \beta_{左} - 180° \tag{6-1-6}$$

式中:$\alpha_{前}$——前一条边的方位角;

$\alpha_{后}$——后一条边的方位角。

3. 坐标增量的计算(第7、11列内业计算)

在坐标增量计算前,应将外业测得符合精度要求的导线各边的长度填入表6-1-7中的第6栏,然后根据各导线的边长及各导线边的方位角计算各坐标增量值。

闭合导线进行内业计算时,设纵坐标为 x,横坐标为 y,导线边长为 D,导线边的方位角为 α,导线边两端点的坐标之差为坐标的增量。包括纵坐标增量 Δx 和横坐标增量 Δy。

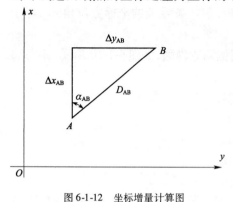

图 6-1-12 坐标增量计算图

如图 6-1-12 所示,A 为已知点,A 的坐标为 (x_A, y_A),B 为未知点,A、B 的长度为 D_{AB},AB 的方位角为 α_{AB},根据三角函数的性质可知,坐标增量的计算可按下式进行计算:

$$\left. \begin{array}{l} \Delta x_{AB} = D_{AB} \cdot \cos\alpha_{AB} \\ \Delta y_{AB} = D_{AB} \cdot \sin\alpha_{AB} \end{array} \right\}$$

则未知点 B 的坐标为:

$$\left. \begin{array}{l} x_B = x_A + \Delta x_{AB} = x_A + D_{AB} \cdot \cos\alpha_{AB} \\ y_B = x_a + \Delta y_{AB} = x_A + D_{AB} \cdot \sin\alpha_{AB} \end{array} \right\}$$

故坐标增量的计算公式如下:

$$\left. \begin{array}{l} \Delta x = D \cdot \cos\alpha \\ \Delta y = D \cdot \sin\alpha \end{array} \right\} \tag{6-1-7}$$

4. 坐标增量闭合差的计算与调整(第 8、9、12、13 列内业计算)

1)坐标增量闭合差 f_x 与 f_y 的计算

如图 6-1-13a)所示,导线边的坐标增量可以看成是在坐标轴上的投影线段。因闭合导线从起始点出发经过若干个导线点后,最后又回到起始点,从理论上讲,其纵坐标增量的代数和与横坐标增量的代数和应分别等于零。即:

$$\left. \begin{array}{l} \sum \Delta x_{理} = 0 \\ \sum \Delta y_{理} = 0 \end{array} \right\} \tag{6-1-8}$$

工程实际中,由于测角和量边误差的存在,故计算出的坐标增量总和 $\sum \Delta x_{算}$ 与 $\sum \Delta y_{算}$ 往往都不为零,其值称为坐标增量闭合差,纵、横坐标增量闭合差分别用 f_x 与 f_y 表示,如图 6-1-13b)所示。即纵坐标增量闭合差 f_x 为第 7 列的代数和,横坐标增量闭合差 f_y 为第 11 列的代数和。即:

$$\left. \begin{array}{l} f_x = \sum \Delta x_{测} \\ f_y = \sum \Delta y_{测} \end{array} \right\} \tag{6-1-9}$$

由于存在坐标增量闭合差,因此根据计算结果绘制出来的闭合导线图形并不能闭合,如图 6-1-13b)所示,而存在一个缺口 1-1′,这个缺口的距离称为导线全长闭合差,以 f_D 表示。即:

$$f_D = \sqrt{f_x^2 + f_y^2} \tag{6-1-10}$$

导线全长闭合差 f_D 随着导线的长度增大而增大,因此导线测量的精度通常用导线全长闭合差 f_D 与导线全长 $\sum D$ 之比作为横梁精度的标准,即用导线相对闭合差 K 来衡量。导线的全长相对闭合差按式(6-1-11)计算:

$$K = \frac{f_D}{\sum D} = \frac{1}{\dfrac{\sum D}{f_D}} \tag{6-1-11}$$

式中:$\sum D$——导线边边长的总和;

K——导线全长相对闭合差。

导线全长相对闭合差 K 通常用分子为 1 的分数形式表示,不同等级的导线相对闭合差的允许值应满足表 6-1-2 要求。若 $K \leq K_允$。则表明导线的精度符合要求,否则应查明原因进行重测。

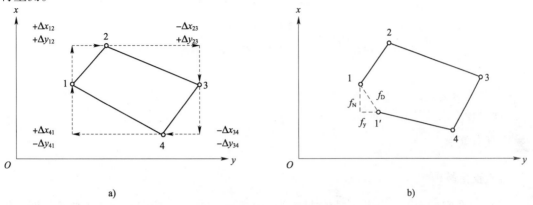

图 6-1-13　闭合导线平差计算图

2)改正数的计算及改正后的纵、横坐标增量 Δx、Δy 的计算(第 8 列、12 列及第 9 列、13 列、列内业计算)

(1)改正数的计算(第 8 列、12 列内业计算)。

如果导线的精度符合要求,即可将坐标增量闭合差进行调整,使改正后的坐标增量满足理论上的要求。坐标增量闭合差的调整原则是将它们以相反的符号按边长成正比例分配到各边的坐标增量中。设 $v_{\Delta x}$、$v_{\Delta y}$ 分别为纵、横坐标增量的改正数,其计算公式为:

$$v_{x_i} = -\frac{f_x}{\sum D}D_i$$
$$v_{y_i} = -\frac{f_y}{\sum D}D_i \tag{6-1-12}$$

式中:f_x——纵坐标增量闭合差,为第 7 列的代数和;

f_y——横坐标增量闭合差,为第 11 列的代数和;

$\sum D$——为各导线边的边长总和,即第 6 列的总和;

D_i——为各导线边的边长,即实测各导线边的边长,将实测值填入第 6 列。

(2)改正后的纵、横坐标增量 Δx、Δy 的计算(第 9 列、13 列内业计算)。

所有坐标增量改正数的总和与坐标增量闭合差大小相等符号相反,即:

$$\left. \begin{array}{l} \sum v_{\Delta x} = -f_x = -0.10 \\ \sum v_{\Delta y} = -f_y = -0.27 \end{array} \right\} \tag{6-1-13}$$

改正后的坐标增量,即表中第 9 列和第 13 列计算如下:

$$\left. \begin{array}{l} \Delta x_i = \Delta x_{算_i} + v_{\Delta x_i} \\ \Delta y_i = \Delta y_{算_i} + v_{\Delta y_i} \end{array} \right\} \tag{6-1-14}$$

改正后的纵坐标增量 Δx 的计算:即"第 9 列 = 第 7 列 + 第 8 列"。

改正后的横坐标增量 Δy 的计算:即"第 13 列 = 第 11 列 + 第 12 列"。

5.导线点的坐标推算(第 10、14、列内业计算)

根据起始点的已知坐标和改正后的坐标增量 Δx 和 Δy,利用式(6-1-15)依次推算其他各导线点的坐标,即:

$$\left.\begin{array}{l}x_i = x_{i-1} + \Delta x_{i-1,i} \\ y_i = y_{i-1} + \Delta y_{i-1,i}\end{array}\right\} \quad (6\text{-}1\text{-}15)$$

$$\left.\begin{array}{l}x_2 = x_1 + \Delta x_{1-2} \\ y_2 = y_1 + \Delta y_{1-2}\end{array}\right\}$$

$$\left.\begin{array}{l}x_3 = x_2 + \Delta x_{2-3} \\ y_3 = y_2 + \Delta y_{2-3}\end{array}\right\}$$

其余依次类推。

闭合导线内业计算示例见表6-1-8。

任务实施

一、安全教育

(1)每次实训所需仪器及工具均应在课前由老师告知,学生应以小组为单位于上课前凭学生证向测量仪器室借领。检查仪器和工具,然后在登记表上填写班级、组号及日期。借领人签名后将登记表及学生证交管理人员。

(2)上课前以组整队集合,小组组长清点学生人数,学生统一着迷彩服,全班分6个小组进行操作训练。

(3)实训过程中,学生应爱护并妥善保护仪器、工具。应正确使用仪器,各组间不得任意调换仪器、工具。若有损坏或遗失,视情节照章处理。

(4)上课期间不得到处乱跑,不得打闹,不能玩手机,不准坐仪器箱,全站仪取出后应将箱盖盖好。

(5)实习完毕后,应将所借用的仪器、工具上的泥土清扫干净再交还实验室,由管理人员检查验收后发还学生证。

二、任务准备

1. 组织准备

以8人为一组,每组配备一名组长和一名副组长,组长负责全组组织以及实际操作训练,副组长负责组织理论知识学习和复习。

2. 仪器准备

(1)由仪器室借领:全站仪6台、三脚架6个、棱镜6把、罗盘仪2个、记录板6块、测伞6把、小钉、红布、锤子、木桩等。

(2)自备:计算器、铅笔、小刀、计算用纸。

三、操作步骤与要求

1. 闭合导线测量的外业工作及操作步骤

1)选点及建立标志

选点时应满足以下要求:

(1)导线点应选在地势较高、视野开阔、便于测图或放样的地方。

(2)相邻导线点间必须通视良好,地势较为平坦,便于测角和量边。

(3)导线点应选在土质坚实、稳固可靠、便于保存、加密、寻找和安置仪器的地方。

(4)导线点应有足够的密度,分布较均匀,便于控制整个测区,导线的边长要大致相等,相邻边长不应差距过大，否则会影响测量精度。

（5）导线点宜沿路线前进方向布设，导线点应尽量接近路线位置。

（6）在桥梁和隧道处，应考虑桥梁、隧道布设控制网的需要，在大型构造物的两侧至少应分别布设一对相互通视的平面控制点。

2）导线边长的测定

导线的边长可采用全站仪进行测定，当相对误差满足精度表6-1-2的要求时，取平均值作为导线边长。对一级及以上导线的边长，应采用光电测距仪施测，二级导线的边长，可采用普通钢尺进行测量。光电测距仪的选用及技术要求见表6-1-4和表6-1-5。采用普通钢尺丈量距离时，其技术指标应满足表6-1-6的要求。

3）角度的测定

在闭合导线中，一般均测内角，闭合导线若按逆时针方向编号，闭合导线的内角即为左角，如图6-1-11所示及如实例6-1-1的记录计算表6-1-8右下角图示所示。闭合导线若按顺时针方向编号，闭合导线的内角即为右角，如图6-1-10所示。导线与高级控制点连接时，须测出连接角，以推算各边的方位角。

如【例6-1-1】中，对四边形1234闭合导线进行角度测量时，可先将全站仪安置在点1处，对中，整平全站仪，采用测回法测定∠1，并将盘左、盘右所读读数记录计算表6-1-7的相应位置，当测角精度满足要求时，计算所测得的左角记录在表中。同时利用全站仪的距离测定功能，分别测定导线14边及12边的边长，当导线相对误差满足精度要求时，取各导线边长的平均值填入记录计算表6-1-7的相应位置，

请将每个同学的外业测得的【例6-1-1】中各内角值和各边长成果记录在表6-1-7中，并计算各内角及各导线边长。

闭合导线内角及边长测量记录表　　　　表6-1-7

测站	盘位	目标	水平角读数 （° ′ ″）	半测回角值 （° ′ ″）	一测回角值 （° ′ ″）	边长 （m）	平均值 （m）
1	盘左	4	66 35 05	66 35 05	66 35 01	$D_{14}=143.14$	
		2	0 00 00			$D_{12}=236.74$	
	盘右	2	180 00 07	66 34 57			$D_{12}=236.75$
		4	246 35 04				
2	盘左	1	92 08 18	92 08 18	92 08 12	$D_{21}=236.76$	
		3	0 00 00			$D_{23}=217.10$	
	盘右	3	179 59 56	92 08 06			$D_{23}=217.09$
		1	272 08 02				
3	盘左	2	113 53 41	113 53 41	113 53 45	$D_{32}=217.08$	
		4	0 00 00			$D_{34}=154.33$	
	盘右	4	179 59 54	113 53 49			$D_{34}=154.32$
		2	293 53 43				
4	盘左	3	87 22 12	87 22 12	87 22 17	$D_{43}=154.31$	
		1	0 00 00			$D_{41}=143.12$	
	盘右	1	180 00 08	87 22 22			$D_{41}=143.13$
		3	267 22 30				
						$D_{14}=143.14$	

外业测量完成,并检查其测角精度与测边精度均满足要求后,将所测得的各内角值填入闭合导线内业计算记录表 6-1-8 中第 2 列相应的位置,将所测得的各导线的边长值填入闭合导线内业计算记录表 6-1-8 中第 6 列相应的位置。

2. 操作要求

(1)指导教师进行情景描述并讲解本次实训的任务,讲解实训相关知识,演示相关操作步骤。

(2)安排实训,每小组同学在操场用小钉钉设四个导线点 A、B、C、D,夹角在 80°~100°之间。

(3)将全站仪分别安置在 A、B、C、D,对中整平后,用测回法观测各内角,精度符合要求时取平均值,并记录所测内角值。

(4)教师引导学生使用全站仪,采用距离测量功能,测定各导线边的距离,并进行记录。

(5)小组同学相互协作配合,互换岗位,每个人都要轮换操作一次。

3. 外业操作注意事项

(1)操作前,各组组长应先检查全站仪各个组成部分是否完好,并调整好脚螺旋,打开水平制动和竖直制动。

(2)仪器应安置在土质坚硬的地方,仪器高度应适宜,并应将三脚架踏实,防止仪器下沉。

(3)三脚架伸缩固定螺旋要拧紧,但用力不要过大。

(4)安置全站仪时要将中心连接螺旋拧紧,防止仪器从脚架上脱落下来,并做到人不离开仪器。

(5)按操作规程进行作业,转动各螺旋时不要用力过大,要"稳、轻、慢"。

(6)对中与整平应反复进行,至满足要求为止。

(7)测量原始数据(角度及距离)记录不得涂改和转抄。

(8)操作过程中发现问题及时向指导老师汇报。

四、闭合导线测量内业计算成果整理

闭合导线测量的最终目的,是利用外业的观测成果及已知的起始数据,最终计算各导线点的平面坐标值。在内业计算前,要仔细检查闭合导线测量的外业记录测角度及距离数据是否齐全,有无差错,每个角度及每条边距离是否符合精度要求。同时绘制导线草图,将已知数据及观测数据标注在草图上,便于闭合导线的内业计算,如表 6-1-8 中右下角草图所示。

【例 6-1-1】 如表 6-1-8 右下草图所示,布置为一个四边形闭合导线,已知导线边 12 边的方位角 $\alpha_{12} = 131°17'00''$,高级控制点 1 点的已知坐标为 (500.000,500.000),外业作业时测得四个内角的观测值分别为 $\beta_1 = 66°35'01''$,$\beta_2 = 92°08'12''$,$\beta_3 = 113°53'45''$,$\beta_4 = 87°22'17''$,各导线边的边长观测值分别为 $D_{12} = 236.75\text{m}$,$D_{23} = 217.09\text{m}$,$D_{34} = 154.32\text{m}$,$D_{41} = 143.13$。

试完成下列内业计算:

(1)计算其角度闭合差及各角改正数。

(2)推算出各导线边的坐标方位角。

(3)试计算各导线边的坐标增量。

(4)坐标增量闭合差的计算与调整。

(5)推算导线点的坐标。

解:(1)角度闭合差的计算和调整。

①计算各转折角外业观测值总和。

闭合导线外业测量完成后,经检查各角度观测及每条边的距离测量精度均满足要求后,应将所观测的各角值按顺序填入表6-1-8中第2列,并计算各角值的总和,即$\sum\beta_{测} = 359°59'15''$。

由多边形内角和计算公式可知:

$\sum\beta_{测} = 66°35'01'' + 92°08'12'' + 113°53'45'' + 87°22'17'' = 359°59'15''$,即第2列的总和。

②闭合导线内角理论值的总和的计算。

利用公式6-1-1计算闭合导线内角理论值的总和:

$$\sum\beta_{理} = (n-2) \times 180° = (4-2) \times 180° = 360°$$

③角度闭合差计算。

利用式(6-1-2)计算闭合导线角度闭合差:

角度闭合差为:

$$f_\beta = \sum\beta_{测} - \sum\beta_{理} = 359°59'15'' - 360° = -45''$$

容许角度闭合差为:

$$f_{\beta容} = \pm 40\sqrt{n} = \pm 40\sqrt{4} = 80''$$

因$f_\beta < f_{\beta容}$,即f_β在容许误差范围内,可以进行角度闭合差的调整。

④改正数计算。

角度闭合差调整的原则是:将角度闭合差f_β以相反的符号平均分配于各观测角中。

利用式(6-1-3)计算各观测角的改正数,各角改正数为:$v_\beta = -f_\beta/n = -(-45''')/4 = +11''$余1'',将计算的各改正数填入表6-1-8中第3列相应位置。各内角的改正数之和与角度闭合差大小相等,但符号相反,即$\sum v_\beta = -f_\beta$。

⑤改正后的角值(即第4列)。

利用式(6-1-4)计算改正后的角值:$\beta_i = \beta_{测i} + v_{\beta i}$即"第4列=第2列+第3列"。

$$\beta_1 = 66°35'01'' + 11'' = 66°35'12''$$

$$\beta_2 = 23°08'12'' + 11'' = 92°08'23''$$

$$\beta_3 = 113°53'45'' + 11'' = 113°53'56''$$

$$\beta_4 = 87°22'17'' + 12'' = 87°22'29''$$

改正后的各内角值之和应等于理论值,即:

$\sum\beta_i = 66°35'12'' + 92°08'23'' + 113°53'56'' + 87°22'29'' = (4-2) \times 180° = 360°$

分配时,由于短边测角误差大,短边角的改正数为+12'',改正后的各内角值之和应等于360°。

(2)导线坐标方位角的推算(第5列内业计算)。

表6-1-8中测量的各内角是左角,根据方位角的推算原理,可利用式(6-1-6)推算各导线边的方位角[注意要利用改正后的内角值(左角)]。即表中第5列方位角推算:

$$\alpha_{23} = \alpha_{12} + \beta_{左} - 180° = 131°17'00'' + 66°35'12'' - 180° = 17°52'12''$$
$$\alpha_{34} = \alpha_{23} + \beta_{左} + 180° = 17°52'12'' + 92°08'23'' + 180° = 290°00'35''$$
$$\alpha_{41} = \alpha_{34} + \beta_{左} - 180° = 290°00'35'' + 113°53'56'' - 180° = 223°54'31''$$
$$\alpha_{12} = \alpha_{41} + \beta_{左} - 180° = 223°54'31'' + 87°22'29'' - 180° = 131°17'00''$$

坐标方位角的推算时注意：若利用上式计算出的方位角 α 值若大于 360° 时，则应减去 360°；若 α 值出现负值时，应加上 360°，使各导线边的坐标方位角在 0°~360° 的取值范围内。

计算各边的方位角，经校核无误。将计算所得各边的方位角填入内业计算表 6-1-8 第 5 列相应位置处。

(3) 坐标增量的计算（第 7、11 列内业计算）。

在坐标增量计算前，应将外业测得符合精度要求的导线各边的长度填入表 6-1-7 中的第 6 栏，然后根据各导线的边长及各导线边的方位角计算各坐标增量值。

利用式(6-1-7)进行导线各坐标增量的计算，即：

$$\begin{cases} 7 \text{列} = 6 \text{列} \times \cos 5 \text{列} \\ 11 \text{列} = 6 \text{列} \times \sin 5 \text{列} \end{cases}$$

$$\left.\begin{array}{l} \Delta x_{12} = D_{12} \cdot \cos\alpha_{12} = -156.20 \text{（计算结果填入第 7 列）} \\ \Delta y_{12} = D_{12} \cdot \sin\alpha_{12} = +177.91 \text{（计算结果填入第 11 列）} \end{array}\right\}$$

$$\left.\begin{array}{l} \Delta x_{23} = D_{23} \cdot \cos\alpha_{23} = +206.62 \text{（计算结果填入第 7 列）} \\ \Delta y_{23} = D_{23} \cdot \sin\alpha_{23} = +66.62 \text{（计算结果填入第 11 列）} \end{array}\right\}$$

$$\left.\begin{array}{l} \Delta x_{34} = D_{34} \cdot \cos\alpha_{34} = +52.80 \text{（计算结果填入第 7 列）} \\ \Delta y_{34} = D_{34} \cdot \sin\alpha_{34} = -145.00 \text{（计算结果填入第 11 列）} \end{array}\right\}$$

$$\left.\begin{array}{l} \Delta x_{41} = D_{41} \cdot \cos\alpha_{41} = -103.12 \text{（计算结果填入第 7 列）} \\ \Delta y_{41} = D_{41} \cdot \sin\alpha_{41} = -99.26 \text{（计算结果填入第 11 列）} \end{array}\right\}$$

(4) 坐标增量闭合差的计算与调整（第 8、9、12、13 列内业计算）。

① 坐标增量闭合差 f_x 与 f_y 的计算。

利用式(6-1-9)进行导线坐标增量闭合差 f_x 与 f_y 的计算，即：

$$\left.\begin{array}{l} f_x = \text{第 7 列的代数和} \\ f_y = \text{第 11 列的代数和} \end{array}\right\}$$

即：$f_x = \sum \Delta x = -156.20 + 206.62 + 52.80 - 103.12 = +0.10(\text{m})$（第 7 列的代数和）
$f_y = \sum \Delta y = +177.91 + 66.62 - 145.00 - 99.26 = +0.27(\text{m})$（第 11 列的代数和）

将 $f_x = +0.10(\text{m})$（第 7 列的代数和）与 $f_y = +0.27(\text{m})$ 值代入导线全长闭合差 f_D 计算式，导线利用式(6-1-10)进行全长闭合差 f_D 计算：

$$f_D = \sqrt{f_x^2 + f_y^2} = 0.29(\text{m})$$

导线相对闭合差 K 计算：

$K = f_D / \sum D \approx 1/2500 < 1/2000$，精度满足要求。

② 坐标增量改正数的计算及改正后的纵、横坐标增量 ΔX、ΔY 的计算（第 8 列、12 列及第 9 列、13 列、列内业计算）。

a. 坐标增量改正数的计算（第 8 列、12 列内业计算）。

利用式(6-1-12)进行坐标增量改正数的计算：

$$f_x = +0.10(\text{m})(\text{第 7 列的代数和})$$
$$f_y = +0.27(\text{m})(\text{第 11 列的代数和})$$

$\sum D = D_{12} + D_{23} + D_{34} + D_{41} = 236.75 + 217.09 + 154.32 + 143.13 = 751.29(\text{m})$（第 6 列的总和）

$v_{x_1} = -f_x/\sum D \cdot D_1 = -(+0.10)/751.29 \times 236.75 = -0.03(\text{m})$（计算结果填入第 8 列）

$v_{y_1} = -f_y/\sum D \cdot D_1 = -(+0.27)/751.29 \times 236.75 = -0.08(\text{m})$（计算结果填入第 12 列）

其余坐标增量改正数的计算依次类推,计算结果见表 6-1-8 所示,此处略。

所有坐标增量改正数的总和与坐标增量闭合差大小相等符号相反,即:利用式(6-1-13)进行坐标增量改正数总和的计算,即表中第 8 列和第 12 列代数和计算如下:

$$\left.\begin{array}{l}\sum v_{\Delta x} = -f_x = -0.10\text{m}\\ \sum v_{\Delta y} = -f_y = -0.27\text{m}\end{array}\right\}$$

b. 改正后的纵、横坐标增量 Δx、Δy 的计算(第 9 列、13 列内业计算)。

利用式(6-1-14)进行坐标增量改正数的计算,即表中第 9 列和第 13 列计算如下:

改正后的纵坐标增量 Δx 计算,即"第 9 列 = 第 7 列 + 第 8 列": $-156.20 + (-0.03) = -156.23(\text{m})$（计算结果填入第 9 列）。

改正后的横坐标增量 Δy 的计算,即"第 13 列 = 第 11 列 + 第 12 列": $+177.91 + (-0.08) = +177.83(\text{m})$（计算结果填入第 13 列）,其余的依次类推,此处略。

其余改正后的纵、横坐标增量 Δx、Δy 的计算依次类推,计算结果如表 6-1-8 所示,此处略。

(5)导线点的坐标推算(第 10、14、列内业计算)。

利用式(6-1-15)依次推算其他各导线点的坐标,即:

导线点 2 的纵坐标值:

$x_2 = 500.00 + (-156.23) = 343.77$（将计算结果填入第 10 列相应位置）

$y_2 = 500.00 + (+177.83) = 677.83$（将计算结果填入第 14 列相应位置）

导线点 3 的纵坐标值:

$x_3 = 343.77 + (+206.59) = 550.36$（将计算结果填入第 10 列相应位置）

$y_3 = 677.83 + (+66.54) = 744.37$（将计算结果填入第 14 列相应位置）

导线点 4 的纵坐标值:

$x_4 = 550.36 + (+52.78) = 603.14$（将计算结果填入第 10 列相应位置）

$y_4 = 744.37 + (-145.06) = 599.31$（将计算结果填入第 14 列相应位置）

导线点 1 的纵坐标值:

$x_1 = 603.14 + (-103.14) = 500.00$（推算得的 1 点坐标于已知的高级控制点 1 的坐标相同,内业计算无误,将计算结果填入第 10 列相应位置）

$y_1 = 599.31 + (-99.31) = 500.00$（推算得的 1 点坐标于已知的高级控制点 1 的坐标相同,内业计算无误,将计算结果填入第 14 列相应位置）

闭合导线的坐标计算示例见表 6-1-8。

表 6-1-8

闭合导线计算

计算：×××　　校核：×××

点号 ①	观测角 $\beta_右$ (° ′ ″) ②	改正数 v_β (″) ③	改正后角值 $\beta_右$ ④=②+③	方位角 α (° ′ ″) ⑤	边长 D(m) ⑥	纵坐标增量 Δx(m) 计算值 ⑦=⑥×cos⑤	改正数 ⑧	改正后值 ⑨=⑦+⑧	纵坐标 x(m) ⑩	横坐标增量 Δy(m) 计算值 ⑪=⑥×sin⑥	改正数 ⑫	改正后值 ⑬=⑪+⑫	横坐标 y(m) ⑭
1				131 17 00	236.75	−156.20	−0.03	−156.23	500.00	+177.91	−0.08	+177.83	500.00
2	66 35 01	+11	66 35 12	17 52 12	217.09	+206.62	−0.03	+206.59	343.77	+66.62	−0.08	+66.54	677.83
3	92 08 12	+11	92 08 23	290 00 35	154.32	+52.80	−0.02	+52.78	550.36	−145.00	−0.06	−145.06	744.37
4	113 53 45	+11	113 53 56	223 54 31	143.13	−103.12	−0.02	−103.14	603.14	−99.26	−0.05	−99.31	599.31
1	87 22 17	+12	87 22 29	131 17 00					500.00				500.00
Σ	359 59 15	+45	360°		751.29	+0.10	−0.10	0		+0.27	−0.27	0	

角度闭合差及改正数之计算	$\sum\beta_{理}=180°\times(4-2)=360°$ $f_\beta = \sum\beta_{测} - \sum\beta_{理} = -45''$ $f_{\beta容}=\pm40\sqrt{n}=\pm40\sqrt{4}=80''$ $(f_\beta < f_{\beta容})$ 改正数：$v_\beta = -\dfrac{f_\beta}{n} = -\dfrac{-45''}{4} = +11''$	坐标增量闭合差的计算	$\sum\Delta x_{理}=0\quad \sum\Delta y_{理}=0$ $f_x=+0.10\quad f_y=+0.27$ $v_{x_i}=-\dfrac{f_x}{\sum D}D_i$ $v_{y_i}=-\dfrac{f_y}{\sum D}D_i$	导线相对闭合差的计算	$f_D=\sqrt{f_x^2+f_y^2}=0.29$ $K=\dfrac{f_D}{\sum D}\approx\dfrac{1}{2500}<\dfrac{1}{2000}$

草图

注：此导线为图根导线，起点坐标为假定值

作业布置

一、填空题

1. 控制测量包括_____与_____两部分。
2. 从一个已知点出发,经过了若干导线点以后,又回到原已知点,这样的导线称为_____。
3. 闭合导线的角度闭合差 f_β 计算式为_____。
4. 精确测定控制点平面位置(x、y)的工作,称为_____。
5. 精确测定控制点高程(H)的工作,称为_____。

二、选择题

1. 从一个高级控制点出发,经过各导线点后,附合到另一个已知高级控制点上,这样的导线布设形式称为( )。
   A. 支导线　　　　B. 附合导线　　　　C. 闭合导线　　　　D. 导线测量

2. 已知起始直线的方位角是 $100°20'$,第二条直线与起始方向的右角为 $120°$,则第二条直线的方位角是( )。
   A. $40°20'$　　　　B. $160°20'$　　　　C. $220°20'$　　　　D. $320°40'$

3. 已知 A 点坐标为(12345.7,437.8), B 点坐标为(12322.2,461.3),则 AB 边的坐标方位角 α_{AB} 为( )。
   A. $45°$　　　　B. $315°$　　　　C. $225°$　　　　D. $135°$

4. 导线的坐标增量闭合差调整后,应使纵、横坐标增量改正数之和等于( )。
   A. 纵、横坐标增量闭合差,其符号相同　　B. 导线全长闭合差,其符号相同
   C. 纵、横坐标增量闭合差,其符号相反　　D. 纵、横坐标增量闭合差为零

5. 已知某闭合导线横坐标增量闭合差为 -0.080 m,纵坐标增量闭合差为 $+0.060$ m,导线全长为 392.900 m,则该导线的全长相对闭合差为( )。
   A. 1/4911　　　　B. 1/4000　　　　C. 1/3929　　　　D. 1/3900

三、判断题

1. 导线测量工作分为外业工作和内业工作。内业工作主要包括勘测选点及建立标志、量边和测角。( )
2. 从一个已知控制点出发,经过 1~2 个导线点后,既不回到原始起点,也不附合到另一已知控制点上的导线布设形式称为支导线。( )
3. 闭合导线内业计算时,角度闭合差调整的原则是,将角度闭合差 f_β 以相同的符号平均分配于各观测角中。( )
4. 闭合导线测量的最终目的,是利用外业的观测成果及已知的起始数据,计算各导线点的平面坐标值。( )
5. 从一个已知高级控制点 B 出发,经过若干个导线点 1、2、3、4 点后,最后附合到另一个已知高级控制点 C 上,形成一条连续的折线,这样的导线布设形式称为闭合导线。( )

四、简答题

1. 闭合导线外业测量工作中,选点时应满足哪些要求?
2. 归纳导线测量内业计算的步骤。

五、计算题

1. 如图 6-1-14 所示,已知坐标方位角 $\alpha_{AB} = 135°00'00''$,求 $B1$ 边和 12 边的坐标方位角。

2. 如图 6-1-15 所示,三角形的三个内角分别为 $\beta_1 = 38°$,$\beta_2 = 67°$,$\beta_3 = 75°$,其中 12 边的坐标方位角为 $\alpha_{12} = 30°$,求 23 边和 31 边的坐标方位角。

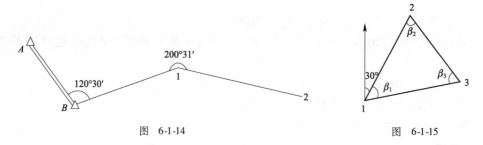

图 6-1-14　　　　　　　　　　　图 6-1-15

学习活动 2　附合导线测量

 学习目标

1. 能理解附合导线测量的基本知识;
2. 能理解附合导线的测量原理;
3. 能熟练使用全站仪完成附合导线的外业测量工作;
4. 会推算附合导线的坐标方位角;
5. 能描述全站仪附合导线的操作步骤;
6. 能熟练进行附合导线测量的内业计算;
7. 能描述附合导线的内业计算的步骤;
8. 能得出附合导线测量的成果。

情境描述

某新建二级公路路基工程,在勘测设计过程中,在该区域内已设置有一高级控制点,如图 6-2-1 所示,为方便公路路基施工,施工时需在该路基标段范围内增设若干个起控制作用的导线点,附合到另一个已知高级控制点上,组成一个附合导线。因此,首先需要测定各导线点的坐标。那么导线点坐标是如何精确测量的呢?附合导线该如何进行布设呢?

本学习活动的主要工作任务是每个测量小组协作配合,完成附合导线的外业测设工作,并进行内业计算。

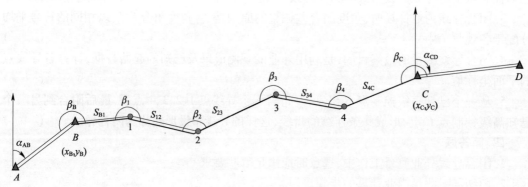

图 6-2-1　附合导线

知识链接

从一个已知高级控制点 B 出发,经过若干个导线点 1、2、3、4 点后,最后附合到另一个已知高级控制点 C 上,形成一条连续的折线,这样的导线布设形式称为附合导线,如图 6-2-1 所示,即布设在两个已知控制点之间的导线,称为附合导线。

由于其本身的已知条件,附合导线具有对观测成果的检核作用,附合导线通常用于带状地区作测图控制。被广泛应用于公路、铁路、水利等工程的施工和勘测设计。

由于公路工程测量的导线布置以附合导线为主,故下面介绍附合导线外业测量工作及内业计算的方法、步骤。

一、附合导线测量的外业工作

(1)选点及建立标志。
(2)导线边长的测定。
(3)角度的测定。

角度观测就是观测各导线点上的转折角。测设时应采用测回法进行测定,精度满足要求取平均值作为转折角。导线的转折角有左角与右角之分。在附合导线中,可测量导线的右角也可测其左角,在公路测量中,一般测右角;导线与高级控制点连接时,须测出连接角,以推算各边的方位角。

二、附合导线测量内业计算

如图 6-2-1 所示的附合导线,其内业计算步骤与闭合导线的计算步骤基本相同,但由于布置形式不同,因而角度闭合差和坐标增量闭合差的计算方法及公式不同,学习时需重点掌握这两点不同。

1. 角度闭合差的计算与调整

如图 6-2-2 所示,附合导线首尾各有一条已知边 BA 边和 CD 边,A、B、C、D 为附合导线所连接的高级控制点,高级控制点坐标已知。起始导线边 AB 坐标方位角 α_{AB} 和终点导线边 CD 坐标方位角 α_{CD},可根据坐标反算求得。

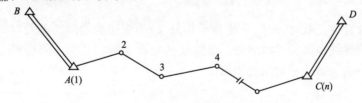

图 6-2-2　附合导线布置图

由于附合导线外业工作已测得导线各转折角的大小,由式(6-1-5)和式(6-1-6)可推算出终边 CD 的方位角 α'_{CD},此方位角应与反算求得的坐标方位角 α_{CD} 相等,但由于存在测角误差,推算的 α'_{CD} 与已知的 α_{CD} 往往不相等,其差值称为附合导线的角度闭合差 f_β,即:

$$f_\beta = \alpha'_{CD} - \alpha_{CD} \tag{6-2-1}$$

其中,根据起始边坐标方位角 α_{AB} 和观测的各转折角推算的终边方位角 α'_{CD} 计算公式如下:

当观测导线的左角时,其公式为:

$$\alpha_{12} = \alpha_{AB} + \beta_1 - 180°$$

$$\alpha_{23} = \alpha_{12} + \beta_2 - 180°$$
$$= \alpha_{AB} + (\beta_1 + \beta_2) - 2 \times 180°$$
$$\alpha_{34} = \alpha_{23} + \beta_3 - 180°$$
$$= \alpha_{AB} + (\beta_1 + \beta_2 + \beta_3) - 3 \times 180°$$
$$\alpha'_{CD} = \alpha_{AB} - n \cdot 180° + \sum \beta_{左} \tag{6-2-2}$$

当观测导线的右角时：
$$\alpha_{12} = \alpha_{AB} + 180° - \beta_1$$
$$\alpha_{23} = \alpha_{12} + 180° - \beta_2$$
$$= \alpha_{AB} + 2 \times 180° - (\beta_1 + \beta_2)$$
$$\alpha'_{CD} = \alpha_{AB} + n \cdot 180° - \sum \beta_{右} \tag{6-2-3}$$

上述式中：n——转折角的个数；

α'_{CD}——推算出终边 CD 的方位角；

α_{CD}——终边 CD 的已知方位角；

附合导线角度闭合差的计算公式可合并写为：
$$f_\beta = \alpha'_{CD} - \alpha_{CD} = \alpha_{始} - \alpha_{终} \pm \sum \beta(左角加,右角减) \mp n \times 180°$$
$$= (\alpha_{AB} - \alpha_{CD}) \pm \sum \beta(左角加,右角减) \mp n \times 180° \tag{6-2-4}$$

各级导线的角度闭合差容许值 $f_{\beta容}$ 应满足表 6-1-2 的要求。

当 $f_\beta \leq f_{\beta容}$ 时，说明所测角度满足精度要求，可进行角度闭合差的调整，否则，应分析情况进行重测，直至满足精度要求为止。

附合导线角度闭合差的调整原则是：若观测角为左角时，则应将角度闭合差以相反的符号正比例平均分配到各角度观测值中；若观测角为右角时，同符号正比例平均分配到各观测角中。各角改正数计算公式为：

当观测角为左角时：
$$v_{\beta_i} = -\frac{f_\beta}{n} \tag{6-2-5}$$

当观测角为右角时：
$$v_{\beta_i} = \frac{f_\beta}{n} \tag{6-2-6}$$

应用上式计算改正数时，若 f_β 不能被 n 均分，因为短边测角时瞄准及对中误差较大，因此应将余数凑到导线短边相邻角中去。最终使各角改正数的总和与闭合差大小相等，符号相反，即 $\sum v_\beta = -f_\beta$。改正后的角度表示为：
$$\beta_i = \beta_{测i} + v_{\beta_i} \tag{6-2-7}$$

2. 附合导线坐标方位角的推算

附合导线起始边及终止边的坐标方位角可通过坐标反算获得，其他各边坐标方位角的推算与闭合导线相同。

3. 计算各导线边的坐标增量

附合导线坐标增量的计算与闭合导线相同，需要注意的是起始边 AB 与终止边 CD 均为已知边，故需要计算其坐标增量。

纵横坐标增量的计算可按下式进行计算：
$$\left. \begin{array}{l} \Delta x = D \cdot \cos\alpha \\ \Delta y = D \cdot \sin\alpha \end{array} \right\} \tag{6-2-8}$$

4. 坐标增量闭合差的计算与调整

如图 6-2-3 所示,附合导线各边坐标增量的代数和在理论上应等于起、终两已知点的坐标值之差,即:

$$\left.\begin{array}{l} \sum \Delta x_{理} = x_{终} - x_{始} = x_B - x_A \\ \sum \Delta y_{理} = y_{终} - y_{始} = y_B - y_A \end{array}\right\} \quad (6\text{-}2\text{-}9)$$

由于测角和量边存在误差,所以根据观测值推算出来的各导线边纵、横坐标增量代数和不等于理论值,其差值称为纵、横坐标增量闭合差,用 f_x、f_y 来表示,则:

$$\left.\begin{array}{l} f_x = \sum \Delta x_{测} - (x_{终} - x_{始}) \\ f_y = \sum \Delta y_{测} - (y_{终} - y_{始}) \end{array}\right\} \quad (6\text{-}2\text{-}10)$$

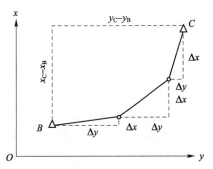

图 6-2-3 附合导线坐标增量的计算

写成通式则为:

$$\left.\begin{array}{l} f_x = \sum \Delta x_{测} - \sum \Delta x_{理} = \sum \Delta x_{测} - (x_{终} - x_{始}) \\ f_y = \sum \Delta y_{测} - \sum \Delta y_{理} = \sum \Delta y_{测} - (y_{终} - y_{始}) \end{array}\right\} \quad (6\text{-}2\text{-}11)$$

纵坐标增量闭合差为:

$$f_x = \sum \Delta x - (x_C - x_B)$$

横坐标增量闭合差为:

$$f_y = \sum \Delta y - (y_C - y_B) \quad (6\text{-}2\text{-}12)$$

导线全长闭合差:

$$f_D = \sqrt{f_x^2 + f_y^2} \quad (6\text{-}2\text{-}13)$$

相对误差:

$$K = \frac{f_D}{\sum D} = \frac{1}{\dfrac{\sum D}{f_D}} \quad (6\text{-}2\text{-}14)$$

5. 导线点的坐标推算(第 10、14、列内业计算)

根据起始点的已知坐标和改正后的坐标增量 Δx 和 Δy,利用下列公式依次推算其他各导线点的坐标,即:

$$\left.\begin{array}{l} x_i = x_{i-1} + \Delta x_{i-1,i} \\ y_i = y_{i-1} + \Delta y_{i-1,i} \end{array}\right\} \quad (6\text{-}2\text{-}15)$$

即:

$$\left.\begin{array}{l} x_2 = x_1 + \Delta x_{1-2} \\ y_2 = y_1 + \Delta y_{1-2} \end{array}\right\}$$

$$\left.\begin{aligned} x_3 &= x_2 + \Delta x_{2-3} \\ y_3 &= y_2 + \Delta y_{2-3} \end{aligned}\right\}$$

其余依次类推。

附合导线内业计算示例见表 6-2-2。

任务实施

一、安全教育

（1）每次实训所需仪器及工具均应在课前由老师告知,学生应以小组为单位于上课前凭学生证向测量仪器室借领。检查仪器和工具,然后在登记表上填写班级、组号及日期。借领人签名后将登记表及学生证交管理人员。

（2）上课前以组整队集合,小组组长清点学生人数,学生统一着迷彩服,全班分 6 个小组进行操作训练。

（3）实训过程中,学生应爱护并妥善保护仪器、工具,应正确使用仪器,各组间不得任意调换仪器、工具。若有损坏或遗失,视情节照章处理。

（4）上课期间不准到处乱跑,不准打闹,不准玩手机,不准座仪器箱,全站仪取出后应将箱盖盖好。

（5）实习完毕后,应将所借用的仪器、工具上的泥土清扫干净再交还实验室,由管理人员检查验收后发还学生证。

二、任务准备

1. 组织准备

以 8 人为一组,每组配备一名组长和一名副组长,组长负责全组组织以及实际操作训练,副组长负责组织理论知识学习和复习。

2. 仪器准备

（1）由仪器室借领:全站仪 6 台、三脚架 6 个、棱镜 6 个、罗盘仪 2 个、记录板 6 块、测伞 6 把、小钉、红布、锤子、木桩等。

（2）自备:计算器、铅笔、小刀、计算用纸。

三、操作步骤与要求

1. 附合导线测量的外业工作及操作步骤

附合导线的外业测量操作步骤与闭合导线的外业操作步骤相同(同前),此处不再详述。

（1）选点及建立标志。

（2）导线边长的测定。

（3）角度的测定。

角度观测就是观测附合导线各导线点上的转折角。测设时应采用测回法进行测定,精度满足要求取平均值作为转折角。附合导线的转折角有左角与右角之分。在附合导线中,可测量导线的右角也可测其左角,在公路测量中,一般测右角,如【例 6-2-1】的记录计算表 6-2-2 右下角图示所示。附合导线与高级控制点 A、B、C、D 连接时,须测出连接角 $\angle B$(又称

∠1)和∠C(又∠5),以推算各边的方位角。

如【例6-2-1】中,附合导线进行角度测量时,可先将全站仪安置在点1处,对中,整平全站仪,采用测回法测定∠1,并将盘左、盘右所读读数记录计算表6-2-1的相应位置,当测角精度满足要求时,计算所测得的右角记录在表中。同时利用全站仪的距离测定功能,测定导线12边的边长,然后将全站仪安置在点2处,对中,整平全站仪,采用测回法测定∠2,并将盘左、盘右所读读数记录计算表6-2-1的相应位置,当测角精度满足要求时,计算所测得的右角记录在表中。同时利用全站仪的距离测定功能,测定导线21边及23边的边长,当导线12边及导线21边的相对误差满足精度要求时,取导线边长的平均值D_{12}填入记录计算表6-2-1的相应位置。

请将每个同学的外业测得的【例6-2-1】中各右角值和各边长成果记录在表6-2-1中,并计算各右角及各导线边长。

附合导线测量记录表　　　　　　表6-2-1

测站	盘位	目标	水平角读数 (° ′ ″)	半测回角值 (° ′ ″)	一测回角值(右角) (° ′ ″)	边长 (m)	平均值 (m)
1	盘左	A	0 00 00	200 34 33	200 34 30	$D_{12}=160.32$	$D_{12}=160.30$
		2	159 25 27				
	盘右	2	339 25 40	200 34 27			
		A	180 00 07				
2	盘左	1	0 00 00	166 13 40	166 13 42	$D_{21}=160.28$	
		3	193 46 20			$D_{23}=124.09$	
	盘右	3	13 46 25	166 13 44			$D_{23}=124.08$
		1	180 00 07				
3	盘左	2	0 00 00	200 24 09	200 24 06	$D_{32}=124.07$	
		4	159 35 51			$D_{34}=182.15$	
	盘右	4	339 35 54	200 24 03			$D_{34}=182.13$
		2	179 59 57				
4	盘左	3	0 00 00	207 30 15	207 30 12	$D_{43}=182.14$	
		5	152 29 45			$D_{45}=200.03$	
	盘右	5	332 29 40	207 30 09			
		3	179 59 49				
5	盘左	4	0 00 00	181 59 46	181 59 42	$D_{54}=200.01$	$D_{45}=200.02$
		D	181 59 46				
	盘右	D	1 59 40	181 59 38			
		4	180 00 02				

外业测量完成,并检查其测角精度与测边精度均满足要求后,将所测得的各右角值填入附合导线内业计算记录表6-2-2中第2列相应的位置,将所测得的各导线的边长值填入附合导线内业计算记录表6-2-2中第6列相应的位置。

2. 操作要求

(1)指导教师进行情景描述并讲解本次活动的任务,讲解实训相关知识,演示相关操作步骤。

(2)安排实训,每小组同学在操场用小钉钉设四个导线点 A、B、C、D,夹角在 80°～100° 之间。

(3)将全站仪分别安置在 A、B、C、D,对中整平后用测回法观测各内角,精度符合要求时取平均值,并记录所测内角值。

(4)教师引导学生使用全站仪,采用距离测量功能,测定各导线边的距离,并进行记录。

(5)小组同学相互协作配合,互换岗位,每个人都要轮换操作一次。

3. 实训操作注意事项

(1)操作实训前应先检查仪器各个组成部分是否完好,并调整好脚螺旋和三脚架高低,打开水平制动和竖直制动。

(2)按操作规程进行作业,转动各螺旋时不要用力过大,要"稳、轻、慢"。

(3)仪器应安置在土质坚硬的地方,并应将三脚架踏实,防止仪器下沉。

(4)三脚架伸缩固定螺旋要拧紧,但用力不要过大。

(5)安置全站仪时要将中心连接螺旋拧紧,防止仪器从脚架上脱落下来,并做到人不离开仪器。

(6)对中与整平应反复进行,至满足要求为止。

(7)测量数据记录不得涂改和转抄。

(8)发现问题及时向指导老师汇报。

四、附合导线测量内业计算及成果整理

【例 6-2-1】 如表 6-2-2 右下方图所布置为一个附合导线,已知 AB 边的方位角 $\alpha_{AB} = 70°32'48''$,高级控制点 B 点的已知坐标为 $B(502.450、323.810)$,外业作业时测得右角观测值分别为 $\beta_1 = 200°30'30''$,$\beta_2 = 166°13'42''$,$\beta_3 = 200°24'06''$,$\beta_4 = 207°30'12''$,$\beta_5 = 181°59'42''$,各导线边的边长观测值分别为 $D_{12} = 160.300\text{m}$,$D_{23} = 124.080\text{m}$,$D_{34} = 182.130\text{m}$,$D_{45} = 200.020\text{m}$,各外业测量数据见表 6-2-1。

试完成下列内业计算:

(1)计算其角度闭合差及各角改正数。
(2)推算出各导线边的坐标方位角。
(3)试计算各导线边的坐标增量。
(4)坐标增量闭合差的计算与调整。
(5)推算导线点的坐标。

解:(1)计算其角度闭合差及各角改正数。

①角度闭合差计算。

附合导线外业测量完成后,经检查各角度观测及每条边的距离测量精度均满足要求后,应将所观测的各角值按顺序填入表 6-2-2 中第 2 列。

利用式(6-2-1)和式(6-2-3)计算闭合导线角度闭合差:

$$f_\beta = \alpha'_{CD} - \alpha_{CD} = \alpha_{AB} - \alpha_{CD} + 5 \times 180° - \sum \beta_{右} = +30''$$

角度闭合差容许计算:

$$f_{\beta容} = \pm 30''\sqrt{5} = \pm 67''$$

$f_\beta < f_{\beta容}$,即 f_β 在容许误差范围内,可以进行角度闭合差的调整。

②改正数计算。

利用式(6-2-6)计算各角改正数为:

改正数 $v_\beta = f_\beta/n = +30''/5 = +06''$,将计算的各改正数填入表中第3列相应位置。各内角的改正数之和与角度闭合差大小相等,但符号相反,即 $\sum v_\beta = -f_\beta$。

③改正后的角值(即第4列)。

利用式(6-2-7)计算改正后的角值:$\beta_i = \beta_{测i} + v_{\beta i}$,即"第4列 = 第2列 + 第3列"。

$$\beta_1 = 200°30'30'' + 06'' = 200°30'36''$$

$$\beta_2 = 166°13'42'' + 06'' = 166°13'48''$$

$$\beta_3 = 200°24'06'' + 06'' = 200°24'12''$$

$$\beta_4 = 207°30'12'' + 06'' = 207°30'18''$$

$$\beta_5 = 181°59'42'' + 06'' = 181°59'48''$$

(2)推算出各导线边的坐标方位角(第5列内业计算)。

表中测量的各转角为导线右角,根据方位角的推算原理,可利用式(6-1-5)直接计算各导线边的方位角(注意要利用改正后的右角值)。

$$\alpha_{12} = \alpha_{AB} + 180° - \beta'_1 = 70°32'48'' + 180° - 200°30'36'' = 50°02'12''$$

$$\alpha_{23} = \alpha_{12} + 180° - \beta'_2 = 50°02'12'' + 180° - 166°13'48'' = 63°48'24''$$

$$\alpha_{34} = \alpha_{23} + 180° - \beta'_3 = 63°48'24'' + 180° - 200°24'12'' = 43°24'12''$$

$$\alpha_{45} = \alpha_{34} + 180° - \beta'_4 = 43°24'12'' + 180° - 207°30'18'' = 15°53'54''$$

$$\alpha_{CD} = \alpha_{45} + 180° - \beta'_5 = 15°53'54'' + 180° - 181°59'48'' = 13°54'06''$$

计算各边的方位角,经校核无误。将计算所得各边的方位角填入内业计算表6-2-2第5列相应位置处。

(3)计算各导线边的坐标增量(第7、11列内业计算)。

附合导线坐标增量的计算与闭合导线相同,需要注意的是起始边 AB 与终止边 CD 均为已知边,故需要计算其坐标增量。

在坐标增量计算前,应将外业测得符合精度要求的导线各边的长度填入表6-2-2中的第6栏,然后根据各导线的边长及各导线边的方位角计算各坐标增量值。

利用式(6-2-8)进行附合导线各坐标增量的计算,即:

$$\left.\begin{array}{l} 7\,列 = 6\,列 \times \cos 5\,列 \\ 11\,列 = 6\,列 \times \sin 5\,列 \end{array}\right\}$$

$$\left.\begin{array}{l} \Delta x_{12} = D_{12} \cdot \cos\alpha_{12} = -102.960(\text{计算结果填入第7列}) \\ \Delta y_{12} = D_{12} \cdot \sin\alpha_{12} = 122.860(\text{计算结果填入第11列}) \end{array}\right\}$$

$$\left.\begin{array}{l} \Delta x_{23} = D_{23} \cdot \cos\alpha_{23} = 54.770(\text{计算结果填入第7列}) \\ \Delta y_{23} = D_{23} \cdot \sin\alpha_{23} = 111.340(\text{将计算结果填入第11列}) \end{array}\right\}$$

$$\Delta x_{34} = D_{34} \cdot \cos\alpha_{34} = -132.320 \text{(将计算结果填入第 7 列)}$$
$$\Delta y_{34} = D_{34} \cdot \sin\alpha_{34} = 125.150 \text{(将计算结果填入第 11 列)}$$

$$\Delta x_{45} = D_{45} \cdot \cos\alpha_{45} = -192.370 \text{(将计算结果填入第 7 列)}$$
$$\Delta y_{45} = D_{45} \cdot \sin\alpha_{45} = 54.790 \text{(将计算结果填入第 11 列)}$$

（4）坐标增量闭合差的计算与调整。

①坐标增量闭合差 f_x 与 f_y 的计算。

利用式(6-2-8)和式(6-2-9)进行导线坐标增量闭合差 f_x 与 f_y 的计算，即：

$$\sum \Delta x = 第 7 列的代数和$$
$$\sum \Delta y = 第 11 列的代数和$$

纵坐标增量代数和为：

$$\sum \Delta x = +482.42 (\text{m})(第 7 列的代数和)$$

纵坐标增量闭合差为：

$$f_x = \sum \Delta x - (x_C - x_B) = +0.08 (\text{m})$$

横坐标增量代数和为：

$$\sum \Delta y = +414.14 (\text{m})(第 11 列的代数和)$$

横坐标增量闭合差为：

$$f_y = \sum \Delta y - (y_C - y_B) = -0.12 (\text{m})$$

导线全长闭合差：

$$f_D = \sqrt{f_x^2 + f_y^2} = 0.14 (\text{m})$$

相对误差：

$$K = \frac{f_D}{\sum D} \approx \frac{1}{4800} < \frac{1}{2000}$$

②坐标增量改正数的计算及改正后的纵、横坐标增量 Δx、Δy 的计算（第 8 列、12 列及第 9 列、13 列、列内业计算）。

a. 坐标增量改正数的计算（第 8 列、12 列内业计算）

利用式(6-1-12)进行坐标增量改正数的计算：

$$f_x = +0.08 (\text{m})$$
$$f_y = -0.12 (\text{m})$$

$$\sum D = D_{12} + D_{23} + D_{34} + D_{41} = 160.300 + 124.080 + 182.130 + 200.020 = 666.530 (\text{m})(第 6 列的总和)$$

$$v_{x_1} = -\frac{f_x}{\sum D} D_1 = -\frac{+0.08}{666.530} \times 160.300 = -0.02 (\text{m})(计算结果填入第 8 列)$$

$$v_{y_1} = -\frac{f_y}{\sum D}D_1 = -\frac{-0.12}{666.530} \times 160.300 = +0.03(\text{m})(计算结果填入第12列)$$

$$v_{x_2} = -\frac{f_x}{\sum D}D_2 = -\frac{+0.08}{666.530} \times 124.080 = -0.02(\text{m})(计算结果填入第8列)$$

$$v_{y_2} = -\frac{f_y}{\sum D}D_2 = -\frac{-0.12}{666.530} \times 124.080 = +0.02(\text{m})(计算结果填入第12列)$$

其余坐标增量改正数的计算依次类推，计算结果见表6-2-2的第8列和第12列，此处略。

所有坐标增量改正数的总和与坐标增量闭合差大小相等符号相反，即坐标增量改正数总和的计算，即表中第8列和第12列代数和计算如下：

$$\left.\begin{array}{l}\sum v_{\Delta x} = -f_x = +0.08(\text{m}) \\ \sum v_{\Delta y} = -f_y = -0.12(\text{m})\end{array}\right\}$$

b. 改正后的纵、横坐标增量 Δx、Δy 的计算（第9列、13列内业计算）。

坐标增量改正数的计算，即表中第9列和第13列计算如下：

改正后的纵坐标增量 Δx 计算，即"第9列 = 第7列 + 第8列"：$+102.960 + (-0.03) = +102.940(\text{m})$（计算结果填入第9列）。

改正后的横坐标增量 Δy 的计算，即"第13列 = 第11列 + 第12列"：$+122.860 + (+0.03) = +122.890(\text{m})$（计算结果填入第13列），其余的依次类推，此处略。

其余改正后的纵、横坐标增量 Δx、Δy 的计算依次类推，计算结果见表6-2-2第9列和第13列所示，此处从略。

(5) 导线点的坐标推算（第10、14列内业计算）。

根据起始点的已知坐标和改正后的坐标增量 Δx 和 Δy，利用式(6-2-15)依次推算各导线点的坐标，即：

导线点2的纵坐标值：

$x_2 = x_1 + \Delta x_{1-2} = 502.450 + 102.940 = 605.390(\text{m})$（将计算结果填入第10列相应位置）
$y_2 = y_1 + \Delta y_{1-2} = 323.810 + 122.890 = 446.700(\text{m})$（将计算结果填入第14列相应位置）

导线点3的纵坐标值：

$x_3 = 605.390 + 54.750 = 660.140(\text{m})$（将计算结果填入第10列相应位置）
$y_3 = 446.700 + 111.360 = 558.060(\text{m})$（将计算结果填入第14列相应位置）

导线点4的纵坐标值：

$x_4 = 660.140 + 132.300 = 792.440(\text{m})$（将计算结果填入第10列相应位置）
$y_4 = 558.060 + 125.180 = 683.240(\text{m})$（将计算结果填入第14列相应位置）

导线点5（C）的纵坐标值：

$x_5 = 792.440 + 192.350 = 994.790(\text{m})$（推算得的 C 点坐标于已知的高级控制点 C 的坐标相同，内业计算无误，将计算结果填入第10列相应位置）

$y_5 = 683.240 + 54.83 = 738.070(\text{m})$（推算得的 C 点坐标于已知的高级控制点 C 的坐标相同，内业计算无误，将计算结果填入第14列相应位置）

附合导线的坐标计算示例见表6-2-2。

附合导线计算

表 6-2-2

点号 ①	右角观测值 (° ′ ″) ②	改正数 v_β (″) ③	改正后的角值 $\beta_右$ ④=②+③ (° ′ ″)	方位角 α (° ′ ″) ⑤	边长 D (m) ⑥	纵坐标增量 Δx(m) 计算值 ⑦=⑥×cos⑤	改正数 ⑧	改正后值 ⑨=⑦+⑧	纵坐标 x (m) ⑩	横坐标增量 Δy(m) 计算值 ⑪=⑥×sin⑤	改正数 ⑫	改正后值 ⑬=⑪+⑫	横坐标 y(m) ⑭
A				70 32 48									
B(1)	200 34 30	+06	200 30 36	50 02 12	160.300	+102.960	−0.02	+102.940	502.450	+122.860	+0.03	+122.890	323.810
2	166 13 42	+06	166 13 48	63 48 24	124.080	+54.770	−0.02	+54.750	605.390	+111.340	+0.02	+111.360	446.700
3	200 24 06	+06	200 24 12	43 24 12	182.130	+132.320	−0.02	+132.300	660.140	+125.150	+0.03	+125.180	558.060
4	207 30 12	+06	207 30 18	15 53 54	200.020	+192.370	−0.02	+192.350	792.440	+54.790	+0.04	+54.830	683.240
C(5)	181 59 42	+06	181 59 48	13 54 06					994.790				738.070
D													
Σ	956 38 12	+30			666.53	+482.42	−0.08	+482.34		+414.14	+0.12	+414.26	

角度闭合差计算与调整:

$f_\beta = \alpha_{AB} - \alpha_{CD} + 5 \times 180° - \Sigma\beta_右$
$= 956°38'42'' - 956°38'12''$
$= +30''$

$f_{\beta容} = \pm 30''\sqrt{5} = \pm 67''$ 精度满足要求

改正数 $v_\beta = +\dfrac{f_\beta}{n} = \dfrac{30''}{5} = +06''$

坐标增量闭合差的计算与调整:

$\Sigma\Delta x = +482.42 \quad f_x = \Sigma\Delta x - (x_C - x_B) = +0.08$
$\Sigma\Delta y = +414.14 \quad f_y = \Sigma\Delta y - (y_C - y_B) = -0.12$

$v_{\Delta x_i} = -\dfrac{f_x}{\Sigma D}D_i \quad v_{\Delta y_i} = -\dfrac{f_y}{\Sigma D}D_i$

$f_D = \sqrt{f_x^2 + f_y^2} = 0.14 \quad K = \dfrac{f_D}{\Sigma D} \approx \dfrac{1}{4800} < \dfrac{1}{2000}$

草图:

注:此导线为三级导线,起始边 AB 和终止边 CD 的方位角由坐标反算求得

计算:××× 校核:×××

作业布置

一、填空题

1. 附合导线的角度闭合差 f_β 计算公式为_____。
2. 所谓_____就是由测区内选定的平面控制点组成的折线。
3. 从一个高级控制点出发,经过各导线点后,附合到另一个已知高级控制点上,这样的导线布设形式称为_____。
4. 导线测量的外业工作包括_____、_____和_____。
5. 附合导线具有对观测成果的检核作用,_____通常用于带状地区作测图控制。

二、选择题

1. 附合导线的角度闭合差的计算公式为( )。
   A. $f_\beta = \sum\beta_测$ B. $f_\beta = \sum\beta_理 - \sum\beta_测$ C. $f_\beta = \sum\beta_测 - \sum\beta_理$ D. $f_\beta = \alpha'_{CD} - \alpha_{CD}$
2. 已知 $\alpha_{AB} = 312°00'54''$,$S_{AB} = 105.22$,则 Δx、Δy 分别为( )。
   A. 70.43,78.18   B. 70.43,-78.18
   C. -70.43,-78.18   D. -70.43,78.18
3. 如图 6-2-4 所示,AB 边的坐标方位角为 $\alpha_{AB} = 155°25'45''$,转折角如下图所示,则 CD 边的坐标方位角 α_{CD} 为( )。

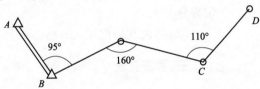

图 6-2-4

   A. $290°25'45''$ B. $20°25'45''$ C. $110°25'45''$ D. $339°34'15''$
4. 已知 A 点坐标为 $(2345.7,437.8)$,B 点坐标为 $(2322.2,461.3)$,则 AB 边的坐标方位角 α_{AB} 为( )。
   A. 45°   B. 315°   C. 225°   D. 135°
5. 导线测量的最终目的是要取得各导线点的( )。
   A. 高程   B. 高差   C. 坐标   D. 边长

三、判断题

1. 已知某直线的正方位角为 $40°30'$,则该直线的反方位角为 $180°30'$。( )
2. 附合导线内业计算时,当 $f_\beta > f_{\beta容}$ 时,说明所测角度精度不满足要求,应分析情况进行重测,直至满足精度要求为止。( )
3. 导线测量可分为、三等、四等、一级和二级导线四个等级。( )
4. 已知某直线的坐标方位角为 220°,则其象限角为南西 50°。( )
5. 直线 AB 的坐标方位角为 $\alpha_{AB} = 258°$,则其坐标增量的符号为 $\Delta x_{AB} > 0$,$\Delta y_{AB} > 0$。( )

四、简答题

1. 简述附合导线角度闭合差的调整原则。
2. 简述附合导线测量内业计算的步骤。

五、计算题

1. 已知 $\alpha_{AB} = 30°30'$，$\angle B = 120°12'$，求 α_{BC}、α_{CB} 是多少？

2. 已知各导线边的边长观测值分别为 $D_{AB} = 100.30\text{m}$，$D_{BC} = 124.08\text{m}$，直线的方位角为 $\alpha_{AB} = 60°02'12''$，$\alpha_{BC} = 70°12'12''$，试计算各导线边的坐标增量。

学习活动 3 技 能 考 核

一、考核项目

全站仪测导线点坐标。

二、考核内容

（1）如图 6-3-1 所示，在地面上订设 A、B、C、D 四个导线点，测点间隔 8～10m，A、D 两导线点的坐标已知，A 点为测站点，D 点为后视点。分别在 A、B、C 点上架设仪器，依次测出 B、C、A_1 点的坐标。

测设结果由学生计算，以导线全长相对闭合差的大小评定得分。

（2）将观测数据填入表格。

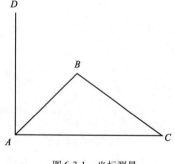

图 6-3-1 坐标测量

三、考核要求

（1）考核过程中任何人不得提示，每个同学应独立完成全站仪操作、记录、计算。

（2）若有作弊行为，一经发现一律按零分处理。

（3）考核时间自监考教师发出开始指令，至计算结束由学生报告操作完毕后终止计时。

（4）记录完最后一个数据不能动仪器，待监考老师复核完最后一个数据。

（5）数据记录均填写在相应记录表中、不能抄袭，记录表以外的数据不作为考核结果。

四、评分标准

（1）满分 100。

（2）按操作时间评分 50 分。全部操作 18min 完成计 50 分，时间每增加 10s 得分扣 1 分。

（3）按精度评分 50 分。按相对误差 $K \leq 1/2000$ 得 50 分，K 值每增减 1/100 得分扣 2 分。

（4）在前两项得分的基础上，仪器仪器对中误差大于 3mm 扣 3 分，整平误差大于半格扣 3 分；记录表中原始数据有修改、缺位、缺单位，每有一处扣 3 分。

五、成果整理

全站仪测导线点坐标记录计算表见表 6-3-1。

全站仪测导线点坐标记录计算表　　　　　表 6-3-1

姓名_____　　班级_____　　学号_____　　得分_____

点号	纵坐标 N(m)	横坐标 E(m)
D	12000	14000
A	12020	14040
B		
C		
A_1		
校核计算:f_x =　　　f_y =　　　f_D =　　　　K =		

操作时间:_____　　得分:_____　　精度:_____　　得分:_____

卷面涂改情况,扣分:_____　　　　计算扣分:_____

监考人:_____　　　　考核日期:_____

学习任务 7 高程控制测量

> **学习目标**
> 1. 能描述水准点的作用；
> 2. 能理解高程控制测量的基本知识以及测量原理；
> 3. 能熟练使用水准仪完成支水准测量的外业工作以及内业计算；
> 4. 能熟练使用水准仪完成闭合水准测量的外业工作以及内业计算；
> 5. 能熟练使用水准仪完成附合水准测量的外业工作以及内业计算；
> 6. 能理解三、四等水准测量的主要技术指标；
> 7. 能完成三、四等水准测量的外业观测、表格记录以及计算。

任务导入

在上个任务的学习中，我们已经掌握了平面控制测量的相关知识，利用平面控制测量可以准确地得到各控制点的平面位置。现有一段路基施工项目，因在前期开挖过程中破坏了部分控制点，无法正常的完成项目施工，测量队已根据图纸将所有控制点的平面位置逐一恢复，但还未进行高程控制，为了保证路基施工的顺利进行，现根据高程控制点的使用范围、等级情况进行高程控制测量，本任务学习各种布设形式的高程控制测量。

学习活动 1 支水准测量

学习目标

1. 能描述水准点的作用；
2. 能正确地进行水准点的布设；
3. 能掌握普通水准测量方法；
4. 能熟练使用水准仪进行支（往返）水准测量；
5. 能对测量数据进行记录及计算。

情境描述

路基路面和桥涵施工进行高程控制时，如果两点间距离较近，可以直接在两点间架设水准仪测出它们之间的高差算出高程，但在工程实践中，已知水准点与新建水准点往往相距很远，只设置一个测站不能测出它们之间的高差，这样就需要在相邻两点之间分成若干段进行普通水准测量，采用支（往返）水准测量的方法测量两点之间的高差，并计算高程。本学习活动的任务是采用支水准测量的方法分段测量两点之间的高差并计算高程。

知识链接

一、水准零点、水准原点

(1)水准零点:黄海的平均海水面(即为水准零点)作为高程的基准面。

(2)水准原点:我国计算高程的统一起算点,即青岛观象山的国家水准原点其高程为72.2604m,如图7-1-1所示。

图7-1-1 水准原点

二、水准面

水准面就是高程为零的面,是高程起算的基准面,按照类型分为大地水准面和假定水准面。

(1)大地水准面:通过水准零点(黄海平均海水面)的水准面叫大地水准面。

(2)假定水准面:如果在某一局部地区,距国家统一的高程系统较远,也可以选定任意一个水准面作为高程起算的基准面,这个水准面称为假定水准面。

三、高程

(1)绝对高程:地面点到大地水准面的铅垂距离称为绝对高程或海拔。

(2)相对高程:地面点到假定水准面的铅垂距离称为相对高程或假定高程。

四、水准点

1. 水准点

公路工程施工中,为测定某点高程,需从一已知高程的点进行引测。高程控制测量中,将这种已知高程的固定点称为水准点,用"⊗"符号表示,缩写为"BM"。

水准点是用水准测量的方法测定的高程控制点。水准点分永久性水准点和临时性水准点。永久性水准点应埋设稳定的标石或设置在固定的物体上,需要每隔一定长度设置一个。工程测量中常用的普通水准标石是由柱石和盘石两部分组成的,如图7-1-2所示,临时性水准点可以埋设木桩,顶面钉设铁钉作为标志,它是在公路施工中为了测量的方便,在设计得出的水准点基础上又增加的施工用水准点。公路测量中水准点也常与导线点合二为一。

2. 水准测量的等级及技术要求

公路高程控制测量很少需要一等高程控制测量那么高的精度,在一些大型的桥隧工程中用到二、三等高程控制测量,最常用的是四、五等高程控制测量。

高程控制测量的技术要求及等级选用见表7-1-1和表7-1-2。

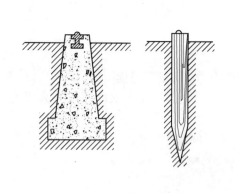

a)一般水准点　　　　　　　　b)高等级水准点

图 7-1-2　水准点标志(尺寸单位:cm)

高程控制测量的技术要求　　　　　　　　　　　　　　　　表 7-1-1

测量等级	每公里高差中数中误差(mm)		附合或环线水准路线长度(km)	
	偶然中误差 M_Δ	全中误差 M_W	路线、隧道	桥梁
二等	±1	±2	600	100
三等	±2	±6	60	10
四等	±5	±10	25	4
五等	±8	±16	10	1.6

注:控制网节点间长度不应大于表中长度的 0.7 倍。

高程控制测量等级选用　　　　　　　　　　　　　　　　　表 7-1-2

高架桥、路线控制测量	多跨桥梁总长 L(m)	单跨桥梁 L_K(m)	隧道贯通长度 L_G(m)	测量等级
—	L≥3000	L_K≥500	L_G≥6000	二等
	1000≤L<3000	150≤L_K<500	3000≤L_G<6000	三等
高架桥,高速、一级公路	L<1000	L_K<150	L_G<3000	四等
二、三、四级公路	—	—	—	五等

各等级高程控制测量的精度不同,由一等到五等精度要求依次降低,各级公路水准测量的主要技术要求应符合表 7-1-3 的规定。

水准测量的主要技术要求　　　　　　　　　　　　　　　　表 7-1-3

测量等级	往返较差、附合或环线闭合差(mm)		检测已测测段高差之差(mm)
	平原、微丘	山岭、重丘	
二等	≤$4\sqrt{l}$	≤$4\sqrt{l}$	≤$6\sqrt{L_i}$
三等	≤$12\sqrt{l}$	≤$3.5\sqrt{n}$或≤$15\sqrt{l}$	≤$20\sqrt{L_i}$
四等	≤$20\sqrt{l}$	≤$6.0\sqrt{n}$或$25\sqrt{l}$	≤$30\sqrt{L_i}$
五等	≤$30\sqrt{l}$	≤$45\sqrt{l}$	≤$40\sqrt{L_i}$

注:计算往返较差时,l 为水准点间的路线长度(km);计算附合或环线闭合差时,l 为附合或环线的路线长度(km);n 为测站数。L_i 为检测测段长度(km),小于 1km 时按 1km 计算。

五、水准路线的测量形式

1. 闭合水准路线

如图 7-1-3 所示,从一已知高程水准点 BM_1 开始,测定若干所求点之后,继续施测回到原已知水准点 BM_1,使水准路线形成一个闭合,称为闭合水准路线。

2. 附合水准路线

如图 7-1-4 所示,从一已知高程的水准点出发,连续测定若干所求点后,继续向前施测,最后附合到下一已知高程水准点上,称为附合水准路线。

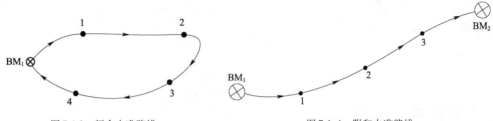

图 7-1-3　闭合水准路线　　　　　　　　图 7-1-4　附和水准路线

3. 支水准路线

如图 7-1-5 所示,从一已知高程水准点 BM_1 出发,沿选定的路线施测到高程未知的水准点 2,其最终既不闭合也不附合,这样的水准路线,称为支水准路线。为保证支点高程的准确性,必须进行往返水准测量。下面重点介绍支(往返)水准测量的施测方法。

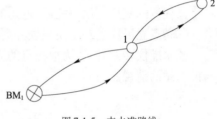

图 7-1-5　支水准路线

六、支(往返)水准测量的施测方法

如两点间距离较远时,我们可以设若干站进行连续观测。将待测高差的两点间距分成若干段,即若干测站,从起点依次观测,直到终点。在测量过程当中,相邻测站的前一站的前视点与下一站的后视点为同一点,由于这些点在高程测量中起着传递高程的作用,所以这些点叫作转点,转点一般用字母 ZD 来表示。往返水准测量的具体施测方法如下:

1. 测量步骤

如图 7-1-6 所示,已知某水准点设于 A 点,其已知高程为 H_A,现欲测定 B 点的高程 H_B。

(1)先往测,即从起点 A 测至终点 B。

①在已知高程的 A 点前方适当距离处选定一转点 ZD_1,置水准仪于 A 点与 ZD_1 之间,并尽量使前后视距相等,立尺员将水准尺分别立于 A 点和 ZD_1 点上,称为后尺手和前尺手。

②将水准仪粗平后,先瞄准后视尺,消除视差,精平后读取后视读数 a_1,并做好记录。

③平转望远镜照准前视尺,精平后,读取前视读数值 b_2,并做好记录,完成普通水准测量第一测站的观测任务。

④后尺手沿着 AB 前进方向前进,在 ZD_1 前方适当距离,设置第二个转点 ZD_2,并在该点上立尺。原立在 ZD_1 上的水准尺不动,并将尺面反转,便于进行观测,仪器安置于 ZD_1 和 ZD_2 间约等距处,把第一测站的前视点变为第二测站的后视点,读取后视读数 a_2,ZD_2 上所立尺为第二测站的前视,读取前视读数 b_2,并进行记录,完成第二个测站的工作。

⑤重复上述步骤,直至终点 B 为止。

（2）为了进行高差校核，再进行返测，即从终点 B 测至起点 A，测量方法与往测相同，只是测量方向相反，原来的后视方向变为前视方向，前视方向变为后视方向，如图 7-1-7 所示。

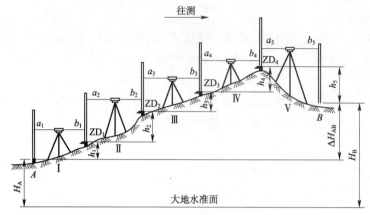

图 7-1-6　水准测量往测示意图

（3）往返水准测量注意事项。

①往测的转点与返测转点不重合。

②往测的最后一站测完后，返测的第一站要重新架设仪器观测。

③转点立尺应立在土质坚硬并突出的点上，如遇虚土时，应踏实并用尺垫。

④水准仪转站时，作为前视点的立尺员，一定要记住前视点的位置，保证下站的后视点与前一站的前视点为同一点。

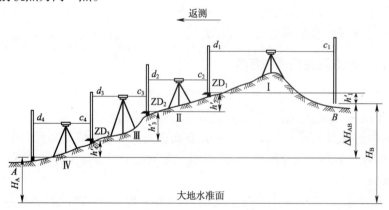

图 7-1-7　水准测量返测示意图

2. 数据计算

1）先计算往测高差

如图 7-1-6 所示：

$h_1 = a_1 - b_1$；

$h_2 = a_2 - b_2$；

……

$h_5 = a_5 - b_5$；

$h_{往} = h_1 + h_2 + \cdots + h_5 = (a_1 + a_2 + \cdots + a_5) - (b_1 + b_2 + \cdots + b_5)$。

即：往测高差 = 往测后视和 - 往测前视和。

依次类推，可以得出，对于有任意个测站的情况，这个规律仍成立。

2）返测

同理，如图 7-1-7 所示：

$h'_1 = c_1 - d_1$；

$h'_2 = c_2 - d_2$；

$h'_3 = c_3 - d_3$；

$h'_4 = c_4 - d_4$；

$h_\text{返} = h'_1 + h'_2 + h'_3 + h'_4 = (c_1 + c_2 + c_3 + c_4) - (d_1 + d_2 + d_3 + d_4)$。

即：返测高差 = 返测后视和 - 返测前视和。

同样，这个规律对于有任意个测站的情况仍成立。

3）闭合差校核与高差计算

理论上，往测高差与返测高差应绝对值相等，符号相反，闭合差为零；但实际上由于测量误差，实测闭合差不等于0，实测闭合差 $f_\text{h实} = h_\text{往} + h_\text{返}$，实测闭合差 $f_\text{h实}$ 必须小于容许误差。

容许误差 $f_\text{h容} = \pm 20\sqrt{L}(\text{mm})$（高速公路、一级公路），或 $f_\text{h容} = \pm 30\sqrt{L}(\text{mm})$（二、三、四级公路），其中 L 指测量路径长，取单程距离，单位为千米（km），全部测站的前后视距和为水准路线的长度。

若 $|f_\text{h实}| \leq |f_\text{h容}|$，则高差 $h_\text{平均} = \dfrac{h_\text{往} - h_\text{返}}{2}$；否则重测。

4）计算终点高程

终点高程 $H_B = H_A + h_\text{平均}$（$h_\text{平均}$ 的符号以往测的高差符号为准）。

3. 数据记录

某一往返水准测量的读数如图 7-1-8 所示，记录格式见表 7-1-4 与表 7-1-5，记录时应注意每测站的后视、前视读数要与点号相对应。

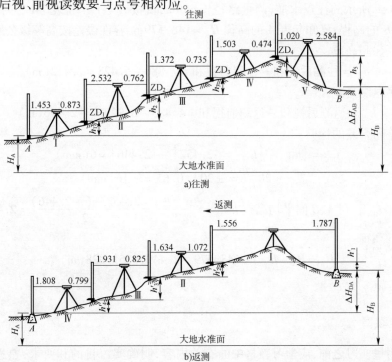

图 7-1-8　支水准测量

水准测量记录表（往测）　　　　　　　　　表 7-1-4

测站	测点	水准尺读数(m)		高差(m)		高程(m)
		后视读数	前视读数	+	−	
Ⅰ	A	1.453		0.580		148.579
Ⅱ	ZD_1	2.532	0.873	1.770		
Ⅲ	ZD_2	1.372	0.762	0.637		
Ⅳ	ZD_3	1.503	0.735	1.029		
Ⅴ	ZD_4	1.020	0.474			
	B		2.584		1.564	
计算检核	Σ	7.880	5.428	4.016	1.564	
		$\sum a - \sum b = +2.452$		$\sum h = 4.016 + (-1.564) = +2.452$		

水准测量记录表（返测）　　　　　　　　　表 7-1-5

测站	测点	水准尺读数(m)		高差(m)		高程(m)
		后视读数	前视读数	+	−	
Ⅰ	B	1.787		0.231		
Ⅱ	ZD_1	1.072	1.556		0.562	
Ⅲ	ZD_2	0.825	1.634		1.106	
Ⅳ	ZD_3	0.799	1.931			
	A		1.808		1.009	
计算检核	Σ	4.483	6.929	0.231	2.677	
		$\sum c - \sum d = -2.446$		$\sum h = 0.231 + (-2.677) = -2.446$		

4．往返测量高程计算示例

如图 7-1-8 所示的往返水准，测量路径长 650m，试按表 7-1-4 与表 7-1-5 的往返测量记录计算终点 B 的高程，已知起点 A 的高程 $H_A = 148.579$m，容许误差按高等级公路考虑。

（1）计算往测高差：

$$h_{往} = 往测后视和 - 往测前视和 = 7.880 - 5.428 = 2.452(m)$$

（2）计算返测高差：

$$h_{返} = 返测后视和 - 返测前视和 = 4.483 - 6.929 = -2.446(m)$$

（3）高差闭合差的检验：

$$f_{h实} = |h_{往}| - |h_{返}| = |2.452| - |2.446| = 6(mm)$$

$$f_{h容} = \pm 20\sqrt{L} = \pm 20\sqrt{0.65} = \pm 16(mm)$$

$|f_{h实}| < |f_{h容}|$，则 A、B 间平均高差 $h_{平均} = \dfrac{h_{往} - h_{返}}{2} = \dfrac{2.452 - (-2.446)}{2} = 2.449(m)$。

（4）终点高程：

$$H_B = H_A + h_{平均} = 148.579 + 2.449 = 151.028(m)$$

任务实施

一、安全教育

（1）在测量实习之前，应学习教材中的有关内容，明确实习目的和要求，熟悉操作步骤，了解注意事项，并准备好所需的文具用品，以保证按时完成实习任务。

(2)实习分小组进行,组长负责组织协调工作,办理仪器工具的借领和归还手续。

(3)实习要在规定时间和场地进行,不得缺席、迟到及早退,不得擅自离开实习场地。

(4)服从老师的指导,认真、仔细操作,培养独立的工作能力和严谨的工作态度,发扬互助协作的精神,实习完毕应提交合格的测量成果和书写工整规范的实习报告。

(5)实习过程中应遵守纪律,爱护花草树木,保护环境和公共设施,不得踩踏花草、攀折树木、污染环境。损坏公共设施者应赔偿损失。

二、任务准备

1. 组织准备

以8人为一组,每组配备一名组长和一名副组长,组长负责全组组织以及实际操作训练,副组长负责组织理论知识学习和复习。

2. 仪器准备

(1)由仪器室借领:水准仪1台、塔尺2根,记录板1块,尺垫2个,记录纸。

(2)自备:计算器、铅笔、小刀、计算用纸。

三、操作步骤

已知某水准点设于 A 点,其已知高程为 H_A,现欲测定 B 点的高程 H_B。

(1)先往测,即从起点 A 测至终点 B。

①在已知高程的 A 点和选定的 ZD_1(根据地形和仪器选定)间大约等距离处,安置水准仪,后尺手和前尺手分别在 A 点和 ZD_1 点上立水准尺。

②转动水准仪的望远镜,先读后视读数 a_1,在读前视读数 b_1,同时,记录员立刻记录在水准测量记录表中,边读边重复读数,防止听错记错,完成一个测站的工作。

③后尺手沿着 AB 前进方向前进,在 ZD_1 前方适当距离,设置第二个转点 ZD_2,并在该点上立尺。原立在 ZD_1 上的水准尺不动,并将尺面反转,便于进行观测,仪器安置于 ZD_1 和 ZD_2 间约等距处,把第一测站的前视点变为第二测站的后视点,读取后视读数 a_2,ZD_2 上所立尺为第二测站的前视,读取前视读数 b_2,并进行记录,完成第二个测站的工作。

④重复上述步骤,直至终点 B 为止。

(2)为了进行高差校核,再进行返测,即从终点 B 测至起点 A,测量方法与往测相同,只是测量方向相反,原来的后视方向变为前视方向,前视方向变为后视方向,如图7-1-7所示。

作业布置

一、填空题

1. 我国计算高程的统一起算点,青岛观象山的国家水准原点其高程为_____ m。

2. 水准路线的测量形式有_____、_____、_____。

3. 转点在高程测量中起着_____的作用。

4. 往测高差与返测高差应_____,符号_____,闭合差_____。

5. 转点立尺应立在_____,如遇虚土时,应_____。

二、选择题

1. 从已知点出发,经过若干导线点后,又回到起始点上,这种导线称为( )。

    A. 支导线   B. 附和导线   C. 闭合导线   D. 单向导线

2. 国家控制网,是按( )建立的,它的低级点受高级点逐级控制。
   A. 一至四等　　　　B. 一至四级　　　　C. 一至二等　　　　D. 一至二级
3. 地面点沿( )至大地水准面的距离称为该点的绝对高程。
   A. 切线　　　　　　B. 法线　　　　　　C. 铅垂线　　　　　D. 都不是
4. 通过平均海水面的水准面叫( )。
   A. 平均水准面　　　B. 近似水准面　　　C. 大地水准面　　　D. 测量水准面
5. 下列哪个原因不会造成水准测量的误差( )。
   A. 仪器没有检验　　　　　　　　　　B. 仪器未精平
   C. 往返测量时转点位置不同　　　　　D. 读数有视差

三、判断题

1. 测量时,记录员应对观测员读的数值,再复诵一遍,无异议时,才可记录在表中。记录有误,可用橡皮擦拭干净后重写。　　　　　　　　　　　　　　　　　　　　(　)
2. 水准测量中一定要把水准仪安置在前、后尺的连线上。　　　　　　　　　(　)
3. 我国采用黄海平均海水面作为高程起算面,并在青岛设立水准原点,该原点的高程为零。　　　　　　　　　　　　　　　　　　　　　　　　　　　　　　　　(　)
4. 相对高程又称海拔。　　　　　　　　　　　　　　　　　　　　　　　　(　)
5. 往返水准路线高差平均值的符号是以返测高差为准。　　　　　　　　　　(　)

四、简答题

1. 简述水准点的概念。
2. 绘图说明水准路线的测量形式。

五、计算题

某支水准路线起点为 A,固定点间高差、距离见水准路线计算草图(图7-1-9)。试完成支水准测量的内业计算(表7-1-6)。

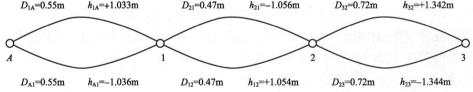

$D_{1A}=0.55\text{m}$　　$h_{1A}=+1.033\text{m}$　　$D_{21}=0.47\text{m}$　　$h_{21}=-1.056\text{m}$　　$D_{32}=0.72\text{m}$　　$h_{32}=+1.342\text{m}$

A　　　　　　　　　1　　　　　　　　　2　　　　　　　　　3

$D_{A1}=0.55\text{m}$　　$h_{A1}=-1.036\text{m}$　　$D_{12}=0.47\text{m}$　　$h_{12}=+1.054\text{m}$　　$D_{23}=0.72\text{m}$　　$h_{23}=-1.344\text{m}$

图 7-1-9

水准测量记录计算表　　　　　　　　　　　　　　　　　　　　　表7-1-6

点号	路线长度(km)	观测高差		改正后高差(m)	高程(m)	备注
		往测(m)	返测(m)			
BM_A					42.120	已知
1						
2						
3						
Σ						
计算校核						

学习活动 2 闭合水准测量

学习目标

1. 能熟练使用水准仪完成闭合水准测量的外业工作;
2. 能熟练进行闭合水准测量的内业计算;
3. 能进行水准测量数据的记录及处理;
4. 能得出闭合水准测量的成果。

情境描述

某新建高速公路服务区工程,在勘测设计过程中,在该区域内已设置有一高级高程控制点,如图 7-2-1 所示,为方便服务区内各结构物的施工,施工时需在该区域内增设若干个起控制作用的高程控制点,组成一个闭合水准路线。首先需要测定各控制点的坐标,然后测定各控制点的高程。那么什么叫闭合水准测量?控制点高程是如何精确测量的?闭合水准路线该如何进行布设?如何实施?

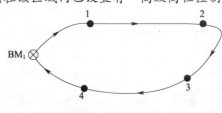

图 7-2-1 闭合水准路线

知识链接

一、闭合水准路线

如图 7-2-1 所示,从一个已知高程的水准点 BM_1 开始,测定若干个未知高程的点 1、2、3…之后,最后又回到已知高程的水准点 BM_1 上,这样的水准路线称为闭合水准路线。

在闭合水准路线进行测设时,按照水准测量的方法,依次测得各水准尺读数并记录在记录表内,并分别计算相邻两点间的实测高差,并进行高差闭合差的调整。

在闭合水准路线中,高差的总和在理论上应等于零,即:$\sum h_{理} = 0$。

若实测高差的总和不等于零,则高差闭合差为:$f_h = \sum h_{测}$。

如图 7-2-1 所示,BM_1 为某二级公路上已知高程的水准点,$H_A = 102.312 \text{m}$,工程实际中已测得 $h_1 = +0.673 \text{m}, h_2 = -0.173 \text{m}, h_3 = -1.944 \text{m}, h_4 = +0.828 \text{m}, h_5 = +0.602 \text{m}$。

试进行水准路线的记录并进行计算。

解:高差闭合差:

$$f_h = \sum h_{测} = +0.673 - 0.173 - 1.944 + 0.828 + 0.602 = -0.014(\text{m})$$

即高差闭合差:

$$f_h = -14(\text{mm})$$

闭合水准路线的测量记录及成果整理见表 7-2-1。

二、闭合水准路线测量成果计算方法与计算步骤

水准测量的外业测量数据经检验后后,如果满足了精度要求,就可以进行内业成果计算,即调整高差闭合差(将高差闭合差按误差理论合理分配到各测段的高差中去),最后求出未知点高程。

闭合水准路线记录及成果整理 表 7-2-1

测段编号	点名	距离 L(km)	水准尺读数(m) 后视读数	水准尺读数(m) 前视读数	实测高差 (m)	改正数 (m)	改正后的高差(m)	高程 (m)	备注
1	2	3	4		5	6	7	8	9
1	BM_1	1.6	1.542		+0.673	+0.003	+0.676	102.312	已知
	1		1.356	0.869				102.988	
2		2.1			-0.173	+0.004	-0.169		
	2		0.536	1.529				102.819	
3		1.5			-1.944	+0.003	-1.941		
	3		1.398	2.480				100.878	
4		1.1			+0.828	+0.002	+0.830		
	4		1.003	0.570				101.708	
5		1.1			+0.602	+0.002	+0.604		
	BM_1			0.401				102.312	已知
Σ		7.4	5.835	5.849	-0.014	+0.014	0		
辅助计算	$f_h = -0.014$mm $\sum L = 7.4$km $-f_h/\sum L = -2$mm/km $f_{h容} = \pm 30\sqrt{L} = \pm 82$mm								

1. 高差闭合差计算

如图 7-2-1 所示闭合水准路线,其高差闭合差:

$$f_h = \sum h_{测} = +0.673 - 0.173 - 1.944 + 0.828 + 0.602 = -0.014(\text{m})$$

即高差闭合差:

$$f_h = -14(\text{mm})$$

高差闭合差容许值:

$$f_{h容} = \pm 30\sqrt{L} = \pm 82(\text{mm})$$

因 $f_h < f_{h容}$,符合精度要求可进行调整。

2. 高差闭合差调整

高差闭合差调整可将高差闭合差反符号按测段长度(平原微丘区)或测站数(山岭重丘区)成正比例进行分配。设 v_i 为第 i 个测段的高差改正数, L_i 和 n_i 分别代表该测段长度和测站数,则:

$$v_i = -\frac{f_h}{\sum L} \cdot L_i = v_{每公里} \cdot L_i$$

或

$$v_i = -\frac{f_h}{\sum n} \cdot n_i = v_{每站} \cdot n_i$$

为方便计算可先计算每公里(或每站)的改正数 $v_{每公里}$ 或 $v_{每站}$,然后再乘以各测段的长度(或站数),就得到各测段的改正数,见表 7-2-1 第 6 栏。

闭合水准路线中,每公里的高差改正数为:

$$v_{每公里} = -\frac{f_h}{\sum L} = \frac{14}{7.4} = -2(\text{mm/km})$$

各段高差改正数：
$$v_i = v_{每公里} \cdot L_i$$
改正数的总和应等于闭合差，但符号相反。

3. 改正后的高差

改正后的高差，即表 7-2-1 中的第 7 栏应等于实测高差与高差改正数之和，即 7 栏 = 5 栏 + 6 栏。改正后的高差代数和应与理论值相等。否则，说明计算有误。

4. 高程的计算

从已知点 BM_A 的高程按公式依次推算 1、2、3、4 各点的高程，填入第 8 栏，最后计算出 BM_A 点高程，应与 BM_A 点已知值相等。否则，说明高程推算有误。

任务实施

一、安全教育

(1) 每次实训所需仪器及工具均应在课前由老师告知，学生应以小组为单位于上课前凭学生证向测量仪器室借领。检查仪器和工具，然后在登记表上填写班级、组号及日期。借领人签名后将登记表及学生证交管理人员。

(2) 上课前以组整队集合，小组组长清点学生人数，学生统一着迷彩服，全班分 6 个小组进行操作训练。

(3) 实训过程中，学生应爱护并妥善保护仪器、工具，应正确使用仪器，各组间不得任意调换仪器、工具。若有损坏或遗失，视情节照章处理。

(4) 上课期间不准到处乱跑，不准打闹，不准玩手机，不准座仪器箱，全站仪取出后应将箱盖盖好。

(5) 实习完毕后，应将所借用的仪器、工具上的泥土清扫干净再交还仪器室，由管理人员检查验收后发还学生证。

二、仪器准备

1. 组织准备

以 8 人为一组，每组配备一名组长和一名副组长，组长负责全组组织以及实际操作训练，副组长负责组织理论知识学习和复习。

2. 仪器准备

(1) 由仪器室借领：水准仪 6 台、三脚架 6 个、塔尺 6 个、记录板 6 块等。

(2) 自备：计算器、铅笔、小刀、计算用纸。

三、操作步骤

已知某水准点 BM_1 其高程为 $H_1 = 106.589$，现欲测定未知点 1、2、3、4 点坐标。

(1) 各小组按要求在操场用小钉钉设四个高程控制点。

(2) 在已知高程的 BM_1 点和待测点 1 间大约等距离处，安置水准仪，后尺手和前尺手分别在 BM_1 点和 1 点上立水准尺。

(3) 转动水准仪的望远镜，先读后视读数 a_1，在读前视读数 b_1，同时量取 BM_1 至 1 点处的水平距离，记录员立刻记录在水准测量记录表中。

(4)后尺手沿着闭合环线方向前进,并在 2 点上立尺。原立在 1 点上的水准尺不动,并将尺面反转,便于进行观测,仪器安置于 1 点和 2 点间约等距处,把第一测站的前视点变为第二测站的后视点,读取后视读数 a_2,2 点上所立尺为第二测站的前视,读取前视读数 b_2,并量取 1 点和 2 点间的距离,完成第二个测站的工作。

(5)重复上述步骤,直至回到 BM_1 点为止。

四、数据处理

请每个同学将闭合水准路线测量的各读数和各边长成果记录在表 7-2-2 中,并进行计算。

闭合水准路线记录及成果整理　　　　表 7-2-2

测段编号	点名	距离 L(km)	水准尺读数(m)		实测高差(m)	改正数(m)	改正后的高差(m)	高程(m)	备注
			后视读数	前视读数					
1	BM_1							106.589	已知
	1								
2									
	2								
3									
	3								
4									
	4								
	BM_1								已知
Σ									
辅助计算	$f_h =$　　　$\Sigma L =$　　　$-f_h / \Sigma L =$ $f_{h容} = \pm 30\sqrt{L} =$								

五、实训操作注意事项

(1)操作实训前应先检查仪器各个组成部分是否完好,并调整好脚螺旋和三脚架高低,对中与整平应反复进行,至满足要求为止。

(2)按操作规程进行作业,转动各螺旋时不要用力过大,要"稳、轻、慢"。

(3)仪器应安置在土质坚硬的地方,并应将三脚架踏实,防止仪器下沉;三脚架伸缩固定螺旋要拧紧,但用力不要过大。

(4)测量数据记录不得涂改和转抄。

作业布置

一、填空题

1.从一个已知高程的水准点 BM_1 开始,测定若干个未知高程的点 1、2、3…之后,最后又回到已知高程的水准点 BM_1 上,这样的水准路线称为_____。

2.公路工程施工中,为测定某点高程,需从一已知高程的点进行引测。高程控制测量中,将这种已知高程的固定点称为_____。

3. 闭合水准路线每公里(或每站)的改正数的计算公式为_____。

4. 当 f_h _____ $f_{h容}$ 时,闭合差符合精度要求可进行调整。

5. 高差闭合差调整可将高差闭合差_____符号按测段长度或测站数成_____比例进行分配。

二、选择题

1. 某平原微丘区公路,高差闭合差调整时,可将高差闭合差反符号按测段长度(　　)进行分配。

 A. 倒数　　　　B. 不成比例　　　　C. 成反比例　　　　D. 成正比例

2. 闭合水准路线高差闭合差的理论值为(　　)。

 A. 总为0　　　　　　　　　　B. 与路线形状有关
 C. 一不等于0的常数　　　　　D. 由路线中任两点确定

3. 闭合水准路线中,改正数的总和应等于闭合差,但符号(　　)。

 A. 相同　　　　B. 相反　　　　C. 无关系　　　　D. 相差90°

4. 已知,某水准路线的高差闭合差 $f_h = 26mm$,水准路线总长为1.3km,则每公里的高差改正数为(　　)。

 A. 10mm/km　　B. 20mm/km　　C. 0.5mm/km　　D. 30mm/km

5. 闭合水准路线高差闭合差的计算公式为(　　)。

 A. $f_h = |h_{往}| - |h_{返}|$　　　　　　B. $f_h = \sum h$
 C. $f_h = \sum h - (H_{终} - H_{始})$　　D. $f_h = 0$

6. 下列关于水准内业计算的描述中,正确的说法是(　　)。

 A. 闭合水准的高差闭合差等于各测段高差之和
 B. 各测段改正数等于每测站改正数乘该测段的测站数(或路线长度)
 C. 各测段改正数之和等于高差闭合差
 D. 各测段改正后高差之和等于高差闭合差
 E. 各测段改正后高差之和等于负的高差闭合差

三、判断题

1. 闭合水准路线的高差闭合差理论值为零。　　　　　　　　　　　　　(　　)

2. 某闭合水准路线实测高差为0.702m,则该闭合水准路线的高差闭合差为 -0.702m。
　　　　　　　　　　　　　　　　　　　　　　　　　　　　　　　　(　　)

3. 高差闭合差调整时,可将高差闭合差反符号按测段长度反比例分配。　　(　　)

4. 改正数的总和应等于闭合差,符号一致。　　　　　　　　　　　　　(　　)

5. 闭合水准路线测设完毕后,若精度符合要求,不需要进行平差。　　　　　　　　　　　　　　　　　　　　　　(　　)

四、计算题

1. 闭合水准路线高差观测如图7-2-2所示,已知A点高程 $H_A = 41.200m$,观测数据如图7-2-2所示(环内单位为米的为两点高差,环外单位为千米的为两点距离),计算B、C、D、E点的高程(表7-2-3)。

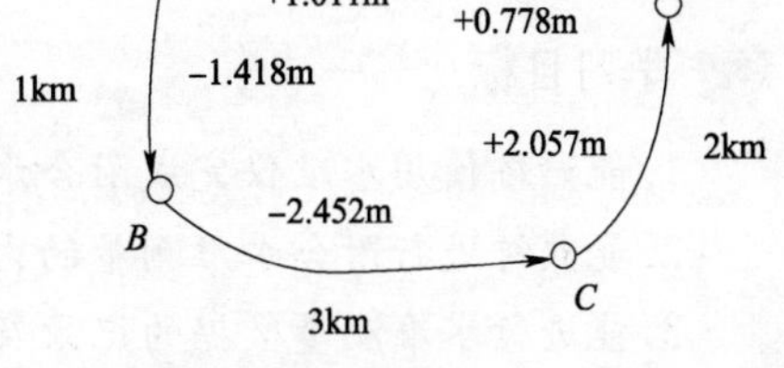

图 7-2-2

闭合水准路线记录及成果整理　　　　　　　表 7-2-3

测段编号	测点	测段长度（km）	实测高差（m）	改正数（m）	改正后高差（m）	高程（m）	备 注
1	A						
2	B						
3	C						$f_h =$
4	D						
5	E						$f_{h容} = \pm 20\sqrt{L} =$
	A						
Σ							

2. 试完成下列闭合水准测量的成果计算表 7-2-4。

闭合水准路线记录及成果整理　　　　　　　表 7-2-4

| 测段编号 | 点名 | 距离 L(km) | 水准尺读数(m) | | 实测高差（m） | 改正数（m） | 改正后的高差(m) | 高程（m） | 备注 |
			后视读数	前视读数					
1	2	3	4		5	6	7	8	9
1	BM_A	1.8	0.542					100.000	已知
2	1	2.3	1.356	0.869					
3	2	1.6	0.536	0.529					
4	3	1.4	0.398	1.485					
5	4	1.6	1.003	0.570					
	BM_A			0.401					已知
Σ		7.4							
辅助计算	$f_h =$　　$\sum L =$　　$-f_h/\sum L =$ $f_{h容} = \pm 30\sqrt{L} =$								

学习活动 3　附合水准测量

📚 学习目标

1. 能熟练使用水准仪完成附合水准测量的外业工作；
2. 能熟练进行附合水准测量的内业计算；
3. 能进行水准测量数据的记录及处理；
4. 能得出附合水准测量的成果。

情境描述

某新建高速公路工程,在勘测设计过程中,在该标段内已设置有两个高级高程控制点,如图7-3-1所示,为方便公路施工,施工时需在该路段范围内增设若干个起控制作用的高程控制点,组成一个附合水准路线。因此,首先需要测定各控制点的坐标,然后测定各控制点的高程。那么什么叫附合水准测量?控制点高程应如何精确测量?附合水准路线该如何进行布设?如何实施?

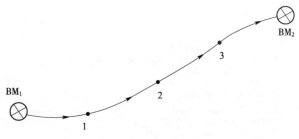

图7-3-1 附合水准路线

知识链接

一、附合水准路线

如图7-3-1所示,BM_1、BM_2为已知高程的高级水准点,从BM_1点出发,经过1、2、3…若干个未知高程的点进行水准测量,最后附合到另一高级水准点BM_2上,这样的水准路线称为附合水准路线。

在附合水准路线中,理论上各段的高差总和应与BM_1、BM_2两点的已知高程之差相等,如果不等,则其差值为高差闭合差f_h。

附合水准路线的高差闭合差为:

$$f_h = \sum h_{测} - (H_{终} - H_{始})$$

如图7-3-2所示,BM_1、BM_2为两个已知高程的水准点,$H_1 = 204.286$m,$H_2 = 208.579$m,工程实际中已测得各测段的高差和长度列于图中。试进行水准路线的记录并进行计算。

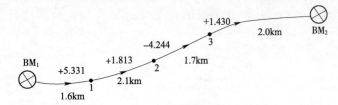

图7-3-2 附合水准路线图

解:高差闭合差的计算:

$$f_h = \sum h_{测} - (H_2 - H_1) = +4.330 - (208.579 - 204.286) = +0.037(\text{m}) = +37(\text{mm})$$

高差容许闭合差:

$$f_{h容} = \pm 30\sqrt{L} = \pm 30\sqrt{7.4} = \pm 82(\text{mm})$$

附合水准路线的测量记录及成果整理见表7-3-1。

附合水准路线记录及成果整理　　　　　　表 7-3-1

测段编号	点名	距离 L(km)	水准尺读数(m) 后视读数	水准尺读数(m) 前视读数	实测高差 (m)	改正数 (m)	改正后的高差(m)	高程 (m)	备注
1	2	3	4		5	6	7	8	9
1	BM_1	1.6	5.500		+5.331	-0.008	+5.323	204.286	已知
	1		2.542	0.169				209.609	
2		2.1			+1.813	-0.011	+1.802		
	2		0.236	0.729				211.411	
3		1.7			-4.244	-0.008	-4.252		
	3		2.401	4.480				207.159	
4		2.0		0.971	+1.430	-0.010	+1.420		
	BM_2							208.579	已知
Σ		7.4	10.679	6.349	+4.330	-0.037	+4.293		
辅助计算			$f_h = +37$mm　　$\sum L = 7.4$km　　$-f_h/\sum L = -5$mm/km $f_{h容} = \pm 30\sqrt{L} = \pm 82$mm						

二、附合水准路线测量成果计算方法与计算步骤

水准测量的外业测量数据经检验后后,如果满足了精度要求,就可以进行内业成果计算,即调整高差闭合差(将高差闭合差按误差理论合理分配到各测段的高差中去),最后求出未知点高程。

1. 高差闭合差计算

如图 7-3-2 所示闭合水准路线,其高差闭合差:

$$f_h = \sum h_{测} - (H_2 - H_1) = +4.330 - (208.579 - 204.286) = +0.037(\text{m}) = +37(\text{mm})$$

高差闭合差容许值:

$$f_{h容} = \pm 30\sqrt{L} = \pm 82(\text{mm})$$

因 $f_h < f_{h容}$,符合精度要求可进行调整。

2. 高差闭合差调整

高差闭合差调整可将高差闭合差反符号按测段长度(平原微丘区)或测站数(山岭重丘区)成正比例进行分配。设 v_i 为第 i 个测段的高差改正数,L_i 和 n_i 分别代表该测段长度和测站数,则:

$$v_i = -\frac{f_h}{\sum L} \cdot L_i = v_{每公里} \cdot L_i$$

或

$$v_i = -\frac{f_h}{\sum n} \cdot n_i = v_{每站} \cdot n_i$$

为方便计算可先计算每公里(或每站)的改正数 $v_{每公里}$ 或 $v_{每站}$,然后再乘以各测段的长度(或站数),就得到各测段的改正数,见表 7-3-1 第 6 栏。

附和水准路线中,每公里的高差改正数为:

$$v_{每公里} = -\frac{f_h}{\sum L} = -\frac{37}{7.4} = -5(\text{mm/km})$$

各段高差改正数:

$$v_i = v_{每公里} \cdot L_i$$

改正数的总和应等于闭合差,但符号相反。

3. 改正后的高差

改正后的高差,即表 7-3-1 中的第 7 栏应等于实测高差与高差改正数之和,即 7 栏 = 5 栏 + 6 栏。改正后的高差代数和应与理论值相等。否则,说明计算有误。

4. 高程的计算

从已知点 BM_A 的高程按公式依次推算 1、2、3 各点的高程,填入第 8 栏,最后计算出 BM_2 点高程,应已知点 BM_2 值相等。否则,说明高程推算有误。

任务实施

一、安全教育

(1) 每次实训所需仪器及工具均应在课前由老师告知,学生应以小组为单位于上课前凭学生证向测量仪器室借领。检查仪器和工具,然后在登记表上填写班级、组号及日期。借领人签名后将登记表及学生证交管理人员。

(2) 上课前以组整队集合,小组组长清点学生人数,学生统一着迷彩服,全班分 6 个小组进行操作训练。

(3) 实训过程中,学生应爱护并妥善保护仪器、工具,应正确使用仪器,各组间不得任意调换仪器、工具。若有损坏或遗失,视情节照章处理。

(4) 上课期间不准到处乱跑,不准打闹,不准玩手机,不准座仪器箱,全站仪取出后应将箱盖盖好。

(5) 实习完毕后,应将所借用的仪器、工具上的泥土清扫干净再交还仪器室,由管理人员检查验收后发还学生证。

二、任务准备

1. 组织准备

以 8 人为一组,每组配备一名组长和一名副组长,组长负责全组组织以及实际操作训练,副组长负责组织理论知识学习和复习。

2. 仪器准备

(1) 由仪器室借领:水准仪 6 台、三脚架 6 个、塔尺 6 个、记录板 6 块。

(2) 自备:计算器、铅笔、小刀、计算用纸。

三、操作步骤

已知两个水准点 BM_1、BM_2,现欲对水准点 BM_1、BM_2 进行控制点加密,需测定 1、2、3 点坐标。

(1) 各小组按教师设立的已知水准点 BM_1、BM_2 进行附合水准路线布设。

(2) 在已知高程的 BM_1 点和待测点 1 间大约等距离处,安置水准仪,后尺手和前尺手分别在 BM_1 点和 1 点上立水准尺。

(3) 转动水准仪的望远镜,先读后视读数 a_1,在读前视读数 b_1,同时量取 BM_1 至 1 点处的水平距离,记录员立刻记录在水准测量记录表中。

(4)后尺手沿着闭合环线方向前进,并在 2 点上立尺。原立在 1 点上的水准尺不动,并将尺面反转,便于进行观测,仪器安置于 1 点和 2 点间约等距处,把第一测站的前视点变为第二测站的后视点,读取后视读数 a_2,2 点上所立尺为第二测站的前视,读取前视读数 b_2,并量取 1 点和 2 点间的距离,完成第二个测站的工作。

(5)重复上述步骤,直至回到 BM_2 点为止。

四、数据处理

请每个同学将闭合水准路线测量的各读数和各边长成果记录在表 7-3-2 中,并进行计算。

附合水准路线记录及成果整理　　　　表 7-3-2

测段编号	点名	距离 L(km)	水准尺读数(m)		实测高差(m)	改正数(m)	改正后的高差(m)	高程(m)	备注
			后视读数	前视读数					
1	2	3	4		5	6	7	8	9
1	BM_1								已知
2									
3									
4	BM_2								已知
Σ									
辅助计算	$f_h =$　　　　$\Sigma L =$　　　　$-f_h/\Sigma L = -$ $f_{h容} = \pm 30\sqrt{L} =$								

五、实训操作注意事项

(1)操作实训前应先检查仪器各个组成部分是否完好,并调整好脚螺旋和三脚架高低,对中与整平应反复进行,至满足要求为止。

(2)按操作规程进行作业,转动各螺旋时不要用力过大,要"稳、轻、慢"。

(3)仪器应安置在土质坚硬的地方,并应将三脚架踏实,防止仪器下沉;三脚架伸缩固定螺旋要拧紧,但用力不要过大。

(4)测量数据记录不得涂改和转抄。

作业布置

一、填空题

1.BM_1、BM_2 为已知高程的高级水准点,从 BM_1 点出发,经过 1、2、3…若干个未知高程的点进行水准测量,最后附合到另一高级水准点 BM_2 上,这样的水准路线称为_____。

2.高差闭合差调整可将高差闭合差_____(平原微丘区)或_____(山岭重丘区)成_____比例进行分配。

3.附合水准路线的高差闭合差计算公式为_____。

4.在附合水准路线中,理论上各段的高差总和应与_____相等,如果不等,则其差值为高差闭合差f_h。

5. 高差闭合差容许值$f_{h容}$ = _____。

二、选择题

1. 已知,某附合水准路线的高差闭合差$f_h = 18mm$,水准路线总长为$3.6km$,则每公里的高差改正数为( )。

  A. $10mm/km$ B. $20mm/km$ C. $0.5mm/km$ D. $30mm/km$

2. 附合水准路线高差闭合差的计算公式为( )。

  A. $f_h = |h_往| - |h_返|$ B. $f_h = \sum h$ C. $f_h = \sum h - (H_终 - H_始)$ D. $f_h = 0$

3. 已知,某二级公路上所设附合水准路线,各测段的总长度为$L = 1000m$,高差闭合差容许值为( )。

  A. $30mm$ B. $40mm$ C. $949mm$ D. $30cm$

4. 已知$\sum h_测 = +2.346$,$H_1 = 104.463$,$H_2 = 102.100$,则$f_h = ($)

  A. $-17mm$ B. $+17mm$ C. $-18mm$ D. $+14cm$

5. 已知某附合水准路线的高差闭合差$f_h = 24mm$,水准路线共6站,则每站的高差改正数为( )。

  A. $10mm/站$ B. $4mm/站$ C. $6mm/站$ D. $12mm/站$

三、判断题

1. 附和水准路线中,理论高差为两已知高程点间的高程之差。 ( )
2. 附合水准路线的高差闭合差为:$f_h = (H_终 - H_始) - \sum h_测$。 ( )
3. 高差闭合差容许值:$f_{h容} = \pm 20\sqrt{L}$。 ( )
4. 附和水准路线与闭合水准路线的高差闭合差调整方法一样。 ( )
5. 附和水准路线的高差务必由一已知点高程推算至另外一个已知点高程。 ( )

四、简答题

附合水准路线高差闭合差的调整方法有哪几种?

五、计算题

1. 试完成表7-3-3附合水准测量的成果计算。

附合水准测量成果计算表   表7-3-3

测段编号	点名	距离$L(km)$	水准尺读数(m)		实测高差(m)	改正数(m)	改正后的高差(m)	高程(m)	备注
			后视读数	前视读数					
1	2	3	4		5	6	7	8	9
1	BM_1	1.6	5.500					104.286	已知
2	1	2.3	2.542	0.169					
3	2	1.9	0.236	0.729					
4	3	1.9	1.401	3.485					
	BM_2			0.971				108.579	已知
$\sum$									
辅助计算			$f_h =$ $\sum L =$ $-f_h/\sum L =$ $f_{h容} = \pm 30\sqrt{L} =$						

2. 如图7-3-3所示,在水准点BM_1至BM_2间进行附合水准测量,试在附合水准测量记录表(表7-3-4)中进行记录与计算,并做计算校核(已知$BM_1=138.952m$,$BM_2=142.110m$)。

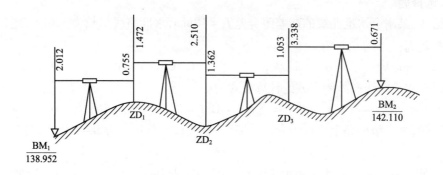

图 7-3-3

附合水准测量记录表　　　　　　　　　　　表7-3-4

测站	后视读数(m)	前视读数(m)	高差 +(m)	高差 -(m)	高程(m)	备注
BM_1						
ZD_1						
ZD_2						
ZD_3						
BM_2						
Σ						

学习活动4　三、四等水准测量

学习目标

1. 能理解三、四等水准测量的主要技术指标;
2. 能使用水准仪完成三、四等水准测量外业观测以及相关表格记录;
3. 会进行三四等水准测量的内业计算以及检验校核。

情境描述

某道路高程控制点采用三、四等附合水准路线进行控制点加密,在活动1、2、3中所使用测量方法均为普通水准测量,不能作为较高等级的高程控制,三、四等水准测量的观测方法和技术要求与普通水准测量要求不同,更加严格,因此为保证道路施工精度要求,需严格按照三、四等水准测量进行高程控制。

知识链接

一、技术要求

三、四等水准测量起算点的高程一般引自国家一、二等水准点,若测区附近没有国家水准点,也可以建立独立的水准网。三、四等水准网布设时,如果是作为测区的首级控制,一般布设成闭合环线;如果是进行加密,则多采用附合水准路线或者支水准路线。三、四等水准路线一般沿公路、铁路或者管线等坡度较小,便于施测的路线布设。其点位应选在地基稳固,能长久保存标志和便于观测的地点。三、四等水准测量的主要技术要求见表 7-4-1。在观测中,每一测站的技术要求见表 7-4-2。

三、四等水准测量的主要技术要求　　　　　表 7-4-1

等级	每千米高差中误差（mm）	附合路线长度（km）	水准仪	测段往返测高差不符值（mm）	附合或环线闭合差（mm）
三	±6	45	DS_3	$±12\sqrt{R}$	$±12\sqrt{L}$
四	±10	15	DS_3	$±20\sqrt{R}$	$±20\sqrt{L}$

注:R 为测段的长度;L 为附合路线的长度,均以千米(km)为单位。

三、四等水准测量测站技术要求　　　　　表 7-4-2

等级	视线长度（m）	前、后视距差（m）	前、后视距累积差（m）	红、黑面读数差（mm）	红、黑面高差之差（mm）
三	65	≤3	≤6	≤2	≤3
四	80	≤5	≤10	≤3	≤5

二、施测方法

三、四等水准测量采用的仪器和观测方法相同,常采用仪器为 DS3 型水准仪,水准尺为红、黑两面双面尺,作业之前,要对水准仪和水准尺进行检校。通常有双面尺法和改变仪器高度法,只是观测限差要求不同。本次活动以四等水准测量为例,介绍双面尺法的施测方法,其记录与计算参见表 7-4-3。

1. 一个测站的观测程序

每一测站应在通视良好,望远镜成像清晰稳定的情况下进行,安置仪器于前、后视点等距离处,调整圆水准器使气泡居中,然后分别瞄准后、前视尺,估读视距,使前、后视距离差不超过 2m。如超限,则需移动前视尺或水准仪,以满足要求。然后按下列顺序进行观测,并记录于表 7-4-2 相应栏内。

第一步,照准后视尺黑面,分别读取上、下、中三丝读数,并记为(1)、(2)、(3)。
第二步,照准前视尺黑面,分别读取上、下、中三丝读数,并记为(4)、(5)、(6)。
第三步,照准前视尺红面,读取中丝读数,并记为(7)。
第四步,照准后视尺红面,读取中丝读数,并记为(8)。

在观测中边观测变记录边进行校核,各项计算符合表 7-4-2 中相应等级限差要求时才能搬站,否则应予以重测。在作业中,为抵消因水准尺磨损而造成的标尺零点差,要求每一水准测段的测站数应为偶数站。

上述四步观测,简称为"后—前—前—后(黑—黑—红—红)",这样的观测步骤可消除或减弱仪器或尺垫下沉误差的影响,在地质比较硬的条件下四等水准测量也可以采用"后—后—前—前"的观测顺序。

2. 一个测站的计算与校核

1) 视距的计算与校核

后视距(9) = [(1) - (2)] × 100m

前视距(10) = [(4) - (5)] × 100m

前、后视距差(11) = (9) - (10)

前、后视距差累积(12) = 本站(11) + 上站(12)

2) 水准尺读数的校核

同一根水准尺黑面与红面中丝读数之差:

前视尺黑、红面读数差(13) = K + (6) - (7),其绝对值不应超过3mm。

后视尺黑、红面读数差(14) = K + (3) - (8),其绝对值不应超过3mm。

上式中 K 为后、前两水准尺的黑、红面的起点差,亦称为尺常数,尺常数为4.687m和4.787m。

3) 高差的计算与校核

黑面高差(15) = (3) - (6)

红面高差(16) = (8) - (7)

黑、红面高差之差(17) = (15) - [(16) ± 0.1]

或者(17) = (14) - (13)(其绝对值不应超过5mm)

式中,(16) ± 0.1 是由于两根水准尺红面有起点差,两者相差0.1m,去"+"或"-"号应视红面常数来确定,当后视尺常数 K 是4.687时,则红面高差比黑面高差小,则应加上0.1m,反之,则应减去0.1m,计算见表7-4-3。

$$高差平均值(18) = \frac{(15) + (16) \pm 0.1}{2}$$

在测站上,当后尺红面起点为4.687m,前尺红面起点为4.787m时,取+0.1,反之,取-0.1。

4) 每页计算校核

(1) 高差部分。每页上,后视红、黑面读数总和与前视红、黑面读数总和之差,应等于红、黑面高差之和。

对于测站数为偶数的页:

$\sum[(3) + (8)] - \sum[(6) + (7)] = \sum[(15) + (16)] = 2\sum(18)$

对于测站数为奇数的页:

$\sum[(3) + (8)] - \sum[(6) + (7)] = \sum[(15) + (16)] = 2\sum(18) \pm 0.1$

(2) 视距部分。每页上,后视距总和与前视距总和之差应等于本页末站视距差累计值与上页末站视距差累计值之差。校正无误后,可计算水准路线的总长度。

$\sum(9) - \sum(10) = $ 本站末站之(12) - 上站末站之(12)

水准路线总长度 = $\sum(9) + \sum(10)$

三、四等水准测量观测记录表

表 7-4-3

自：_____ 测至：_____ 天气：_____ 观测者：_____
时间：_____ 成像：_____ 记录者：_____

测站	测段编号	后尺 上丝/下丝, 后视距, 视距差 d	前尺 上丝/下丝, 前视距, $\sum d$	方向及尺号	水准尺读数 黑面	水准尺读数 红面	K+黑$-$红	平均高差	备注
		(1)	(4)	后	(3)	(8)	(14)		
		(2)	(5)	前	(6)	(7)	(13)	(18)	
		(9)	(10)	后$-$前	(15)	(16)	(17)		
		(11)	(12)						
1	BM$_1$-ZD$_1$	1.426	0.801	后	1.211	5.998	0	+0.6250	
		0.995	0.371	前	0.586	5.273	0		
		43.1	43.0	后$-$前	+0.625	+0.725	0		
		+0.1	+0.1						
2	ZD$_1$-ZD$_2$	1.812	0.570	后	1.554	6.241	0	+1.2345	K 为水准尺常数； K_1=4.787; K_2=4.687
		1.296	0.052	前	0.311	5.097	+1		
		51.6	51.8	后$-$前	+1.243	+1.144	-1		
		-0.2	-0.1						
3	ZD$_2$-ZD$_3$	0.889	1.713	后	0.698	5.486	-1	-0.8245	
		0.507	1.333	前	1.523	6.210	0		
		38.2	38	后$-$前	-0.825	-0.724	-1		
		+0.2	+0.1						
4	ZD$_3$-A	1.891	0.758	后	1.708	6.395	0	+1.1340	
		1.525	0.390	前	0.574	5.361	0		
		36.6	36.8	后$-$前	+1.134	+1.034	0		
		-0.2	-0.1						
校核	$\sum(9)=169.5$ $\sum(10)=169.6$ 末站(12)$=\sum(9)-\sum(10)$ $=-0.1$ 总视距$=\sum(9)+\sum(10)$ $=339.1$			$\sum(3)=5.171$ $\sum(8)=24.120$ $\sum(6)=2.994$ $\sum(7)=21.941$ $[\sum(3)+\sum(8)]-[\sum(6)+\sum(7)]=29.291-24.935=+4.356$ $\sum(15)=2.177$ $\sum(16)=2.179$ $\sum(18)=2.178$ $\sum(15)+\sum(16)=0.177+0.179=+4.356$ $\sum[(15)+(16)]=2\sum(18)$						

任务实施

一、安全教育

（1）每次实训所需仪器及工具均应在课前由老师告知，学生应以小组为单位于上课前凭学生证向测量仪器室借领。检查仪器和工具，然后在登记表上填写班级、组号及日期。借领人签名后将登记表及学生证交管理人员。

（2）上课前以组整队集合，小组组长清点学生人数，学生统一着迷彩服，全班分6个小组进行操作训练。

(3)实训过程中,学生应爱护并妥善保护仪器、工具,应正确使用仪器,各组间不得任意调换仪器、工具。若有损坏或遗失,视情节照章处理。

(4)上课期间不准到处乱跑,不准打闹,不准玩手机,不准座仪器箱,全站仪取出后应将箱盖盖好。

(5)实训完毕后,应将所借用的仪器、工具上的泥土清扫干净再交还仪器室,由管理人员检查验收后发还学生证。

二、任务准备

1. 组织准备

以8人为一组,每组配备一名组长和一名副组长,组长负责全组组织以及实际操作训练,副组长负责组织理论知识学习和复习。

2. 仪器准备

(1)由仪器室借领:水准仪6台、三脚架6个、双面尺6个、记录板6块。

(2)自备:计算器、铅笔、小刀、计算用纸。

三、操作步骤

(1)布设一条由 BM_1 出发到 A 点的附合水准路线。

(2)在已知点 BM_1 和待测点 A 间的适当位置安置水准仪时,用皮尺或者步测使每一站的前、后视距大致相等,视线长度为30~50m比较适宜,并使水准仪精平。

(3)后视已知点 BM_1 上的水准尺黑面,读取上、下、中丝读数,按表7-4-3中第1测站中的(1)、(2)、(3)顺序记录。

(4)前视转点 ZD_1 水准尺黑面,读取上、下、中丝读数,按表7-4-3中第1测站中的(4)、(5)、(6)顺序记录。

(5)前视转点 ZD_1 水准尺红面,读取中丝读数,按表7-4-3中第1测站中的(7)顺序记录。

(6)后视 BM_1 上水准尺红面,读取中丝读数,按表7-4-3中第1测站中的(8)顺序记录。

以上为一站的观测与记录顺序,一站观测完成,立即按表7-4-3中的(9)~(18)的顺序进行计算,不超限方能迁入下一站。用相同的方法进行观测,直至路线最后一站至终点 A。

第1测站(9)~(18)计算如下:

(9) = [(1) − (2)] × 100m = (1.426 − 0.995) × 100 = 43.1

(10) = [(4) − (5)] × 100m = (0.801 − 0.371) × 100 = 43.0

(11) = (9) − (10) = 43.1 − 43 = +0.1

(12) = 本站(11) + 上站(12) = +0.1 + 0 = +0.1

(13) = K + (6) − (7) = 4.687 + 0.586 − 5.273 = 0

(14) = K + (3) − (8) = 4.787 + 1.211 − 5.998 = 0

(15) = (3) − (6) = 1.211 − 0.586 = +0.625

(16) = (8) − (7) = 5.998 − 5.273 = +0.725

(17) = (15) − [(16) ±0.1] = +0.625 − (0.725 − 0.1) = 0

或者(17) = (14) − (13) = 0 − 0 = 0

(18) = [(15) + (16) ±0.1]/2 = (+0.625 +0.725 −0.1)/2 = 0.6250

第 2～4 测站均按照上述方法进行各自测站的计算,并进行各自测站的校核。在所有测站计算完后,进行每页计算校核。

四、注意事项

(1)三、四等水准测量比普通水准测量有更严格的技术规定,要达到较高的精度,关键在于前、后视距要相等。

(2)从后视转为前视,望远镜不能重新调焦。

(3)水准尺要竖直。

(4)每站观测结束,应立即进行所计算的各项结果的校核,若有超限要查找原因。如为外业观测原因,应重测本站;路线观测完毕,闭合差在容许值内方可进行平差计算。

作业布置

一、填空题

1. 平原地区四等水准测量中,往返较差、附和或环线闭合差的容许值为_____。
2. 山岭地区四等水准测量中,往返较差、附和或环线闭合差的容许值为_____。
3. 三、四等水准测量读取上、下丝读数的目的是计算_____。
4. 四等水准测量一测站中,用水准尺黑面测得高差为 + 0.054,红面测得高差为 − 0.045,则高差中数为_____。
5. 四等水准测量黑红面读数差的限差是_____ mm,黑红面所测高差之差的限差是_____ mm。

二、选择题

1. 四等水准测量观测偶数站是(　　)。
   A. 减小仪器误差　　　　　　　　B. 减小观测误差
   C. 减小水准尺零点误差　　　　　D. 减小外界影响误差
2. 进行四等水准测量时,其视线离地面的最低高度为(　　)。
   A. 0.1m　　　　B. 0.2m　　　　C. 0.3m　　　　D. 0.4m
3. 四等水准测量,采用双面水准尺时,每站有(　　)个前、后视读数。
   A. 2　　　　　B. 3　　　　　C. 5　　　　　D. 8
4. 四等水准测量每一测站前后视距差值不得超过(　　)m。
   A. 1　　　　　B. 5　　　　　C. 3　　　　　D. 2
5. 在四等水准测量中,对黑面尺所要读取的数据有(　　)。
   A. 上丝读数　　　　　　　　　　B. 下丝读数
   C. 水平距离　　　　　　　　　　D. 中丝读数
   E. 水准尺常数

三、判断题

1. 四等水准测量要求,视距累积差小于5m,视距长小于80m。(　　)
2. 四等水准测量中,尺常数加黑面中丝读数与红面中丝读数之差应小于5mm。(　　)
3. 在四等水准测量的计算校核中,后视距离总和减前视距离总和应等于末站距离累积差。(　　)

4. 三、四等水准测量时为抵消因水准尺磨损而造成的标尺零点差,要求每一水准测段的测站数应为奇数站。　　　　　　　　　　　　　　　　　　　　　　　　(　　)

5. 四等水准测量中,平均高差的计算公式是[黑面高差+(红面高差±0.1m)]/2。
(　　)

四、计算题

四等水准测量观测数据记录如表7-4-4所示,试完成表格计算。

四等水准测量记录、计算表(双面尺法)　　　　表7-4-4

工程名称:　　　　　　　　　　　　　　　　　　　　　　日期:

测站编号	点号	后尺 上丝/下丝 / 后视距 / 视距差 d	前尺 上丝/下丝 / 前视距 / $\sum d$	方向及尺号	水准尺读数 黑面	水准尺读数 红面	$K+$黑 $-$红	高差中数	备注
		(1)	(4)	后105	(3)	(8)	(14)		
		(2)	(5)	前106	(6)	(7)	(13)		
		(9)	(10)	后-前	(15)	(16)	(17)	(18)	
		(11)	(12)						
1		1.571	0.739	后105	1.381	6.171			
		1.197	0.363	前106	0.551	5.239			
				后-前					
2		2.121	2.196	后106	1.934	6.621			
		1.747	1.821	前105	2.008	6.796			
				后-前					K为水准尺常数;$K_{105}=4.787$;$K_{106}=4.687$
3		1.914	2.055	后105	1.726	6.513			
		1.539	1.678	前106	1.866	6.554			
				后-前					
4		1.965	2.141	后106	1.832	6.519			
		1.700	1.874	前105	2.007	6.793			
				后-前					
5		1.540	2.813	后105	1.304	6.091			
		1.069	2.357	前106	2.585	7.272			
				后-前					
每页检核	$\sum$后视距= 　　$\sum$前视距= 　　$\sum d=\sum$后视距$-\sum$前视距= $L=\sum$后视距$+\sum$前视距= $\sum h$黑= $\sum h$红= $\sum h'=(\sum h$黑$+\sum h$红$\pm 0.100)/2=$ $\sum h=$									

测量:　　　　　计算:　　　　　复核:　　　　　监理:

学习活动5 技能考核

一、考核项目

支水准测量。

二、考核内容

(1)假设某一已知点 BM_1,采用支水准路线测定未知点 BM_2 高程(两点间距 60~80m)。
(2)完成该高差测量的记录。
(3)计算出往返测高差较差以及未知点高程。

三、评分标准

(1)满分 100。
(2)按操作时间评分 30 分。在规定时间(8min)内完成得 30 分,时间每超过 10s,扣 2 分。
(3)按精度评分 40 分。两点高差较差≤5mm 时得 40 分,较差每超 1mm 扣 5 分。
(4)计算评分 30 分。独立完成计算过程得 20 分,计算结果正确得 10 分。
(5)卷面每涂改一处总分扣 5 分。

四、考核说明

(1)考核过程中任何人不得提示,各人应独立完成仪器操作、记录、计算。
(2)若有作弊行为,一经发现一律按零分处理。
(3)考核时间自监考教师发出开始指令,至计算结束由选手报告操作完毕后终止计时。
(4)读完最后一个读数不能动仪器,读数窗保持最后显示值,监考教师查看最后一个数据。
(5)考核仪器水准仪为自动安平水准仪。
(6)考试过程中,选手在搬站过程中不能跑步。
(7)数据记录均填写在相应记录表中、不能转抄,记录表以外的数据不作为考核结果。

五、记录计算表

测量记录表见表 7-5-1。

水准测量记录表   表 7-5-1

姓名_____ 班级_____ 学号_____

测站	读数		高程 (m)	测站	读数		高程 (m)
	后视	前视			后视	前视	
BM_1				BM_2			
ZD				ZD			
BM_2				BM_1			

续上表

测站	读数		高程	测站	读数		高程
	后视	前视	（m）		后视	前视	（m）
$\Delta h_{往} =$				$\Delta h_{返} =$			
$f_{h} =$ $f_{h容} =$ $h_{平均} =$ $H_2 =$							

操作时间：＿＿＿＿＿＿　　得分：＿＿＿＿＿＿　　精度：＿＿＿＿＿＿　　得分：＿＿＿＿＿＿

计算得分：＿＿＿＿＿＿　　　　　　　　　　　　计算结果得分：＿＿＿＿＿＿

卷面涂改情况，扣分：＿＿＿＿＿＿　　　　　　总得分：＿＿＿＿＿＿

监考人：＿＿＿＿＿＿　　　　　　　　　　　　考核日期：＿＿＿＿＿＿

学习任务 8　平面图绘制

学习目标

1. 能理解地形图的基本知识；
2. 能描述碎部测量方法；
3. 能描述平面图绘制的方法；
4. 能熟练使用全站仪进行碎部测量；
5. 完成校园平面图测设的外业工作；
6. 能准确绘制校园平面图。

任务导入

同学们,当你坐在飞机上俯瞰地球时,会看到不同的地形地貌,公路在地表上面蜿蜒曲折,高低不平,要想设计出高质量的公路必须先学会测设地形图,然后在地形图上确定公路的平面位置。在地形图上能认识各种地形图图例、地物符号、地貌符号,还能在地形图上辨别地形的高低。当你坐在明亮的教室里学习知识时,你能想象出我们美丽的校园吗？你能用学过的知识测绘出你们学校的校园平面图吗？

学习活动 1　地形图识读

学习目标

1. 能理解测图比例尺的概念；
2. 能描述比例尺的分类方法；
3. 能描述比例尺精度；
4. 能描述地物和地貌在地形图上的表示方法；
5. 能描述等高线的类型和特性。

情境描述

所有在地球表面上的、我们可以看到的一切事物,都可以按照一定的方法在图纸上表示出来形成地形图,地形图是经济建设、国防建设和科学研究中不可缺少的工具。想要设计修建出高品质的公路,不仅要学会识图、读图,而且要学会绘制地形图。

知识链接

一、基本概念

(1)地形是地球表面的高山、平原、江河湖海以及各种建筑物的统称。在测量中,通常把地形分为地物和地貌两种类型。

（2）地物是指地球表面具有明显轮廓的、天然形成和人工建造的各种建筑物，如房屋、道路、桥梁、水系等。

（3）地貌是指地球表面高低起伏的形态，如高山、平地、洼地等。

（4）地形图是将地球表面某区域内的地物和地貌按正射投影的方法和一定的比例尺，用规定的图式符号测绘在图纸上，它能表示地物和地貌的平面位置和高程。

（5）如果只测地物，不测地貌，即在图纸上只表示出地物的情况，而不表示地面的高低情况的图称为平面图。

（6）将地球上的自然、社会、经济等若干现象，按一定的数学法则采用综合原则绘成的图称为地图。

测量主要是研究地形图，它是地球表面实际情况的客观反映，各项建设和国防工程建设都需要首先在地形图上进行规划、设计。

二、测图比例尺

1. 定义

图上两点间直线的长度 d 与其相对应的地面上实际水平距离 D 之比，称为地形图的比例尺。

2. 表示方法

（1）数字比例尺。通常用分子为1，分母为整数的分数表示见式(8-1-1)，如 1∶1000、1∶50000 等。例如 1∶1000 意义为图上的 1cm 表示地面上水平距离为 1000cm，注意，数字比例尺符号中前后两个数字的单位必须一致。其中，分母数值 M 越大，则图的比例尺就越小，反之，M 越小比例尺越大，图面表示的内容就越详细。

$$\frac{d}{D} = \frac{1}{\dfrac{D}{d}} = \frac{1}{M} \text{或} 1:M \tag{8-1-1}$$

（2）图示比例尺。为简化计算、减少因图纸伸缩引起的误差，在图纸下方绘制与图纸比例尺相一致的比例尺，用它在图上直接量取直线段的水平距离。如图 8-1-1 所示，图中表示 1∶1000 的比例尺，取 1cm 为基本单位，即图纸上 1cm 相应于实地 10m。图式比例尺一般绘制于图纸的下方，和图纸一起复印，用它量取图上的直线长度，可以抵消图纸伸缩的影响。

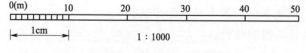

图 8-1-1　图示比例尺

3. 分类

我国把地形图按比例尺的大小分为大、中、小比例尺地形图三类。

（1）大比例尺地形图。通常把 1∶500、1∶1000、1∶2000、1∶5000 的地形图，称为大比例尺地形图。它常用的测绘方法有：经纬仪、平板仪等传统测量方法或电磁波测距仪、光电测距照准仪、全站仪、GPS-RTK 等现代测量方法。普遍应用于公路、铁路、城市规划、水利设施等工程。

（2）中比例尺地形图。通常把 1∶10000、1∶25000、1∶50000、1∶100000 的地形图称为中比例尺地形图。它常用的测绘方法为航空摄影测量，一般由国家测绘部门完成。

(3)小比例尺地形图。通常把小于1:10万的地形图称为小比例尺地形图,如1:20万、1:25万、1:50万、1:100万等。它常在比其比例尺大的地形图的基础上采用编绘的方法完成。

1:1万、1:2.5万、1:5万、1:10万、1:25万、1:50万、1:100万的比例尺地形图,被确定为国家基本比例尺地形图。

4. 比例尺精度

正常情况下,人用肉眼在图纸上能分辨出的最小距离为0.1mm,因此,地形图上0.1mm所代表的实地距离,称为比例尺精度。计算公式如下:

$$比例尺精度 = 0.1M(\text{mm}) \tag{8-1-2}$$

比例尺精度的概念,对测图和用图都具有十分重要的意义。根据比例尺精度,不但可以按照比例尺确定地面上丈量距离时需要精确到什么程度,也可以按照丈量地面距离的规定精度来确定采用多大比例尺(表8-1-1)。例如,测绘1:500比例尺的地形图时,实地量距时只需量到大于0.05m的尺寸,因为若量的再精细,在地形图上也是无法表示出来的。

比 例 尺 精 度　　　　　　　　　　　　　　　表8-1-1

测图比例尺	1:500	1:1000	1:2000	1:5000	1:10000
比例尺精度(m)	0.05	0.1	0.2	0.5	1.0

三、地物和地貌的表示方法

地形图要求清晰、准确、完整地显示测区内的地物和地貌,为了便于测图和用图,用各种简明、准确、易于判断的图形或符号将实地的地物和地貌在图上表示出来,这些符号统称为地形图图式,其分为三种类型:地物符号、地貌符号和注记符号。地形图图式由国家测绘机关统一制定并颁布,它是测绘和使用地形图的重要依据。

1. 地物符号

地物在地形图中用地物符号来表示。地物符号按照其特点又分为比例符号、非比例符号、半比例符号、注记符号四种。常用的地物符号见表8-1-2。

常用的地物符号　　　　　　　　　　　　　　　表8-1-2

三角点	△ 天顶山/154.821	学校	✪	铁路	▭▭▭	河流水涯线a	
导线点	⊡ I 16/84.46	医院	⊕	里程碑	⊓	河流的流向b	
水准点	⊗ Ⅲ 5/31.804	路灯	⚲	公路	═沥═	河流潮流向c	
图根点	⊙ N16/79.21	一般房屋	▨	简易公路	═碎石═	水闸	
道路中桩	⊙	特种房屋	▦	小路	- - - -	渡口	车渡
钻孔	◎	简单房屋	◫	大车路	═ ═ ═	水塘	

续上表

探井		建设中房屋	建	内部道路		公路桥		
加油站		破坏房屋	破	通信线		铁路桥		
变电室		棚房		高压电力线		人行桥		
独立坟		过街天桥		低压电力线		经济林		
避雷针		厕所	厕	沟渠		经济作物地		
路标		露天体育场		围墙		水稻田		
消防栓		独立数（阔叶）		铁丝网		灌木林		
水井		独立树（果叶）		加固的斜坡		林地		
泉		开采矿井		未加固的斜坡		旱地		
山洞		陡崖（土质）		加固的陡坎		盐碱地		
石堆		陡崖（石质）		未加固的陡坎		草地		

1）比例符号

根据比例尺缩小后能够显示在地形图上的地物,如地面上的房屋、桥、田地、湖泊、植被等,用地形图图式中规定的符号描绘在图纸上,这类符号称为比例符号。这类符号的形状、大小和位置均表示了地物的实际情况。

2）非比例符号

有些地物由于占地面积很小,按比例尺缩小后,在图上仅是一个点或者极小的图形,无法将其性质、形状、大小表示清楚,如三角点、导线点、水准点、水井、旗杆、消火栓等,但是由于其重要性与代表性不能舍弃,只能用特定的、统一尺寸的符号表示它的中心位置,这类符号称为非比例符号。这类符号其图形仅表示其属于何种地物,不表示地物的大小和实形,符号的定位点,才是实物地物中心在图上的位置。

非比例符号的定位点在图式中应遵循以下规定:

(1)规则的几何图形符号,其符号的几何中心点为定位点,如导线点、三角点等。

(2)底部为直角的符号,以符号的直角顶点为定位点,如独立树、路标等。

(3)底宽符号以符号底线的中点为定位点,如烟囱、岗亭等。

(4)几种图形组合符号,以下方图形的几何中心或交叉点为定位点,如路灯、消火栓等。

(5)下方无底线的符号,以符号下方两端点连线的中心为定位点,如窑洞、山洞等。

3)半比例符号

对于有些呈线状延生的地物,其长度方向可以按比例表示,但是宽度不能,如铁路、公路、管线、河流、渠道、栅栏、篱笆等,这类符号称为半比例符号,因其大部分为线形地物,又称为线形符号。这类符号的线形宽度并不代表实地地物的宽度,但是长度是按比例绘制的,符号的中心线即为实地地物中心线的图上位置。

4)注记符号

地形图上,仅用地物符号有时还无法表示清楚地物的某些特定性质和量值的地物,如城镇、学校、河流、道路的名称,房屋结构类型等,只能用文字、数字或特有的符号来说明,这类符号称为注记符号。

在不同比例尺的地形图上表示地面上同一地物,由于测图比例尺的变化,所使用的符号也会变化。如,一个直径为6m的水塔和路宽2.5m的大车路,在1:1000的图上可以用比例符号表示,但在1:5000的图上只能用非比例符号和半比例符号表示。

2. 地貌符号

目前,最常用的表示地貌的方法为等高线法,所以等高线是最常见的地貌符号,但是,对于梯田、峭壁、冲沟等特殊的地貌,不便用等高线表示时,可根据《地形图图式》绘制相应的符号。

1)基本概念

地面上高程相等的相邻各点连接而成的闭合曲线,称为等高线。

相邻两等高线间的高差,称为等高距,用 h 表示。等高距越小,显示的地貌越详细;等高距越大,显示的地貌越简略。但是等高距过小,会导致等高线过于密集,从而影响图面的清晰度。因此通常按测图比例尺和测区地形类别来确定合适的等高距,该等高距称为基本等高距,如表8-1-3所示。等高距选定后,等高线的高程必须是基本等高距的整倍数,不能用任意高程。

地形图基本等高距　　　　　　表8-1-3

地形类别	不同比例尺的基本等高距(m)			
	1:500	1:1000	1:2000	1:5000
平原	0.5	0.5	1.0	2.0
丘陵	0.5	1.0	1.0	2.0
山地	1.0	1.0	2.0	5.0
高山	1.0	2.0	2.0	5.0

相邻两等高线间的水平距离,称为等高线平距,用 d 表示。它随实地地面坡度的变化而改变。等高距 h 与等高线平距 d 的比值为地面坡度,用 i 表示,即:

$$i = \frac{h}{d} \times 100\% \tag{8-1-3}$$

同一张地形图内等高距 h 相同、比例尺相同,所以地面坡度与等高线平距 d 成反比。即地面坡度越大(越陡),等高线平距越小,等高线越密集;相反,地面坡度越小(越缓),等高线平距越大,等高线越稀疏。因此,可以根据地形图上等高线的疏密程度来判断地面坡度的缓与陡。

2)等高线的分类

等高线按其类型可分为以下四类:

(1)首曲线。在同一幅图上,按规定的基本等高距描绘的等高线称为首曲线,也称为基本等高线。用细实线描绘。

(2)计曲线。为易于识读,自高程起算面算起,基本等高距的整5倍和整10倍,即每隔4条首曲线加粗描绘一条等高线,并在适当位置注记高程,字头朝向高处,此等高线称为计曲线,又称为加粗等高线。用粗实线描绘。

(3)间曲线。当个别地方坡度较小,用首曲线不能很好地显示局部地貌特征时,按1/2等高距描绘的等高线,称为间曲线,又称为半距等高线。用长虚线描绘,可不闭合,但应对称。

(4)助曲线。当间曲线仍不能显示地貌时,在间曲线与首曲线之间,按1/4等高距描绘的等高线,称为助曲线,又称为1/4等高线。用短虚线描绘。

3)等高线的特性

(1)同一等高线上所有各点的高程都相等。

(2)每一条等高线都是闭合曲线,如果不在本幅图内闭合,则必在其他图幅内闭合。

(3)同一幅地形图内等高距是相同的,等高线平距越小,表示地面坡度越陡,等高线平距越大,表示地面坡度越缓,等高线平距相同,表示地面坡度相同。

(4)等高线与山谷线和山脊线垂直相交。

(5)等高线跨越河流时,不能直穿而过,要渐渐折向上游,过河后渐渐折向下游。

(6)除在悬崖和绝壁处外,等高线在图上不能相交,也不能重合。

等高性的特性如图8-1-2所示。

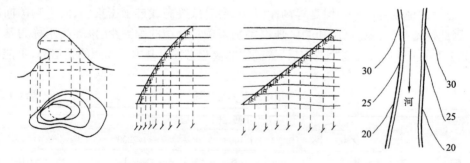

图8-1-2 等高线的特性

4)典型地貌的等高线

地貌是指地球表面的高低起伏的形态,是地形图要表示的重要信息之一。地貌的基本形态有山顶、洼地、山脊、山谷、鞍部、绝壁等,如表8-1-4所示。

(1)山头和洼地。凸起而高于四周的高地称为山地,高大者为山峰,低矮者称为山丘,最高处为山顶;凹入而低于四周的低地称为洼地,大的洼地称为盆地。它们投影到水平面上都是一组闭合曲线,其区别是内圈等高线高程大于外圈者为山顶,反之为洼地。也可通过等高线上的示坡线来区别,示坡线指向低处。山头与洼地及其等高线如图8-1-3所示。

地貌的基本形态   表 8-1-4

地形	表示方法	示意图	等高线图	地形特征	说　明
山地、山峰	闭合曲线，内高外低为山峰，符号"▲"	山顶、山坡、山麓		地形起伏大，山顶中间高四周低	示坡线画在等高线外侧，坡度向外侧降
盆地、洼地	闭合曲线，外高内低			四周高，中间低	示皮线画在等高线内侧，坡度向内侧降
山脊	等高线向低外凸	山脊	800 600 400 200	从山麓到山顶高耸的部分	山脊线也叫分水岭
山谷	等高线凸向高处	山谷	600 400 200	山脊之间低洼部分	山谷线也叫集水线
鞍部	由一对山脊等高线组成	鞍部		相邻山顶之间，呈马鞍形	鞍部是山谷线最高处，山脊线最低处
峭壁、陡崖	多条等高线重叠在一起			近于重直的山坡称峭壁。崖壁上部凸出处，称悬崖或陡崖	

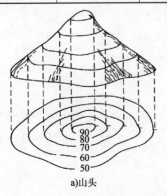
a) 山头

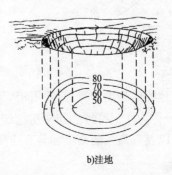
b) 洼地

图 8-1-3　山头与洼地及其等高线

(2)山脊和山谷。山坡上隆起的凸棱称为山脊。山脊上的最高点的连线称为山脊线或分水线。两山坡之间的凹部称为山谷。山谷中最低点的连线称为山谷线或集水线。山脊线和山谷线统称为地性线,不论山脊线还是山谷线,都应与等高线垂直正交。在一般工程设计中,要考虑地面水流方向、分水、集水等问题,因此,山脊线和山谷线在地形图测绘和应用中具有重要意义。山谷线与山脊线及其等高线如图8-1-4所示。

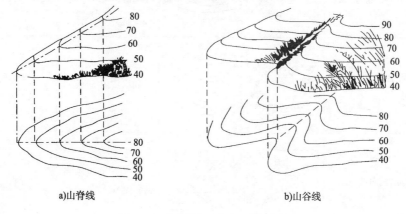

图8-1-4　山谷线与山脊线及其等高线

(3)鞍部。在相邻两山头之间的低洼处,形似马鞍状的地貌叫鞍部。鞍部是两个山脊和山谷的汇聚处。其等高线是由两组相对的山脊线和山谷线组成。鞍部是山区道路选线中的关键部位,越岭道路通常要穿越鞍部。鞍部及其等高线如图8-1-5所示。

(4)绝壁和悬崖。绝壁有近于垂直的山坡,等高线非常密集,要用特殊符号来表示。悬崖是近乎直立而下部凹入的山坡,其凹入部分等高线投影后会相交,所以俯视时隐蔽的等高线用虚线表示。绝壁和悬崖及其等高线如图8-1-6所示。

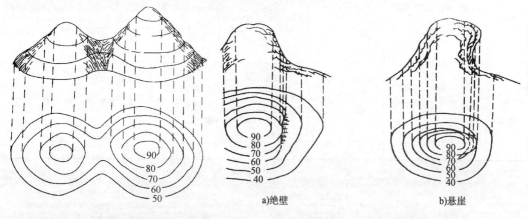

图8-1-5　鞍部及其等高线　　　　　图8-1-6　绝壁和悬崖及其等高线

3.注记符号

为了表明地物的种类和特征,除用相应的符号表示外,还需配合一定的文字和数字加以说明,此类符号称为注记符号。如楼房的结构和层数、地名、路名、单位名、河流名和水流方向、水深、流速以及等高线的高程和等高线注记点的高程等。

任务实施

如表8-1-5所示,判断等高线图上的基本地貌类型。

等高线图上的基本地貌类型   表 8-1-5

地形	山地、山峰	盆地、洼地	山脊	山谷	鞍部	峭壁陡崖
表示方法	闭合曲线，外低内高	闭合曲线，外高内低	等高线凸向山脊连线低处	等高线凸向山谷连线高处	一对山谷等高线组成	多条等高线汇合重叠在一处
示意图	山顶 山坡 山麓		山脊	山谷	鞍部	
等高线图			800 400	600 400 200		
地形特征	四周低，中部高	四周高，中部低	从山顶到山麓凸起部分	从山顶到山麓凹部分	相邻两个山顶之间，呈马鞍形	近于垂直的山坡称峭壁。峭壁上部突出处称为悬崖或陡崖
说明	示坡线画在等高线外侧，坡度向外侧降	示坡线画在等高线内侧，坡度向内侧降	山脊线也叫分水线	山谷线也叫集水线	鞍部是山脊线最低处、山谷线最高处	

作业布置

一、填空题

1. 地形分为_____和_____，仅表示地物平面位置的图称为_____，二者同时表示的图称为_____。

2. 供测图、读图和用图的专门统一符号、注记的规范叫_____。

3. _____是相邻等高线间的水平距离。

4. 等高线应与山谷线和山脊线_____。

5. 根据比例尺的表示方法不同，可以分为_____和_____两种类型。

二、选择题

1. 在地形图中，表示测量控制点的符号属于(　　)。

　　A. 比例符号　　　B. 半比例符号　　　C. 地貌符号　　　D. 非比例符号

2. 同一张地形图上，等高线平距越大，说明(　　)。

　　A. 等高距越大　　B. 地面坡度越陡　　C. 等高距越小　　D. 地面坡度越缓

3. 在地形图上有高程分别为 26m、27m、28m、29m、30m、31m、32m 等高线，则需加粗的等高线为(　　)。

　　A. 26、31m　　　B. 27、32m　　　C. 29m　　　D. 30m

4. 地形测量中，若比例尺精度为 b，测图比例尺为 $1/M$，则比例尺精度与测图比例尺大小的关系为(　　)。

　　A. b 与 M 无关　　B. b 与 M 成正比　　C. b 与 M 成反比　　D. b 与 M 为非线性关系

5. 在地形图上，长度和宽度都不依比例尺表示的地物符号是(　　)。

A. 比例符号　　　　B. 半比例符号　　　　C. 非比例符号　　　　D. 地物注记

三、判断题

1. 高差与水平距离之比称为坡度。（　　）
2. 等高线是指地面上高程相等的相邻各点连接而成的闭合曲线。（　　）
3. 同一张地形图上，等高线平距越大，说明坡度越陡。（　　）
4. 悬崖属于地物。（　　）
5. 山脊线又称为分水线。（　　）

四、简答题

1. 简述等高线的特性。
2. 什么是比例尺精度？它在实际测量工作中有何意义。
3. 已知地形图上某线段的长度为 5cm，代表的实际距离为 100m，则该地形图的比例尺和比例尺精度分别为多少？
4. 图 8-1-7 为某地形图的一部分，各等高线高程如图所视，A 点位于线段 MN 上，点 A 到点 M 和点 N 的图上水平距离为 $MA=3mm$，$NA=2mm$，求 A 点的高程。

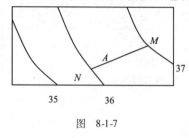

图 8-1-7

学习活动 2　全站仪碎部测量

学习目标

1. 了解全站仪的结构及各部件的功能；
2. 熟练掌握全站仪的操作方法；
3. 通晓全站仪野外数据采集的流程；
4. 掌握地物地貌特征点的采集技巧。

情境描述

公路勘测设计阶段，首先需要在相关地形图上进行路线设计。为了满足公路设计的需要，应进行地形图的测绘。为了让学生能够更贴切工程实际完成任务，本学习活动要求学生在校园的实训场所完成，最终绘制出最新的校园平面图。

知识链接

一、基本知识

在实际测量工作中需遵循"从整体到局部、先控制后碎部、由高级到低级"的测量原则，其目的是为了避免误差的累积。在测区内，先选择一些有控制意义的点，首先把他们的平面位置和高程精确地测定出来。这些有控制意义的点组成了测区的测量骨干，称为控制点，然后根据控制点施测附近的碎部点。

整个测量过程分为建立控制网和以控制网为基础的碎部测量两部分。

当国家平面控制点和高程点的密度不能满足测图要求时，可根据需要采用导线测量、测角交会、测边交会等方法在高级控制点间进行加密，直至满足测图工作的要求为止。这种为测图而加密的控制点称为图根控制点。

二、碎部测量

碎部测量的实质就是以控制点为基础,测绘地物和地貌碎部点的平面位置和高程。碎部测量工作包括两个过程:一是测定碎部点的平面位置和高程;二是利用地图符号在图上绘制各种地物和地貌。

1. 碎部测量的方法

碎部测量常用的方法有传统测图法(平板仪测图、经纬仪测图等)、航空摄影测图法、数字测图法等,目前,数字测图法应用较为广泛。

(1)传统测图法。实质为图解测图,通过测量将碎部点展绘在图纸上,以手工方式描绘地物和地貌;存在测图周期长、精度低等缺点,主要适用于小区域、大比例尺的地形测图。

(2)航空摄影测图法。利用航空摄影相片,以野外实测的控制点为基础,借助航测内业仪器制作地形图。是大面积地形测图的主要方法。

(3)数字测图法。将利用各种手段采集到的地面数据进行计算机处理,而自动生成以数字形式储存在计算机存储介质上的地形图的测图方法。根据采集手段的不同分为地面数字测图、数字摄影测图和地形图数字化三种方法。

2. 地面数字测图

地面数字测图是指对利用全站仪、GPS 接收机等仪器采集的数据及其编码,通过计算机图形处理而自动绘制地形图的方法。地面数字测图的基本硬件包括:全站仪或 GPS 接收机、计算机和绘图仪等。软件基本功能主要有:野外数据的输入和处理、图形文件的生成、等高线自动生成、图形编辑与注记和地形图自动绘制。一般用南方 CASS、CAD 等作图软件。

3. 碎部点的选择

碎部点又称为地形点,它指地物和地貌的特征点。碎部点的选择直接关系到测图的精度和质量。选择碎部点的根据是测图比例尺,及测区内地物和地貌的状况。碎部点应该选在能反映地物和地貌特征的点上。

地物的特征点为地物的轮廓线和边界线的转折点或交叉点。例如建筑物、农田等面状地形地物的棱角点和转角点,道路、河流、围墙等线形地物的交叉点,电线杆、独立树、井盖等点状物的几何中心等。由于实测中有些地物形状极不规则,一般规定主要地物凹凸部分在图上大于 0.4mm(在实地应为 $0.4M$ mm,M 为比例尺分母)时均应表示出来,若小于 0.4mm 则可用直线连接。

地貌特征点为地性线上的坡度或方向变化点。地性线主要有:山脊线(分水线)、山谷线(集水线)、坡缘线(山腰线)、坡麓线(山脚线)及最大坡度线(流水线)等。地貌形态尽管各不相同,但地貌的表面都可以近似地看成是由各种坡面组成的。只要选择这些地性线和轮廓线上的转折点和棱角点(包括坡度转折点、方向转折点、最高点、最低点及连接相邻等坡段的点),就能把不同走向、不同坡度随地貌变化的地性线,用等坡度线段测绘出来,以这样的等坡线段勾绘等高线,就能形象地把地貌描绘在地形图上。

为了保证测图质量,即使在地面坡度无明显变化处,也应测绘一定数量的碎部点,一般规定:在图纸上碎部点间最大间距不应超过表 8-2-1 规定的距离,可采用视距法或光电测距法,最大测距长度应符合表 8-2-1 的规定。

碎部点间距规定　　　　　　　　　　　　　　　表 8-2-1

测图比例尺	地形点间距（m）	测距最大长度(m)	
		视距法	光电测距法
1∶500	≤15	≤80	≤240
1∶1000	≤30	≤120	≤360
1∶2000	≤50	≤200	≤600
1∶5000	≤100	≤300	≤900

任务实施

一、安全教育

（1）在测量实习之前，应学习教材中的有关内容，明确实习目的和要求，熟悉操作步骤，了解注意事项，并准备好所需的文具用品，以保证按时完成实习任务。

（2）实习分小组进行，组长负责组织协调工作，办理仪器工具的借领和归还手续。

（3）实习要在规定时间和场地进行，不得缺席、迟到及早退，不得擅自离开实习场地。

（4）服从老师的指导，认真、仔细操作，培养独立的工作能力和严谨的工作态度，发扬互助协作的精神，实习完毕应提交合格的测量成果和书写工整规范的实习报告。

（5）实习过程中应遵守纪律，爱护花草树木，保护环境和公共设施，不得踩踏花草、攀折树木、污染环境。损坏公共设施者应赔偿损失。

二、任务准备

1. 组织准备

以 8 人为一组，每组配备一名组长和一名副组长，组长负责全组组织以及实际操作训练，副组长负责组织理论知识学习和复习。

2. 仪器准备

（1）由仪器室借领：全站仪 6 台、三脚架 6 个、棱镜 6 个、记录板 6 块、测伞 6 把、小钉、红布、锤子、木桩等。

（2）自备：计算器、铅笔、小刀、计算用纸。

三、操作步骤

1. 布设图根导线点并进行导线测量

在学习任务 6 中已经完成了附合导线、闭合导线的外业测设与内业计算，本次图根导线点可以直接选用学习任务 6 中布设的导线点及其点位坐标。

2. 全站仪坐标测量法复测图根导线点

导线复测的目的主要是检查导线的点位精度及密度，因为它直接影响测图的质量。其主要工作包括导线点坐标的测量和导线点的加密等。因学习任务 6 布设的导线可能有所变化或不能满足测图要求，故需对其进行复测与加密。

3. 用全站仪坐标法进行碎部测量

（1）将仪器安置在图根控制点上。

（2）用全站仪瞄准另一已知控制点，将水平度盘度数配置为已知控制点方向的方位角，并分别将棱镜常数、棱镜高度、气象改正数及仪器高通过键盘输入仪器,同时将测站点的坐标输入。

(3)将棱镜立于碎部点上,输入点号,使用侧视测量采集待测点的坐标并存储,同法测出其他各碎部点的坐标。

(4)测量的同时绘制草图,标明点号的大致位置与相邻关系,为了避免数据遗漏,建议将每个碎部点的点号与坐标记录在记录本上。

四、操作实训注意事项

(1)操作实训前应先检查仪器各个组成部分是否完好,并调整好脚螺旋,打开水平制动和竖直制动。

(2)按操作规程进行作业,转动各螺旋时不要用力过大,要"稳、轻、慢"。

(3)仪器应安置在土质坚硬的地方,并应将三脚架踏实,防止仪器下沉。

(4)三脚架伸缩固定螺旋要拧紧,但用力不要过大。

(5)安置全站仪时要将中心连接螺旋拧紧,防止仪器从三脚架上脱落下来,做到人不离开仪器。

(6)对中与整平应反复进行,至满足要求为止。

(7)测量数据记录不得涂改和转抄。

(8)发现问题及时向指导老师汇报。

作业布置

一、填空题

1. 测绘地形图时,应选择地物、地貌的_____点。
2. 实现从线划地图到数字信息转换的过程叫_____。
3. 测绘地形图时,对地物应选择_____立尺、对地貌应选择_____立尺。
4. 地形测量的实质就是测定碎部点的_____和_____。
5. 用全站仪进行坐标测量之前,不仅要设置正确的气象改正数,还要设置_____。

二、选择题

1. 大比例尺数字化测图的作业过程分为以下几个阶段( )。
   A. 数据采集、数据抽样及机助制图　　B. 数据采集、数据处理及机助制图
   C. 数据采集、数据输入及机助制图　　D. 数据抽样、数据采集及数据输出

2. 将测量模型数字化、采样并记入磁介质,由计算机屏幕编辑,用数控绘图仪绘制的地图为( )。
   A. 数值地图　　B. 计算机地图　　C. 电子地图　　D. 数字地图

3. 使用全站仪进行坐标放样时,屏幕显示的水平距离差为( )。
   A. 设计平距减实测平距　　B. 实测平距减设计平距
   C. 设计平距减实测斜距　　D. 实测斜距减设计平距

4. 根据"先控制后碎部"的测量工作原则,测绘地形图时应先在测区布设( )。
   A. 矩形控制网　　B. 平面控制网　　C. 城市控制网
   D. 国家控制网　　E. 高程控制网

5. 确定地面上两点之间相对位置必须知道( )。
   A. 两点之间的平距　　B. 两点之间的高差

C. 两点连线与标准方向之间的水平夹角　　　D. 一点高程与两点之间高差

E. 两点连线与标准方之间的空间夹角

三、判断题

1. 直接提供地形图测量的控制点称为图根点。　　　　　　　　　　　　　（　　）
2. 测绘地形图常用的方法有经纬仪测绘法、小平板仪与经纬仪联合测绘法、大平板仪测绘法及摄影测量方法等。　　　　　　　　　　　　　　　　　　　　　　　（　　）
3. 导线复测的目的为检查导线的点位精度及密度。　　　　　　　　　　（　　）
4. 地物的特征点为地物的轮廓线和边界线的转折点或交叉点。　　　　　（　　）
5. 碎部测量的实质就是以控制点为基础,测绘地物和地貌碎部点的平面位置。（　　）

四、简答题

1. 简述传统测图、摄影测图、数字测图三种测图方法的不同。
2. 画图展示全站仪测碎部点坐标的方法。

学习活动3　平面图展绘

学习目标

1. 能进行图纸准备和坐标网格的绘制;
2. 能展绘导线点;
3. 能绘制碎部点,根据草图进行碎部点连接;
4. 能进行地形图的整饰。

情境描述

在外业工作完成之后,先计算和整理导线点的成果,再实地踏勘了解导线点完好情况和测区地形情况,核对碎部测量时草图的正确性和完整性,接下来准备图纸、绘制坐标网格,然后展绘导线点和碎部点,按照草图进行碎部点连线,进行地形图整饰后完成地形图内业工作。

知识链接

地物的绘制:地物可分为居民地、独立地物、管线、垣栅、道路、水系、植被等不同类别。

一、居民地的测绘

居民地是重要的地形要素,由不同类型的建筑物所组成。测绘居民地时,应实测房屋墙基外部轮廓,正确表达其结构形式。当测绘较小的居民地时,由于多数为独立房屋,可以用布设在居民地附近的控制点作测站,按极坐标法并辅以距离交会法来测定其建筑物和其他地物;当测绘较大的居民地时,图根控制可沿主要街巷布设经纬仪导线。测图时以导线点为测站,沿街巷先测定建筑物的主要外部轮廓点,确实其外围轮廓,然后对其凹凸部分转折点及其他地物进行测绘。

二、独立地物的测绘

独立地物应准确测定其位置,凡图上地物轮廓大于比例尺符号尺寸的,应按比例尺测其轮廓,并用适当符号表示。若设备在房屋内的,应实测出房屋轮廓,在其中配置相应符号;露天的应测定其四周围墙或实际范围,以相应符号表示。图上地物轮廓小于符号的,如属几何形状的地物,应测定其几何图形的中心点。杆状地物应测定其杆底部中心点,应注意非比例符号的定位点必须与测点重合。

三、管线与垣栅的测绘

管线包括地上、地下和架空的各种管道、电力线和通信线等。地上和地下管道应测定其中心线上的交叉点和转折点,分别用比例符号或半比例符号表示,并注写输送物如"水""煤气""油"等予以说明。架空管道应测定其支架的实际位置,若支架过密,应舍去一部分,但起、终、交点或转弯点等一定要测。电力线、通信线应测定其分岔处及转折处的电杆的实际位置并依线的方向标出箭头线。临时性的和位于居民地内的均不表示。

垣栅包括城墙、围墙、栅栏、篱笆、铁丝网等,应按其中心线测定所有起、终、转折点的实际位置,再以相应符号表示。临时性的均不表示。

四、道路的测绘

道路有铁路、公路、简易公路(等外)、大车路、乡村路和小路等,道路的各种附属建筑物如车站、桥涵、路堤、信号机等,均应测绘在图上。

道路应视其宽度能否按比例表示来决定是测其中心线还是边线。若宽度不能依比例表示,如小路、铁路,则测道路中心线,用图式规定的线形符号表示;若宽度可依比例表示,且边界明显,如等级公路,可直接测边界线,用相应的线形符号表示;若宽度可依比例,但边界不明显、宽度不一致,如大车路、等外公路,可测中心线,按平均宽度在中心点两侧取点,再用相应线形连出边界线。

公路还应注明技术等级代码及道路编号,公路两旁的路堑、路堤以及附属建筑物均应按实际位置测定,以相应符号表示。大车路和乡村路符号均为虚实线,描绘时虚线靠西、北侧,实线在东南侧。

五、水系的测绘

水系包括河流、湖泊、运河、小溪、沟渠、池塘、水库、水井、沼泽以及附属工程如桥梁、输水槽、水闸、拦水坝等。

水系的测绘方法与道路测绘方法相似,但河流、湖泊、池塘、水库等,除测定其岸边线外,还应测定其水涯线及其高程。水系有名称的,均要确切地注记;无名称的河,必须标流向;湖泊、池塘无名称的注写"塘""鱼"等字。沟渠宽度在图上大于1mm时以双线按比例描绘,小于1mm的以单线表示。

六、测量控制点的测绘

各级测量控制点在图上必须精确表示。平面控制点的点位就是相应控制点符号的几何中心,以分式表示控制点的名称和高程,分子为点名或点号,分母为高程,分式一般注写在符号的右方。水准点位置是实测的,水准点以及与水准点联测的平面控制点的高程注写到0.001m,其他点高程只注写到0.01m。

任务实施

一、安全教育

(1)在测量实习之前,应复习教材中的有关内容,明确实习目的和要求,熟悉操作步骤,了解注意事项,并准备好所需的文具用品,以保证按时完成实习任务。

(2)实习分小组进行,组长负责组织协调工作,办理仪器工具的借领和归还手续。

(3)实习要在规定时间和场地进行,不得缺席和迟到、早退,不得擅自离开实习场地。

(4)服从老师的指导,认真、仔细操作,培养独立的工作能力和严谨的工作态度,发扬互助协作的精神,实习完毕应提交合格的测量成果和书写工整规范的实习报告。

(5)实习过程中应遵守纪律,保持实训室的卫生整洁,禁止将零食等其他与实训任务无关的物品带入实训室内,损坏公共设施者应赔偿损失。

二、任务准备

1. 组织准备

以8人为一组,每组配备一名组长和一名副组长,组长负责全组组织以及实际操作训练,副组长负责组织理论知识学习和复习。

2. 仪器准备

(1)数据收集、校核、整理,准备图纸,绘制坐标格网。

(2)自备:计算器、铅笔、小刀、计算用纸。

三、实施步骤

1. 图纸准备

对于小测区临时性的测图,可以将图纸直接固定在图板上进行测绘。对于需要长期保存的地形图,应采用聚酯薄膜测图,其优点是变形小、不受潮、透明度好、耐用而且可以直接在上面上墨、复印、晒图。缺点是易折、易老化、易燃,因此在使用保管中应注意防火、防折。使用时只需要用透明胶带纸或大铁夹固定在图板上即可测图。

2. 坐标格网的绘制

为了准确地将图根控制点展绘在图纸上,首先要在图纸上绘制 10cm×10cm 的直角坐标方格网。如图 8-3-1 所示,在购置的图纸上先轻轻地绘制两条对角线,交点为 M;由交点 M

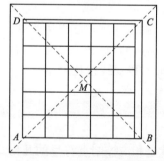

图 8-3-1　坐标方格网的绘制

以适当长度在对角线上截取等距离的 A、B、C、D 四点,然后用直线连接 A、B、C、D 各点,则得到一个矩形;再从 A、D 两点起各沿 AB、DC 方向和从 A、B 两点起各沿 AD、BC 方向每隔 10cm 准确地截取一点。连接对边的对应点,即可绘出坐标格网。

绘制坐标格网还可以在计算机中用 AutoCAD 软件编制好坐标格网图形,然后把该图形通过绘图仪绘制在图纸上。

坐标格网绘制好后,还应进行检查与注记。不论采用哪种方法绘制坐标格网,都必须进行精度检查。检查时首先将直尺边沿方格的对角线放置,各方格的交点应在同一条直线上,偏离不应大于 0.2mm;对角线长误差和图廓边长误差应不大于 0.3mm;格网线粗细及刺孔直径不大于 0.1mm。格网绘完后,除保留格网线外,把其余辅助线全部擦干净。

3. 控制点的展绘

1)展绘方法

测绘地形图的控制点称为图根控制点,简称图根点,是碎部测量的依据。在测图以前应将控制点展绘在图纸上。图纸上的方格网经检查合格后,即可根据测区内各控制点的坐标值,展绘控制点。展绘控制点的原则是尽量把控制点展绘在图纸中间。

展绘控制点前,先按图的分幅位置将坐标格网线的坐标值注在相应方格网边线的外侧。展点时,首先根据控制点的坐标值,确定控制点所在的方格,如图 8-3-2 所示,然后计算出对应方格网的坐标差 Δx 和 Δy,再按比例在格网的纵、横边上截取与此坐标差相等的距离,对应连接相交,相交点即为所要展现的控制点。

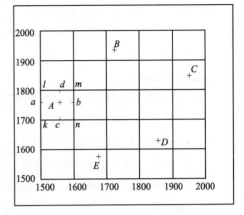

图 8-3-2 控制点的展绘

例如:控制点 A 的坐标为 $x = 1764.30$,$y = 1566.15$,由其坐标值可知 A 点的位置在 $klmn$ 的方格内,从 k、n 向上用比例尺量取 $64.30 \mathrm{m}$,得 a、b 两点;再从 k、l 向右用比例尺量取 $66.15 \mathrm{m}$,得 c、d 两点,连接 a、b 和 c、d,其交点即为 A 点,这样就得到 A 点的图上位置。然后在此点的右侧画一短横线,横线上方注明点号,横线的下方注明该点的高程。依此法依次展绘测区内其他控制点于图纸上。

2)精度检查

控制点展好后,用比例尺量取相邻两控制点之间的距离,它和实测距离进行比较,其允许差值在图纸上的长度不应超过 $\pm 0.3 \mathrm{mm}$,合格后可以进行测图。

3)碎部点的展绘与地物的绘制。

碎部点的展绘方法与控制点的展绘方法相同。将所测的碎部点展绘在图纸上以后,按照测图时绘制的草图与《地形图图式》为依据,逐一将碎部点连接起来并用规定的符号绘制在图纸上。

4)地形图的整饰

地形图绘制完成后需要进行清绘和整饰,使图面清晰、整洁、美观,以便验收和原图保存。整饰的顺序是:"先图内后图外,先地物后地貌,先注记后符号"。

具体做法是擦去多余的线条,如坐标格网线,只保留交点处纵横 1.0cm 的"+"字;靠近内图廓保留 0.5cm 的短线,擦去用实线和虚线表示的地性线,擦去多余的碎部点,只保留制高点、河岸重要的转折点、道路交叉点等重要的碎部点。

加深地物轮廓线和等高线,加粗计曲线并在计曲线上注记高程,注记高程的数字应成列,字头朝向高处。按照图式规范要求填注符号和注记,各种文字注记,标在适当位置,一般要求字头朝北,字体端正。在等高线通过注记和符号时,必须断开。

最后应按照图式要求,绘制图廓,填写图名、图号、比例尺、等高距、坐标及高程系统、图例、施测单位、测量者、测量日期等。

作业布置

一、填空题

1. 等高线的绘制方法有_____、_____、_____三种。
2. 已知某地形图上 AB 线段长度为 2.5cm,其实地水平距离为 125m,则该图的比例尺为_____,比例尺精度为_____m。

3. 要在 AB 方向上测设一条坡度为 1% 的坡度线,已知 A 点高程为 24.050m,AB 的实地水平距离为 120m,则 B 点高程应为_____m。

4. 山头和洼地的等高线相似,判别的方法为_____。

5. 碎部点应选在_____和_____的特征点上。

二、选择题

1. 1∶5000 的地形图的比例尺精度为( )。
   A. 0.05m B. 0.5m C. 0.2m D. 0.1m

2. 在地形图上常用半比例符号表达的地物主要有( )。
   A. 铁路、公路、森林、电力线等　　　　B. 铁路、公路、围墙、烟囱等
   C. 铁路、公路、围墙、电力线与通信线路等　　D. 铁路、湖泊、围墙、通信线路等

3. 如图 8-3-3 所示,地形图的等高距为( )。
   A. 10m B. 2m
   C. 5m D. 1m

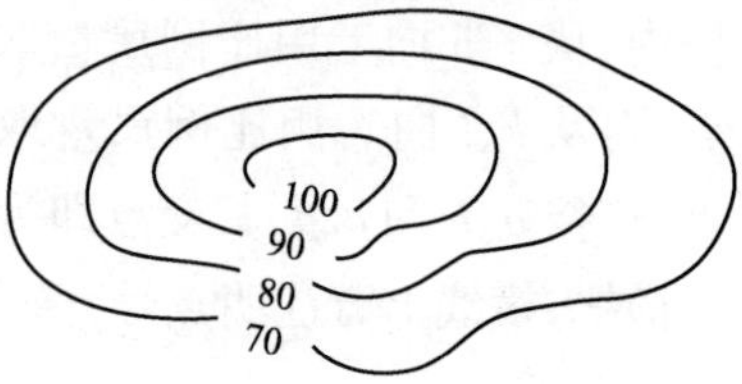

4. 山头与洼地的等高线可采用( )来区分。
   A. 高程注记 B. 等高距
   C. 等高线平距 D. 高程注记和示坡线

图 8-3-3

5. 要绘制地面上某水塔在地形图上,宜采用( )。
   A. 依比例绘制的符号　　　　B. 不依比例绘制的符号
   C. 半依比例绘制的符号　　　　D. 地物注记

三、判断题

1. 独立地物应准确测定其位置,凡图上地物轮廓大于比例尺符号尺寸的,应按比例尺测其轮廓,并用适当符号表示。( )
2. 测绘道路时,应测其中心线。( )
3. 测绘居民地时,应实测房屋墙基外部轮廓,正确表达其结构形式。( )
4. 道路的各种附属建筑物如车站、桥涵、路堤、信号机等,均应测绘在图上。( )
5. 水系包括河流、湖泊、运河、小溪、沟渠、池塘、水库、水井、沼泽等。( )

四、简答题

1. 绘图前应该做好哪些准备?
2. 简述道路的测绘方法。

学习活动 4　技 能 考 核

一、考核项目

平面点的展绘。

二、考核内容

(1)学生在 A3 图纸上绘制坐标网格,按 1∶500 将表 8-4-1 中平面点(8 个)绘制在图纸上。

平 面 点 坐 标　　　　　　　　　　　　表 8-4-1

点号	X 坐标	Y 坐标
A_1	55.153	65.083
A_2	55.696	64.540
A_3	119.718	90.076
A_4	136.537	48.240
A_5	97.216	233.652
A_6	45.388	181.892
A_7	16.632	313.383
A_8	57.866	232.970

（2）考核仪器为 A3 图纸、绘图铅笔、绘图工具等。

（3）考核地点为绘图室。

三、考核要求

（1）考核过程中任何人不得提示,每个同学应独立完成绘制工作。

（2）若有作弊行为,一经发现取消考核资格。

（3）图纸规范、准确。

四、考核标准

（1）本项目考核满分 100 分。

（2）绘制方法 30 分。

①坐标网格绘制方法 15 分。绘制方法正确得 15 分,方法错误得 0 分,不规范酌情扣 2～10 分。

②平面点展绘方法 15 分。绘制方法正确得 15 分;方法错误得 0 分,不规范酌情扣 2～10 分。

（3）绘制精度 40 分。X、Y 坐标精度分别小于 1m,得 40 分,每超 1mm 扣 10 分。

（4）时间评分 30 分。15min 内完成操作得 30 分,超过 10s 扣 1 分。

五、记录及评分表

平面点的展绘评分表见表 8-4-2。

平面点的展绘评分表　　　　　　　　　　　表 8-4-2

班级_____　姓名_____　学号_____　得分_____

序号	考核内容	考核要点	评分标准	配分	得分
1	坐标网格绘制方法	绘制方法	绘制方法正确规范	15	
2	平面点展绘方法	绘制方法	绘制方法正确规范	15	
3	平面点精度	精度	X、Y 坐标精度分别小于 1mm,不扣分;每超 1mm 扣 10 分	40	
4	操作时间	15min	超过 30s 扣 1 分	30	

监考人：　　　　　　　　　　考核日期：

学习任务9　公路中线测量

> **学习目标**
> 1. 能测定路线的右角和角分线方向;
> 2. 能根据所测设的右角判断路线的转向并计算转角;
> 3. 能描述中线里程桩的钉设方法;
> 4. 会计算平曲线测设要素和主点里程;
> 5. 能进行平曲线主点测设;
> 6. 能利用切线支距法详细测设平曲线;
> 7. 能利用偏角法详细测设平曲线。

任务导入

由于受到地物、地貌、水文、地质等因素的限制,路线的平面线形必然有转折,即路线前进的方向发生改变。为保证行车舒适、安全,保证车辆平稳运行,并使路线具有合理的线形,需在线路改变方向处加设曲线进行过渡,因此公路中线是由直线和曲线组成的,曲线包括单圆曲线和带缓圆曲线两种。直线测设比较简单,本任务学习的是曲线测设,曲线测设应先进行主点测设然后进行详细测设。主点测设就是在地面上标定出不同线形的分界点及曲中点,详细测设就是测设出具有一定密度的线路中线点。下面就让我们一起学习如何进行曲线的主点测设和详细测设。

学习活动1　测定路线转角

学习目标

1. 能描述公路中线的右角和转角的关系;
2. 会使用经纬仪或全站仪进行路线右角的测设;
3. 会根据右角大小判断路线转向,计算转角值;
4. 能用仪器找到角分线方向,会测设分角桩。

情境描述

岚古线二级公路改造工程,在勘测设计过程中,交点位置已经选定,如图9-1-1所示,现在要在 JD_5 和 JD_6 处设置平曲线,那么首先需要使用经纬仪或全站仪测定路线右角 β 和测设分角桩,根据右角计算出转角 α,进行主点里程的推算,然后才能进行转弯半径的选择,接着进行主点测设和曲线的详细测设。

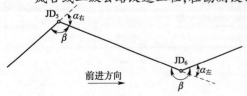

图9-1-1　路线右角和转角

本学习活动的工作任务是每个测量小组分工合作,完成右角的测设、转角的计算和分角桩的测设。

 知识链接

一、公路中线相关知识

公路是一个空间带状的工程结构物。它的中线是一条空间曲线,中线在水平面的投影就是平面线形,是由直线和曲线组成的。在路线的方向发生改变的转折处,为了满足行车要求,需要用适当的曲线把前、后直线连接起来,这种曲线称为平曲线。平曲线又包括单圆曲线和带缓和曲线的圆曲线。单圆曲线就是具有一定半径的圆弧。缓和曲线是在直线与圆曲线之间或两不同半径的圆曲线之间设置的曲率连续变化的曲线。我国公路缓和曲线的形式采用回旋线。如图 9-1-2 所示,前一个曲线是单圆曲线,后一个曲线是带缓圆曲线。

图 9-1-2　公路的平面线形

公路中线测量是公路测量中的关键性工作,只有在中线测量的基础上,才能进行公路纵断面和横断面测量,从而保证道路的尺寸和线形。

公路中线测量是通过直线和曲线的测设,将公路中线的平面位置具体地敷设到地面上去,并标定出其里程,供设计和施工使用。道路中线测量也叫中桩放样。中桩放样有多种方法,目前大部分都是用全站仪或 GPS 利用坐标放样,本学习活动采用的是全站仪和皮尺利用切线支距法和偏角法放样,这种方法是最基础的放样方法,在一些小范围放样中应用非常广泛。特别需要注意的是在公路中线测量中所涉及的距离问题都是指水平距离。公路的里程都是指公路的水平长度。

二、交点与转点的概念

1. 交点

公路在定线的过程中,为了适应复杂的地形条件或连接更多的城市或村庄必然会发生转折,在路线测设时,应先选定出路线的转折点,这些转折点是路线改变方向时相邻两直线的延长线相交的点,称之为交点,如图 9-1-3 中的 JD。

只有选定了交点的具体位置,才能确定路线的转向,从而在弯道处合理地设置弯道曲线,使汽车顺适地行驶。

2. 转点

当两相邻交点相距太远,中间直线段过长,测量时不容易瞄准方向;或相邻两交点中间有障碍物,互不通视,需要在其连线或延长线上定出一点或数点,用来传递直线方向,以供交点测角、量距或延长直线时瞄准之用,这样的点称为转点。长直线一般 400~600m 设置一个转点,有障碍物时一般在较高的位置设置转点。

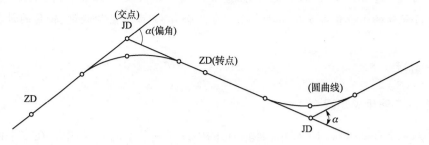

图 9-1-3 公路路线交点及转点

三、路线转角的测定

1. 转角和右角的概念

沿路线前进方向,在路线导线右侧的水平角称为右角,通常以 β 来表示,如图 9-1-4 中的 β_1、β_2。路线由一个方向偏转到另一个方向时,交点前直线的延长线与后直线的水平夹角叫转角,通常用 α 来表示。路线转角有左和右之分,路线左转时的转角为左转角,一般用 α_z 来表示;路线右转时的转角为右转角,一般用 α_y 来表示,如图 9-1-4 所示。为了测设弯道曲线,必须先准确测量导线转角。转角通常是通过观测路线右角 β 计算求得。

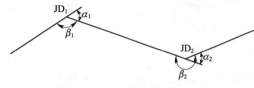

图 9-1-4 路线的转角和右角的关系

2. 转角的测定

路线转角是测设弯道曲线的必要元素,通常是通过观测路线前进方向的右角后,经计算而得到。转角测设步骤如下:

1) 先测定路线右角

右角一般用测回法来测定。使用精度不低于 J6 级全站仪,采用测回法观测一个测回,两个半测回所测角值相差的限差视公路等级而定,高速公路、一级公路限差为 ±30″以内,二级及二级以下公路限差为 ±60″以内,如果限差在容许范围内取其平均值作为最后结果。

2) 根据右角 β 值判断路线转向并计算转角 α

当右角 $\beta<180°$ 时,路线右转,转角为右转角,此时:

$$\alpha_y = 180° - \beta \tag{9-1-1}$$

当右角 $\beta>180°$ 时,路线左转,转角为左转角,此时:

$$\alpha_z = \beta - 180° \tag{9-1-2}$$

3. 右角 β 的分角线测定

1) 分角线方向的确定

由于需要准确地钉设曲线的中点,在右角测定后,保持水平度盘位置不变,在路线设置曲线的一侧定出分角线方向。

根据测右角时的后视读数和右角值 β,按式(9-1-3)即可计算出分角线方向的读数:

$$\text{分角线方向的水平度盘读数} = \text{后视读数} - \frac{1}{2}\beta \tag{9-1-3}$$

2) 分角桩的钉设

计算出分角线方向的水平度盘读数,水平转动望远镜使水平度盘读数对准该读数,此时望远镜照准的方向即为分角线方向(望远镜所指方向有时会指在相反的方向,这时需倒转望远镜,在设置曲线一侧定出分角线方向),沿视线指向钉桩即为曲线分角桩,如图 9-1-5 所示。

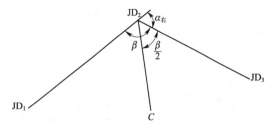

图 9-1-5　分角线方向的确定

四、里程桩的设置

1. 里程桩的类型

设置里程桩就是具体地确定中线位置和路线的长度。里程桩也叫中桩。桩上写有桩号,表示该桩至路线起点的水平距离。如某桩至路线起点的水平距离为 6244.56m,则桩号记为 K6+244.56。里程桩设置的间距要符合表 9-1-1 的规定。

里程桩可分为路线起点桩、终点桩、公里桩、百米桩和一系列加桩,还有起控制作用的交点桩、转点桩、平曲线主点桩、桥梁和隧道轴线桩、断链桩等。

按其所表示的里程数,又分为整桩和加桩两种类型。

1) 整桩

在公路中线中的直线段上和曲线段上,按表 9-1-1 所列的要求桩距而设的桩称为整桩。它的里程桩号均为整数,且为要求桩距的整倍数。

中桩间距要求　　　　　　　　　表 9-1-1

直　线　(m)		曲　线　(m)			
平原、微丘	重丘、山岭	不设超高的曲线	$R>60$	$30<R<60$	$R<30$
50	25	25	20	10	5

注:表中的 R 为平曲线半径(m)。

在实测过程中,为了测设方便,里程桩号应尽量避免采用破碎桩号,一般宜采用 20m 或 50m 及其倍数。当里程为整百米或整公里时,要钉设百米桩或公里桩。

2) 加桩

(1) 地形加桩:为后续纵、横断面测量的精确,沿路线中线在地面起伏突变处,横向坡度变化处以及天然河沟处设置的里程桩。

(2) 地物加桩:路线与其他公路、铁路、便道、渠道、高压线、地下管道等交叉处或干扰地段起终点;拆迁建筑处、占有耕地及经济林的起终点,均应设置里程桩。

(3) 人工构造物加桩:在拟建桥梁、涵洞、隧道、挡土墙等构造物处设置的里程桩。

(4) 曲线加桩:为准确确定曲线形状,在曲线上设置的详细测设桩。

(5) 地质加桩:沿路线在土质变化处及地质不良地段的起、终点设置的里程桩。

(6) 断链加桩:由于局部改线或量距计算中发生错误等原因致使路线的里程不连续,桩号与路线的实际里程不一致的现象称为"断链",为了不牵动全线的桩号,在局部改线或差错地段改用新桩号,其他不变动地段仍用老桩号,并在新老桩号变更处打断链桩,如图 9-1-6 所示,K12+200 = 原 K12+170,长 30m。

2. 里程桩的书写与钉设

路线中线里程桩和控制桩的指示桩统称为标志桩。标志桩一般多用断面不小于 6cm×2.5cm、长度不小于 40cm 的木质或竹质桩。里程桩的书写和钉设如图 9-1-7 所示。

1) 里程桩的书写

所有中桩均应写明桩号和编号,在桩号书写时,除百米桩、公里桩和桥位桩要写明千米

(km)数外,其余桩可不写千米(km)数。另外,对于交点桩、转点桩及曲线主点桩还应在桩号之前标明桩名(一般标其缩写名称)。目前我国公路工程上桩名采用汉语拼音的缩写名称,见表9-1-2。

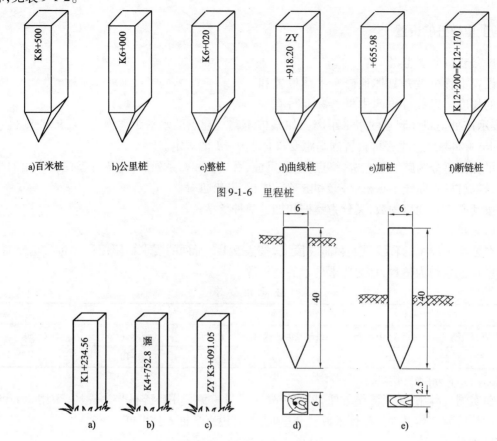

图9-1-6 里程桩

图9-1-7 里程桩的书写和钉设(尺寸单位:cm)

路线主要标志桩名称表   表9-1-2

标志名称	简称	汉语拼音缩写	英文缩写	标志桩名称	简称	汉语拼音缩写	英文缩写
转角点	交点	JD	IP	公切点		GQ	CP
转点		ZD	TP	第一缓和曲线起点	直缓点	ZH	TS
圆曲线起点	直圆点	ZY	BC	第一缓和曲线终点	缓圆点	HY	SC
圆曲线中点	曲中点	QZ	MC	第二缓和曲线起点	圆缓点	YH	CS
圆曲线终点	圆直点	YZ	EC	第二缓和曲线终点	缓直点	HZ	ST

为了便于后续工作找桩和避免漏桩,所有中桩都应在桩的背面编写编号,以0~9为一组,循环进行排序,如图9-1-8所示。

分离式路基测量,其左、右侧路线桩号前应冠以左、右线代号,并应以前进方向右侧路线为全程连续计算桩号。

桩志一般用黑色墨汁书写,书写字迹应工整醒目,一般应写在桩顶以下桩的上部,以免被埋于地面以下无法判别里程桩号。

2)里程桩的钉设

新建公路桩志打桩,不要露出地面太高,一般以5cm左右能露出桩号为宜。钉设时将桩号面向路线起点方向,使编号朝向前进方向,如图9-1-8所示。

改建公路桩志位于旧路上时,由于路面坚硬,不宜采用木桩,此时常采用大帽钢钉。钉桩时一律打桩至与地面齐平,然后在路旁一侧打上指示桩,桩上注明距中线的横向距离及其桩号,并以箭头指示中桩位置。在直线上,指示桩应钉在路线的同一侧;交点桩的指示桩应钉在圆心和交点连线方向的外侧,字面朝向交点;曲线主点桩的指示桩均应钉在曲线的外侧,字面朝向圆心。

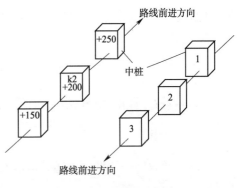

图9-1-8 桩号与编号方向

遇到水泥路面或岩石地段无法钉桩时,应在其上凿刻"×"标记,表示桩位并在其旁边写明桩号、编号等。在潮湿地区,特别是近期不施工的路线,对重要桩位(如路线起点、终点、交点、转点等)可改埋混凝土桩,以利于桩的长期保存。

3)里程桩的钉设精度要求

中桩平面桩位精度表见表9-1-3。

中桩平面桩位精度表   表9-1-3

公路等级	中桩位置中误差(cm)		桩位检测之差(cm)	
	平原微丘区	山岭重丘区	平原微丘区	山岭重丘区
高速、一、二级	≤±5	≤±10	≤10	≤20
三、四级	≤±10	≤±15	≤20	≤30

任务实施

一、安全教育

(1)每次实训课所需仪器及工具均在课前老师告知,学生应以小组为单位于上课前凭学生证向测量仪器室借领。

(2)借领时,各组依次由1~2人进入仪器室内,在指定地点清点、检查仪器和工具,然后在登记表上填写班级、组号及日期。借领人签名后将登记表及学生证交管理人员。

(3)实习过程中,各组应妥善保护仪器、工具。各组间不得任意调换仪器、工具。若有损坏或遗失,视情节照章处理。

(4)实习完毕后,应将所借用的仪器、工具上的泥土清扫干净再交还仪器室,由管理人员检查验收后发还学生证。

(5)实习中同学们应注意人身安全和仪器的安全,不要在上课时间玩耍打闹,下课时将所钉设的木桩拔掉,换成小钉做好标记,不要留下木桩绊倒其他同学。

二、任务准备

1. 组织准备

以8人为一组,每组配备一名组长和一名副组长,组长负责全组组织以及实际操作训练,副组长负责组织理论知识学习和复习。

2. 仪器准备

(1)由仪器室借领:全站仪 1 台、三脚架 1 个、皮尺 1 把、记录板 1 块、测伞 1 把、小钉、红布、锤子、木桩等。

(2)自备:计算器、铅笔、小刀、计算用纸。

三、操作步骤

(1)指导教师进行情景描述并讲解本次活动的任务,讲解相关理论知识,演示相关操作步骤。

(2)安排实训,每小组同学在操场用小钉钉设三个交点(JD_1、JD_2、JD_3),右角在 120°~150°之间,将测钎立在小钉上以指示方向。

(3)将仪器安置在 JD_2,对中整平后用测回法观测右角,计算出转角。

(4)根据观测角度值计算出角分线方向的读数,旋转望远镜将度盘读数精确对准角分线读数,沿视线方向钉设分角桩。

(5)利用测回法观测角分线两侧的角度是否相等,如果相差超过 60″ 则重新钉设分角桩。

(6)小组同学相互协作配合,互换岗位,每个人都要轮换操作一次。

四、注意事项

(1)操作前应先检验、校正仪器,减小系统误差。

(2)对点误差不大于 3mm,整平误差不大于半格。

(3)瞄准时尽量减小误差,测钎立正置于小钉的中心,测钎底部越细越好。

(4)测量记录应现场立即记录,字迹要清楚、整齐,不得擦改、转抄。

五、成果整理示例

(1)请将自己的测量成果记录于表 9-1-4 中,并进行计算。将盘左盘右读数记录到表格中,用后视读数减去前视读数计算右角,右角大于 180°时为左转,右角减去 180°计算出转角,右角小于 180°时为右转,180°减去右角为转角。

(2)计算角分线方向的读数。

测量成果记录表　　　　　　　表 9-1-4

项目名称		转角的测设		成绩		
技能目标		会测设右角,会计算转角,会测设分角线方向桩				
角分线读数		179°14′42″				
交点号		JD_2		交点桩号		K2+506.758
转角观测结果	盘位	目标	水平度盘读数	半测回右角值	右 角	转 角
	盘左	JD_1	284°58′54″	211°28′24″	211°28′12″	31°28′12″
		JD_3	73°30′30″			
	盘右	JD_3	253°30′48″	211°28′00″		
		JD_1	104°58′48″			

作业布置

一、填空题

1. 某路线的右角为210°,则该路线的转角为_____。
2. 公路路线的转折点称为_____,用 JD 表示。
3. 转角是指路线由一个方向_____为另一个方向时,偏转后的方向与原方向的_____,转角可分为_____转角和_____转角。
4. 路线的转角有左转和右转之分,按路线前进方向,偏转后的方向在原方向的左侧称为_____。
5. 路线转角是通过_____获得的。

二、选择题

1. 线路由一方向转到另一方向时,转变后方向与原始方向间的夹角称为( )。
   A. 交角 B. 转角 C. 方位角 D. 右角
2. 路线测量时,当观测到的右角( )时,路线为右转。
   A. $\beta < 180°$ B. $\beta > 180°$ C. $\beta = 180°$ D. 没有直接关系
3. 公路中线测量中,设置转点的作用是( )。
   A. 传递高程 B. 传递方向 C. 加快观测速度 D. 使路线转弯
4. 公路中线测量中,测得某交点的右角为130°,则其转角为( )。
   A. $a_右 = 50°$ B. $a_左 = 50°$ C. $a = 130°$ D. $a = 230°$
5. 路线某 JD 处,全站仪盘左测得后视读数为200°00′00″,前视读数为40°00′00″;则分角线方向的读数为( )。
   A. 80°00′00″ B. 120°00′00″ C. 300°00′00″ D. 240°00′00″
6. 公路中线测设时,里程桩应设置在中线的哪些地方( )。
   A. 变坡点处 B. 地形点处 C. 桥涵位置处 D. 曲线主点处

三、判断题

1. 路线的右角和转角互补。 ( )
2. 测得右角大于180°时路线右转。 ( )
3. 钉设分角线桩是为了准确地放样曲线中点桩。 ( )
4. 转角的测设通常是通过右角的观测计算而得到的。 ( )
5. 公路等级越高中桩放样的精度要求越高。 ( )

四、简答题

1. 请描述转角和右角的关系。
2. 如何根据所测右角的角值判断路线的左右转?

五、计算题

1. 某测量员在路线交点上安置仪器,测得前后视方向值为:盘左前视方向值为42°18′24″,后视方向值为174°36′18″,盘右前视方向值为222°18′20″,后视方向值为354°36′24″。
   (1) 判断是左转角还是右转角。
   (2) 计算该交点的转角。
   (3) 若仪器不动,分角线方向的读数应是多少?
2. 在 JD_2 安置全站仪观测路线右角。盘左后视 JD_1,水平度盘读数324°45′24″,前视 JD_3,

水平度盘读数185°23′42″;盘右前视JD_3水平度盘读数5°23′36″,后视JD_1水平度盘读数144°45′00″,请按表9-1-5进行记录计算。

水平右角测量记录表　　　　　　　　　　　　　　　表9-1-5

测点	盘左	盘右
半测回值		
平均角值		

3. 在JD_8安置全站仪观测路线右角,盘左后视JD_7水平度盘读数为197°34′46″,前视JD_9水平度盘读数为66°21′34″;盘右前视JD_9水平度盘读数为246°21′50″,后视JD_7水平度盘读数为17°34′52″,按以上读数进行记录(表9-1-6)计算。

水平右角测量记录表　　　　　　　　　　　　　　　表9-1-6

测点	盘左	盘右
半测回值		
平均角值		

学习活动2　测设单圆曲线

 学习目标

1. 能进行单圆曲线曲线要素的计算;
2. 会推算单圆曲线交点和主点里程;
3. 会进行切线支距法和偏角法测设数据的计算;
4. 会进行圆曲线主点测设;
5. 能利用切线支距法和偏角法详细测设单圆曲线。

情境描述

如图9-2-1所示,现有某四级公路JD_2处需要设置单圆曲线,根据地形拟定半径为300m,转角为28°36′54″,现在要求同学们计算出曲线要素并实地测设圆曲线的主点,然后按照整桩号法排列桩号,计算切线支距法和偏角法的测设数据,并按每10m加桩详细测设该圆曲线。

图9-2-1　公路圆曲线

知识链接

单圆曲线是具有一定曲率半径的圆弧线,这是路线的转弯半径较大时常用的一种曲线形式。其测设一般分两步进行。先测设对圆曲线起控制作用的主点桩,即圆曲线的起点(直圆点ZY)、中点(曲中点QZ)和终点(圆直点YZ);然后在主点桩之间进行加密,按规定桩距测设圆曲线的其他各点,称为圆曲线的详细测设。

一、圆曲线的主点测设

1. 圆曲线曲线要素的计算

如图9-2-2所示,某弯道处设置圆曲线,在测设之前,交点(JD)的位置已确定,圆曲线半径 R 也已确定,曲线转角 α 已测得,主点测设的任务就是将直圆点 ZY、曲中点 QZ 以及圆直点 YZ 在地面上标定出来。

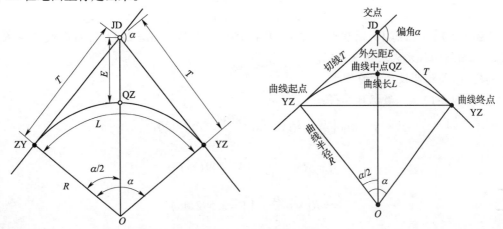

图 9-2-2　圆曲线的主点测设

先介绍四个圆曲线的曲线测设元素,见图 9-2-2。

(1) T:切线长,即曲线起点或终点至交点的距离。

(2) E:圆曲线的外距,指圆曲线中点到交点的距离。

(3) L:圆曲线的曲线长度。

(4) D:超距或称切曲差。

T、E、L、D 合称圆曲线四要素。

现在我们结合图 9-2-2 来分析:在测设中线之前,交点的位置、前后两条导线及分角线方向已确定,要找出 ZY、QZ 及 YZ 三个主点在地面上的位置,必须得量出 T 和 E 的距离。

设交点 JD 的转角为 α,圆曲线半径为 R,则圆曲线的测设元素可按下列公式计算:

$$\left.\begin{array}{ll} 切线长 & T = R\tan\dfrac{\alpha}{2} \\ 曲线长 & L = R\alpha\dfrac{\pi}{180} \\ 外\ \ 距 & E = R\left(\sec\dfrac{\alpha}{2} - 1\right) \\ 切曲差 & D = 2T - L \end{array}\right\} \tag{9-2-1}$$

2. 圆曲线主点里程的推算

交点(JD)的里程由中线丈量中得到,根据交点的里程和圆曲线测设元素,即可推算圆曲线上各主点的里程并加以校核。由图 9-2-2 可知:

$$\begin{array}{r} 交点\ (JD)里程 \\ -)\quad T \\ \hline 直圆点(ZY)里程 \end{array}$$

$$\frac{+)\quad L}{圆直点(YZ)里程}$$

$$\frac{-)\quad L/2}{曲中点(QZ)里程}$$

$$\frac{+)\quad D/2}{交点\ (JD)里程}$$

【例 9-2-1】 已知 JD_6 的里程为 K6 + 464.550,测得转角 $\alpha = 28°36'$,圆曲线半径 $R = 300$m,求曲线测设元素及主点里程。

解:(1)曲线测设元素的计算。

由式(9-2-1)代入数据计算得:

$$T = R\tan\frac{\alpha}{2} = 300 \times \tan\frac{28°36'}{2} = 76.469(\text{m})$$

$$L = R\alpha\frac{\pi}{180°} = 149.749(\text{m})$$

$$E = R\left(\sec\frac{\alpha}{2} - 1\right) = 9.592(\text{m})$$

$$D = 2T - L = 3.189(\text{m})$$

(2)主点里程的推算。

	JD_6 里程	K6 + 464.550
	$-T$	-76.469
	ZY 里程	K6 + 388.081
	$+L$	$+149.749$
	YZ 里程	K6 + 537.830
	$-L/2$	-74.8745
	QZ 里程	K6 + 462.9555
	$+D/2$	$+1.5945$
	JD_6 里程	K6 + 464.55

3. 主点测设方法

(1)如图 9-2-2 所示,从交点(JD)起,沿切线向路线起点方向量取切线长 T,得曲线起点 ZY 的位置。

(2)从交点(JD)起,沿切线向路线终点方向量取切线长 T,得曲线终点 YZ 的位置。

(3)从交点(JD)起,沿分角线方向量取外距 E,得曲线中点 QZ 的位置。

二、单圆曲线的详细测设

单圆曲线的主点位置确定后,还不足以准确定位曲线在地面上的位置,因此还需在主点间加密曲线桩,即进行曲线的详细测设。详细测设所采用的桩距 l_0 与曲线半径有关,按表 9-1-1 的要求执行。

按桩距 l_0 在曲线上设桩,通常有两种方法:

第一种,整桩号法,将曲线上靠近曲线起点的第一个桩凑成为 l_0 倍数的整桩号,然后按桩距 l_0 连续向曲线终点设桩。这样设置的桩均为整桩号。

第二种,整桩距法,从曲线起点和终点开始,分别以桩距 l_0 连续向曲线中点设桩,或从曲线的起点,按桩距 l_0 设桩至终点。由于这样设置的桩号一般为破碎桩号,因此,在实测中应注意加设百米桩和公里桩。

目前公路中线测量中一般均采用整桩号法。

下面介绍两种详细测设圆曲线的方法——切线支距法与偏角法。

1. 切线支距法

切线支距法又称直角坐标法,是以曲线的起点或终点为坐标原点,坐标原点至交点的切线方向为 X 轴,坐标原点至圆心的半径为 Y 轴。曲线上任意一点 P 即可用坐标值 x 和 y(即切线支距)来确定。

如图 9-2-3 所示,设 P 为曲线上任一待测点,该点至 ZY 点(或 YZ 点)的弧长为 l, R 为圆曲线半径,则 P 点的坐标按下式计算:

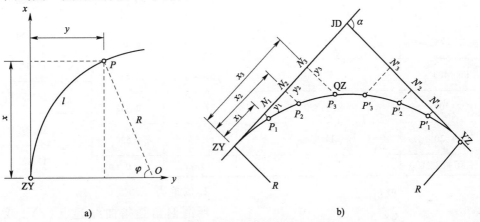

图 9-2-3 切线支距法示意图

$$\left. \begin{array}{l} x = R\sin\dfrac{l}{R} \\ y = R\left(1-\cos\dfrac{l}{R}\right) \end{array} \right\} \text{(计算器在 RAD 状态)} \quad (9\text{-}2\text{-}2)$$

$$\left. \begin{array}{l} x = R\sin\dfrac{180°l}{\pi R} \\ y = R\left(1-\cos\dfrac{180°l}{\pi R}\right) \end{array} \right\} \text{(计算器在 DEG 状态)} \quad (9\text{-}2\text{-}3)$$

式中:l——待测点 P 到 ZY(或 YZ)的圆曲线弧长;

R——圆曲线的半径。

由图 9-2-4 知,圆曲线上相邻测点间的弦长:

$$c_i = 2R\sin\dfrac{l_i}{2R} \quad \text{(计算器在 RAD 状态)} \quad (9\text{-}2\text{-}4)$$

或

$$c_i = 2R\sin\dfrac{90°l_i}{\pi R} \quad \text{(计算器在 DEG 状态)} \quad (9\text{-}2\text{-}5)$$

式中:c_i——相邻测点间的弦长;

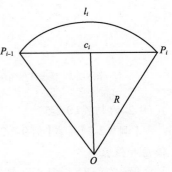

图 9-2-4 相邻测点的弦长

l_i——圆曲线上相邻桩点间弧长,即相邻桩的里程差;

R——圆曲线的半径。

【例9-2-2】 在【例9-2-1】中,试计算出切线支距法详细测设圆曲线的各桩支距 x 和 y,按整桩号法设桩,桩距取20m。

解:【例9-2-1】中已计算出主点ZY、QZ和YZ的里程,在此基础上按整桩号法列出详细测设的桩号,并计算其支距 x、y,具体计算见表9-2-1。

圆曲线详细测设支距计算表　　　　表9-2-1

桩 号	待测点至ZY或YZ点的弧长(m)	横坐标 x(m)	纵坐标 y(m)	相邻桩点弦长 c
ZY桩 K6+388.081	0	0	0	
+400	11.919	11.916	0.237	11.918
+420	31.919	31.859	1.696	19.996
+440	51.919	51.660	4.481	19.996
QZ桩 K6+462.956	74.875	74.099	9.295	22.950
K6+480	57.830	57.473	5.557	17.042
+500	37.830	37.730	2.382	19.996
+520	17.830	17.820	0.530	19.996
YZ桩 K6+537.830	0	0	0	17.827

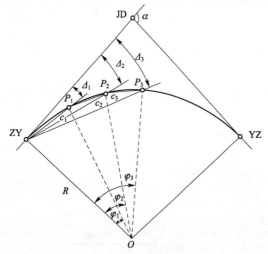

图9-2-5　圆曲线偏角法测设法

2. 偏角法

所谓偏角是指曲线起点(ZY)或终点(YZ)至曲线上待测设点P的弦线与切线之间的弦切角。将仪器架设在ZY或YZ点上,利用测点的偏角与相邻弦长交会而确定其平面位置的方法叫作圆曲线的偏角法。这里的相邻弦长是指待测点与前一个已测出点之间的弦长。

如图9-2-5所示,根据曲线上任一待测点P的偏角 $\Delta = l/R \times 1/2 \times 180°/\pi = 90° l/\pi R$,即:

$$\Delta = \frac{90° l}{\pi R} \quad (9-2-6)$$

相邻测点间的弦长计算同支距法弦长公式(9-2-4)与式(9-2-5)。

【例9-2-3】 在【例9-2-2】中,若曲线右转,采用偏角法,按整桩号法设桩,试计算各桩的偏角和弦长。

解: 若在ZY(或YZ)架设仪器时,后视JD读数为0°00′00″,则测设数据如表9-2-2所示。

圆曲线偏角法测设数据 表9-2-2

桩号	弧长 l(m)	偏角 Δ 值	水平盘读数	相邻桩点弦长(m)
ZY 桩 K6+388.081	0	0°00′00″	0°00′00″	11.918
+400	11.919	1°08′17″	1°08′17″	
				19.996
+420	31.919	3°02′53″	3°02′53″	
				19.996
+440	51.919	4°57′28″	4°57′28″	
				22.950
QZ 桩:K6+462.956	74.875	7°09′00″	7°09′00″	
				17.042
K6+480	91.919	8°46′39″	8°46′39″	
				19.996
+500	111.919	10°41′15″	10°41′15″	
				19.996
+520	131.919	12°35′50″	12°35′50″	
				17.827
YZ 桩:K6+537.830	149.749	14°18′00″	14°18′00″	

任务实施

一、安全教育

(1)借领仪器时应该当场清点检查仪器工具及其附件是否齐全;背带及提手是否牢固;脚架是否完好等。如有缺损,可以补领或更换。

(2)离开借领地点之前,必须锁好仪器并捆扎好各种工具。搬运仪器工具时,必须轻取轻放,避免剧烈震动。

(3)借出仪器工具之后,不得与其他小组擅自调换或转借。

(4)仪器安置之后,不论是否操作,必须有人看护,防止无关人员搬弄或行人、车辆碰撞。

(5)在打开物镜时或在观测过程中,如发现灰尘,可用镜头纸或软毛刷轻轻拂去,严禁用手指或手帕等物擦拭镜头,以免损坏镜头上的镀膜。观测结束后应及时套好镜盖。

(6)转动仪器时,应先松开制动螺旋,再平稳转动。使用微动螺旋时,应先旋紧制动螺旋。

(7)制动螺旋应松紧适度,微动螺旋和脚螺旋不要旋到顶端,使用各种螺旋都应均匀用力,以免损伤螺纹。

(8)课堂上要随时注意观察实训场地的安全隐患,避免安全事故的发生,尤其是高压线和来往车辆。

(9)实习结束,应及时收装仪器工具,送还仪器室检查验收,办理归还手续。如有遗失或损坏,应写出书面报告说明情况,并按有关规定给予赔偿。

二、任务准备

1. 组织准备

以 8 人为一组,每组配备一名组长和一名副组长,组长负责全组组织以及实际操作训练,副组长负责组织理论知识学习和复习。

2. 仪器准备

(1)由仪器室借领:全站仪 1 台、测钎 10 个、皮尺 1 把、记录板 1 块、测伞 1 把。

(2)自备:计算器、铅笔、小刀、计算用纸。

三、操作步骤

1. 圆曲线主点测设

（1）老师讲解知识点，圆曲线的曲线要素计算过程，曲线主点里程计算过程和测设过程，以及详细测设方法和计算过程。

（2）在交点 JD_2 上安置全站仪，用测回法观测出 $\beta_右$，并计算出转角 $\alpha_右$。

$$\alpha_右 = 180° - \beta_右$$

（3）假定圆曲线半径 R，然后根据 R 和 $\alpha_右$，计算曲线测设元素 L、T、E、D。

（4）计算圆曲线主点的里程。

（5）设置圆曲线主点。

①在 JD_2-JD_1 方向线上，自 JD_2 量取切线长 T，得圆曲线起点 ZY，插一测钎，作为起点桩。

②在 JD_2-JD_3 方向线上，自 JD_2 量取切线长 T，得圆曲线终点 YZ，插一测钎，作为终点桩。

③用全站仪设置 $\beta_右/2$ 的方向线，即 $\beta_右$ 的角平分线。在此角平分线上自 JD_2 量取外距 E，得圆曲线中点 QZ，插一测钎，作为中点桩。

（6）站在曲线内侧观察 ZY、QZ、YZ 桩是否有圆曲线的线形，以作为概略检核。

（7）交换工种后再重复①、②、③的步骤，看两次设置的主点位置是否重合。如果不重合，而且差得太大，那就要查找原因，重新测设。如在容许范围内，则点位即可确定。

2. 用切线支距法详细测设该单圆曲线

（1）如图 9-2-3 所示，从 ZY 点用皮尺量取详细点 P_1 的横坐标 x_1 得垂足点 N_1；将皮尺零尺点置于 ZY 点，皮尺上刻度为 $c_1 + y_1$ 的一端置于 N_1，在尺子上找到弦长 c_1 的刻度拉紧皮尺两边，则 c_1 的刻度所对的地面点为 P_1 点。

注：x_1、y_1 和 c_1 组成一个直角三角形。

（2）再从 ZY 点沿切线向 JD 量取 x_2 得垂足点 N_2，将皮尺零尺点置于已测出点 P_1 上，刻度为 $c_2 + y_2$ 的一端置于 N_2 点上，在尺子上找弦长 c_2 的刻度，然后在此刻度处拉紧皮尺两边，则放样出 P_2 点。

（3）测 P_3 点时零尺点放在已测出点 P_2 上，将皮尺刻度为 $c_3 + y_3$ 一端放在垂足点 N_3 上，在皮尺上找到数值为弦长 c_3 的刻度，并两边拉紧，则放样出地面点 P_3 点，依次类推一直测到 QZ 点，与主点测设时测得的 QZ 点闭合。

（4）圆曲线另一半的测设从 YZ 点开始，用同样的办法测至 QZ 点，在 QZ 点闭合。

采用支距法、偏角法等方法测定路线中桩时，其闭合差应小于表 9-2-3 的规定。

距离偏角测量闭合差 表 9-2-3

公 路 等 级	纵向相对闭合差		横向闭合差（cm）		角度闭合差（″）
	平原、微丘	重丘、山岭	平原、微丘	重丘、山岭	
高速公路、一、二级公路	1/2000	1/1000	10	10	60
三级及三级以下公路	1/1000	1/500	10	15	120

3. 用偏角法详细测设该单圆曲线

（1）如图 9-2-5 所示，先将仪器架设在 ZY 点，对中整平后瞄准 JD，置零，然后向曲线内侧方向拨偏角 Δ_1，指挥尺子从 ZY 点在望远镜所指方向上拉弦长 c_1，得 P_1 点。

（2）再拨偏角 Δ_2，水平制动仪器，从 P_1 点拉弦长 c_2（即 P_1P_2）与角度方向交会得 P_2 点；

拨 Δ_3 偏角,再拉弦长 c_3(即 P_2P_3)与偏角方向交会得 P_3 点,依次类推,直至 QZ 点,最后与已经钉设的 QZ 点闭合,闭合差要求同支距法。

(3)测设另一半曲线时,仪器架设在 YZ 点,测设方法与前一半相同,只不过测量方向相反而已。

(4)单圆曲线的偏角法测设也可以从 ZY 点一直测设至 YZ 点,与主点钉设中的 YZ 点闭合。

四、详细测设注意事项

(1)当支距 Y 较大时,利用这种距离交会方法可以准确地确定支距 Y 的方向,测量方便易行;但用这种方法测设时,由于后一点是在前一点基础上测出来的,所以容易产生误差累积。因此每一个点都要尽量做到准确。

(2)圆曲线详细测设时,一般需要三人配合,一人操作仪器,两人拉尺。

(3)在拨角时,应先松开水平制动螺旋,将水平度盘读数转到度(°)分(′)基本接近计算值时,水平制动,旋转水平微动螺旋精确调至偏角读数。

(4)精确瞄准待测点方向后,仪器观测者与跑尺者要密切配合,指挥要正确,拉尺读数要准确,尺要拉平,精确对点;配合的默契程度直接决定测量质量。

五、成果整理示例

(1)切线支距法测设数据见表 9-2-4。

切线支距法测设数据　　　　表 9-2-4

任务名称			切线支距法详细测设圆曲线		成绩		
技能目标			会用切线支距法详细测设单圆曲线				
主要仪器及工具			全站仪、皮尺、花杆、测钎、记录表格				
交点号			JD$_2$		交点桩号		K8+588.46
转角观测结果	盘位	目标	水平度盘读数	半测回右角值	右角		转角
	盘左	JD$_1$	185°26′18″	141°44′12″	141°44′00″		38°16′00″
		JD$_3$	44°42′06″				
	盘右	JD$_3$	224°42′54″	141°43′48″			
		JD$_1$	5°26′42″				
曲线元素		R(半径)=200;T(切线长)=69.39;E(外距)=11.69;α(转角)=38°16′00″;L(曲线长)=133.58;D(超距)=5.20					
主点桩号		ZY 桩号:K8+519.07;QZ 桩号:K8+585.86;YZ 桩号:K8+652.65					
各中桩的测设数据	桩号		曲线长	x	y		相邻弦长 c
	ZYK8+519.07		0	0	0		20.92
	+540		20.93	20.89	1.09		19.99
	+560		40.93	40.64	4.17		19.99
	+580		60.93	59.99	9.21		5.86
	QZK8+585.86		66.79	65.55	11.05		14.14
	K8+600		52.65	52.04	6.89		19.99
	+620		32.65	32.51	2.66		19.99
	+640		12.65	12.64	0.40		12.65
	YZK8+652.65		0	0	0		

（2）偏角法测设数据见表9-2-5。

偏角法测设数据 表9-2-5

任务名称		偏角法详细测设圆曲线		成　绩		
技能目标		会用偏角法详细测设单圆曲线				
主要仪器及工具		全站仪、皮尺、花杆、测钎、记录表格				
交点号		JD$_2$		交点桩号		K8+588.46

	盘位	目　标	水平度盘读数	半测回右角值	右　角	转　角
转角观测结果	盘左	JD$_1$	185°26′18″	141°44′12″	141°44′00″	38°16′00″
		JD$_3$	44°42′06″			
	盘右	JD$_3$	224°42′54″	141°43′48″		
		JD$_1$	5°26′42″			

曲线元素	R(半径)=200；T(切线长)=69.39；E(外距)=11.69；$α$(转角)=38°16′00″；L(曲线长)=133.58；D(超距)=5.20
主点桩号	ZY桩号：K8+519.07；QZ桩号：K8+585.86；YZ桩号：K8+652.65

	桩　号	曲线长	偏角	水平度盘读数	弦　长	备注
各中桩的测设数据	ZYK8+519.07	0	0°00′00″	0°00′00″	20.92	
	+540	20.93	2°59′53″	2°59′53″	19.99	
	+560	40.93	5°51′46″	5°51′46″	19.99	
	+580	60.93	8°43′39″	8°43′39″	5.86	
	QZK8+585.86	66.79	9°34′01″	9°34′01″	14.14	
	K8+600	52.65	7°32′30″	352°27′30″	19.99	
	+620	32.65	4°40′36″	355°19′24″	19.99	
	+640	12.65	1°48′43″	358°11′17″	12.65	
	YZK8+652.65	0	0°00′00″	0°00′00″		

作业布置

一、填空题

1. 单圆曲线详细测设的方法有＿＿＿＿和＿＿＿＿两种。
2. 切线支距法测设时,以＿＿＿＿为 x 轴,以垂直于切线方向为 y 轴。
3. 单圆曲线有三个主点分别是＿＿＿＿、＿＿＿＿、＿＿＿＿。
4. 单圆曲线测设的四要素是＿＿＿＿、＿＿＿＿、＿＿＿＿和切曲差。
5. 圆曲线测设分两步进行,第一步先进行＿＿＿＿的测设,第二步进行详细加密测设。

二、选择题

1. 下列选项中不属于圆曲线四要素的是（　　）。
   A. 切线长　　　B. 曲线长　　　C. 外距　　　D. 支距
2. 下列选项中不属于单圆曲线主点的是（　　）。
   A. 直缓点　　　B. 直圆点　　　C. 圆直点　　　D. 曲中点
3. 下列说法中错误的是（　　）。
   A. 从交点（JD）起,沿切线向路线起点方向量取切线长 T,得曲线起点ZY的位置

B. 从交点(JD)起,沿切线向路线终点方向量取切线长 T,得曲线终点 YZ 的位置

C. 从交点(JD)起,沿分角线方向量取外距 E,得曲线中点 QZ 的位置

D. 交点里程等于 YZ 点里程减去切线长

4. 下列选项中属于单圆曲线起点的是( )。

　　A. 直缓点　　　　B. 直圆点　　　　C. 圆直点　　　　D. 曲中点

5. 从直圆点到圆直点的圆弧长度是( )。

　　A. 切线长　　　　B. 曲线长　　　　C. 外距　　　　　D. 切曲差

三、判断题

1. 切线支距法和偏角法详细测设圆曲线时闭合误差要求是一样的。( )
2. 切线支距法是以 ZY 和 YZ 作为坐标原点建立一个直角坐标系。( )
3. 圆曲线主点测设之后才可以详细测设。( )
4. 切线支距法是将圆曲线分成两半,分别从起点和终点向曲中点测设最后在曲中点闭合。( )
5. 切线支距法会产生累积误差所以每一个测设点都要准确。( )

四、简答题

怎样推算圆曲线的主点里程？圆直点 YZ 里程 = ZY 里程 + 2T,对吗？为什么？圆曲线主点位置是如何测定的？

五、计算题

1. 某路线交点里程为 K8+398.77,转角 $\alpha = 38°40'$,圆曲线半径 $R = 100\text{m}$。

(1) 计算曲线要素。

(2) 计算主点里程

(3) 用切线支距法计算中桩 K8+380 和 K8+420 的 X、Y 坐标,填入表 9-2-6 中。

表 9-2-6

桩　号	桩点距曲线起终点的曲线长 l_i(m)	横坐标 x_i(m)	纵坐标 y_i(m)

计算公式:

(4) 用偏角法计算中桩 K8+380 和 K8+420 的偏角,填入表 9-2-7 中。

表 9-2-7

桩　号	桩点距曲线起终点的曲线长 l_i(m)	偏角值 Δ_i(° ′ ″)

计算公式:

2. 某路线交点 JD_4 里程为 K6+488.77,转角 $\alpha = 30°30'$,圆曲线半径 $R = 200\text{m}$,试计算:

(1) 计算曲线要素。

(2) 计算主点里程。

(3) 用切线支距法计算中桩 K6+460 和 K6+500 的 X、Y 坐标,填入表 9-2-8 中。

表 9-2-8

桩 号	桩点距曲线起终点的曲线长 l_i(m)	横坐标 x_i（m）	纵坐标 y_i（m）

计算公式：

(4) 用偏角法计算中桩 K6+460 和 K6+500 的偏角，填入表 9-2-9 中。

表 9-2-9

桩 号	桩点距曲线起终点的曲线长 l_i(m)	偏角值 Δ_i(° ′ ″)

学习活动 3　测设带缓圆曲线

  学习目标

1. 能进行带缓圆曲线曲线测设元素的计算；
2. 会进行带缓圆曲线的主点测设；
3. 能进行带缓圆曲线切线支距法和偏角法详细测设的数据计算；
4. 会进行带缓圆曲线详细测设。

  情境描述

某二级公路，JD_2 交点里程为 K0+518.66，右转角 $\alpha = 18°18′36″$，圆曲线半径 $R = 300\text{m}$，因为半径小于不设缓和曲线的最小半径，需要设置缓和曲线，根据要求选取缓和曲线长为 $l_s = 50\text{m}$，要求计算曲线要素和主点里程，并计算出详细测设数据，根据计算的数据实地放样曲线。

  知识链接

一、缓和曲线的设置

缓和曲线是道路平曲线线形要素之一，它是设置在直线与圆曲线之间或半径相差较大的两个转向相同的圆曲线之间的一种曲率连续变化的曲线。缓和曲线可使直线通过缓和曲线逐渐过渡到圆曲线并与圆曲线顺滑衔接。

1. 缓和曲线的性质

研究表明：汽车等速行驶，以不变角速度转动方向盘所产生的轨迹为回旋线。汽车匀速从直线进入圆曲线（或相反）其行驶轨迹的弧长与曲线的曲率半径之积为一常数。这一性质与数学上的回旋线正好相符。因此我国的缓和曲线都采用回旋线。

它的几何特征是，曲线上某点的曲率半径与它到起点的曲线长度的乘积为定值，即：

$$rl = Rl_s = A^2 \tag{9-3-1}$$

式中:r——缓和曲线上任一点的曲率半径;
l——缓和曲线起点至缓和曲线上任一点的曲线长;
R——所连接圆曲线的半径;
l_s——缓和曲线全长;
A——缓和曲线参数。

2. 缓和曲线与圆曲线的连接方式

要在直线与圆曲线之间设置缓和曲线,必须将原有的圆曲线(外侧虚线)向曲线内侧移动一定距离 ΔR(至内侧虚线),方能使缓和曲线两端分别与直线和圆曲线相衔接。

如图9-3-1所示,内移圆曲线的方法是圆曲线的圆心不移动,其半径减小一个内移距离 P。

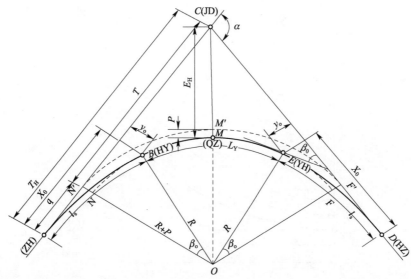

图9-3-1 带有缓和曲线的平曲线

3. 缓和曲线的设置条件和最小长度

只有在小半径曲线中才设置缓和曲线,可以不设置缓和曲线的最小半径见表9-3-1。

不设缓和曲线的圆曲线最小半径　　　　表9-3-1

设计速度(km/h)		120	100	80	60	40	30	20
不设超高最小半径(m)	路拱≤2%	5500	4000	2500	1500	600	350	150
	路拱>2%	7500	5250	3350	1900	800	450	200

缓和曲线的长度一般为5m的整数倍,它的长度不得小于表9-3-2所列数值。

各级公路缓和曲线最小长度　　　　表9-3-2

公路等级	高速公路				一		二		三		四
计算行车速度(km/h)	120	100	80	60	100	60	80	40	60	30	40	20
缓和曲线最小长度(m)	100	85	70	50	85	50	70	35	50	25	35	20

二、带缓圆曲线的主点测设

带缓圆曲线的测设分两步进行,先进行主点测设然后进行详细测设。

1. 带缓圆曲线主点名称
(1)曲线起点(直缓点),用大写字母 ZH 来表示。
(2)缓和曲线与圆曲线的连接点(缓圆点),用大写字母 HY 来表示。
(3)曲线中点(曲中点),用大写字母 QZ 来表示。
(4)圆曲线与缓和曲线的连接点(圆缓点),用大写字母 YH 来表示。
(5)曲线终点(缓直点),用大写字母 HZ 来表示。
测设缓和曲线主点之前要先计算整个曲线的曲线元素。

2. 缓和曲线基本要素

1)切线角 β_0

如图 9-3-2 所示,过 ZH 点切线与过 HY 点切线的交角为切线角 β_0。

$$\beta_0 = \frac{l_s}{2R}(\text{rad}) = \frac{90}{\pi} \cdot \frac{l_s}{R}(°) \tag{9-3-2}$$

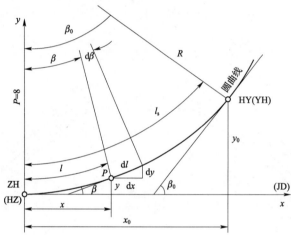

图 9-3-2 缓和曲线

2)内移值 P

如图 9-3-2 所示,P 与圆曲线半径以及缓和曲线长度有关内移值:

$$P = \frac{l_s^2}{24R} \tag{9-3-3}$$

3)缓和曲线切线增长量 q

$$q = \frac{l_s}{2} - \frac{l_s^3}{240R^2} \tag{9-3-4}$$

3. 带缓圆曲线测设要素的计算

$$\left. \begin{array}{l} T_s = (R+p)\tan\dfrac{\alpha}{2} + q \\[4pt] L_s = R(\alpha - 2\beta_0)\dfrac{\pi}{180} + 2l_s \\[4pt] L_y = R(\alpha - 2\beta_0)\dfrac{\pi}{180} \\[4pt] E_s = (R+p)\sec\dfrac{\alpha}{2} - R_s \\[4pt] D_s = 2T_s - L_s \end{array} \right\} \text{必须满足条件:} \alpha \geqslant 2\beta_0 \tag{9-3-5}$$

4. 主点里程的推算

```
JD    里程
-)    T_h
─────────────
ZH    里程
+)    l_s
─────────────
HY    里程
+)    L_y
─────────────
YH    里程
+)    l_s
─────────────
HZ    里程
-)    L_h/2
─────────────
QZ    里程
+)    D_h/2
─────────────
JD    里程
```

5. 带缓圆曲线主点测设

如图 9-3-3 所示,ZH、QZ、HZ 的测设与单圆曲线主点测设相同,而 HY、YH 点的测设则根据切线支距法计算得到的坐标(x_0、y_0)或偏角用支距法或偏角法测设。

【例 9-3-1】 某交点桩号里程为 K1+576.89,右转角 $\alpha = 19°38'46''$,圆曲线半径 $R = 300$m 缓和曲线长 $l_s = 50$m,试计算平曲线测设元素和主点里程桩号,并测设主点 ZH、QZ 和 HZ 的位置。

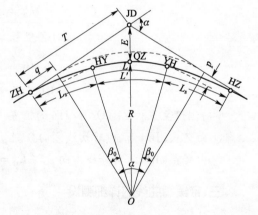

图 9-3-3 带缓圆曲线主点测设

解:(1)计算缓和曲线基本要素。

$$p = \frac{l_s^2}{24R} = \frac{50^2}{24 \times 300} = 0.35(\text{m})$$

$$q = \frac{l_s}{2} - \frac{l_s^3}{240R^2} = \frac{50}{2} - \frac{50^3}{240 \times 300^2} = 24.99(\text{m})$$

(2)计算测设元素。

$$T_H = (R+p) \cdot \tan\frac{\alpha}{2} + q = (300+0.35)\tan\frac{19°38'46''}{2} + 24.99 = 76.998(\text{m})$$

$$L_H = R\frac{\alpha\pi}{180°} + l_s = 300 \times \frac{19°38'46'' \times \pi}{180°} + 50 = 152.867(\text{m})$$

$$L_y = L_H - 2l_s = 152.867 - 2 \times 50 = 52.867(\text{m})$$

$$E_H = (R+p)\sec\frac{\alpha}{2} - R = (300+0.35)\frac{1}{\cos\frac{19°38'46''}{2}} - 300 = 4.816(\text{m})$$

$$D_H = 2T_H - L_H = 2\times 76.998 - 152.867 = 1.129(\text{m})$$

(3)推算主点里程桩号。

	JD 里程	K1+576.89
−)	T_h	76.998
	ZH 里程	K1+499.892
+)	l_s	50
	HY 里程	K1+549.892
+)	L_y	52.867
	YH 里程	K1+602.759
+)	l_s	50
	HZ 里程	K1+652.759
−)	$L_h/2$	152.867/2
	QZ 里程	K1+576.326
+)	$D_h/2$	1.129/2
	JD 里程	K1+576.89　（校核无误）

(4)测设主点桩 ZH、QZ 和 HZ 的位置。

①由交点(JD)沿前、后切线方向分别量取 T_H = =76.998m 得 ZH 和 HZ 点桩位。

②由交点(JD)沿角分线方向量取 E_H =4.816m 得 QZ 点桩位。

三、带缓圆曲线的详细测设

带缓圆曲线详细测设也是以曲中点(QZ)为界,分前后两半曲线测量,在曲中点闭合,测设方法是切线支距法和偏角法。

1. 切线支距法详细测设

将 ZH(或 HZ)作为坐标原点,切线方向作为 X 轴,正方向指向 JD,半径方向为 Y 轴,正方向指向圆心,建立直角坐标系,分别计算缓和曲线和圆曲线上详细点的支距。

1)支距计算

(1)缓和曲线段内任意点的坐标。

对于缓和曲线段内任意一点的支距坐标 x,y,可按下列公式计算:

$$\left.\begin{array}{l}x = l - \dfrac{l^5}{40R^2 l_s^2} \\[6pt] y = \dfrac{l^3}{6Rl_s}\end{array}\right\} \quad (9\text{-}3\text{-}6)$$

式中：l——缓和曲线上任意点到 ZH（或 HZ）的曲线长；
　　　R——圆曲线半径；
　　　l_s——缓和曲线长度。

实际测设时，缓和曲线上相邻两点的弦长按近似等于这两点间曲线长（即以弧长代弦长）来对待。

（2）圆曲线上任意点坐标。

如图 9-3-4 所示，对于圆曲线段内任意一点的支距坐标 x,y 可按下列公式计算：

$$\left.\begin{aligned} x &= R\sin\left(\dfrac{l-\dfrac{l_s}{2}}{R}\right) + q \\ y &= R\left[1-\cos\left(\dfrac{l-\dfrac{l_s}{2}}{R}\right)\right] + p \end{aligned}\right\} \quad \text{（计算器在 RAD 状态）} \qquad (9\text{-}3\text{-}7)$$

注：用上述公式计算圆曲线段详细点的支距时，需将计算器状态调至弧度（RAD）状态。

若计算器在 DEG 状态，支距计算公式需变为：

$$\left.\begin{aligned} x &= R\sin\left[\dfrac{\left(l-\dfrac{l_s}{2}\right)}{R} \times \dfrac{180°}{\pi}\right] + q \\ y &= R\left\{1-\cos\left[\dfrac{\left(l-\dfrac{l_s}{2}\right)}{R} \times \dfrac{180°}{\pi}\right]\right\} + p \end{aligned}\right\} \quad \text{（计算器在 DEG 状态）} \qquad (9\text{-}3\text{-}8)$$

上述式中：l——圆曲线上任一点到 ZH（或 HZ）的曲线长；
　　　　　l_s——缓和曲线长度；
　　　　　R——圆曲线半径；
　　　　　p——圆曲线内移值；
　　　　　q——切线增量。

圆曲线段上相邻两测点间的弦长公式同单圆曲线，按下式计算：

$$c_i = 2R\sin\dfrac{90°l_i}{\pi R} \quad \text{（计算器在 DEG 状态）} \qquad (9\text{-}3\text{-}9)$$

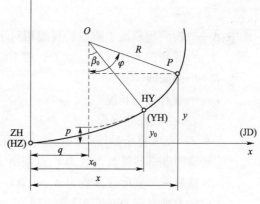

图 9-3-4　圆曲线上任意点的支距

2）测设方法

在算出缓和曲线和圆曲线上各点的坐标后，即可按圆曲线切线支距法的测设方法进行测设。

【例 9-3-2】　根据【例 9-3-1】的结果，计算出切线支距法详细测设带缓圆曲线的测设数据。

解：由【例 9-3-1】计算得出的主点里程桩号，按照整桩号法列出详细测点的桩号，并计算详细测设数据，计算如表 9-3-3。

带缓圆曲线切线支距法详细测设数据   表9-3-3

桩 号	测点至坐标原点的曲线长 l(m)	x(m)	y(m)	相邻桩点间弦长(m)
ZH K1+499.892	0	0	0	20.108
+520	20.108	20.107	0.090	20
+540	40.108	40.096	0.717	9.892
HY K1+549.892	50	49.965	1.389	10.108
+560	60.108	60.022	2.399	16.324
QZ K1+576.326	76.434	76.176	4.745	3.674
+580	72.759	72.552	4.141	22.754
YH K1+602.759	50	49.965	1.389	17.241
+620	32.759	32.755	0.391	20
+640	12.759	12.759	0.023	12.759
HZ K1+652.759	0	0	0	

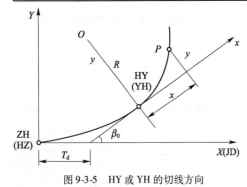

图9-3-5 HY或YH的切线方向

2.偏角法详细测设方法

如图9-3-5所示,以ZH(或HZ)为起点,分别计算缓和曲线和圆曲线上详细点的偏角和相邻测点弦长,以QZ为界分两半进行测设。

从ZH(或HZ)测设到QZ时,需架设两次仪器,架设位置分别在ZH(或HZ)和HY(或YH)点。

1)缓和曲线段测设

(1)缓和曲线段偏角公式:

$$\Delta = \frac{30°l^2}{\pi Rl_s} \quad (9\text{-}3\text{-}10)$$

式中:Δ——观测缓和段上测点的视线相对于ZH(或HZ)切线的偏角;

l——缓和段上任一测点至ZH(或HZ)的曲线长;

R——圆曲线半径;

l_s——缓和曲线长度。

(2)缓和曲线段的测设。

①在ZH点安置全站仪(对中、整平),用盘左瞄准JD,将水平度盘的读数配到0°00′00″。

②转动照准部到度盘读数为P_1点偏角Δ_1,从ZH点量取分段弦长C_1,定出P_1点。

③转动照准部到度盘读数为Δ_i,从第$i-1$点量取分段弦长C_i,与此方向交出第P_i点。

④依次类推直到QZ点和已知点闭合。精度要求同单圆曲线。

⑤另一半缓和曲线在HZ点上按同样方法测设。

2)圆曲线段的详细测设

(1)在HY点安置全站仪(对中、整平),后视ZH点,配置水平度盘读数为$2/3\beta_0$(当路线右转时,将水平度盘的读数改配为$360°-2/3\beta_0$)。

(2)转动照准部使水平度盘读数为0°00′00″,此时望远镜照准的方向为HY的切线方向,如图9-3-5所示,倒转望远镜。

(3)按照圆曲线偏角法进行测设,直至QZ点闭合。

【例9-3-3】 试计算【例9-3-2】中偏角法两次架仪器的测设数据,假设曲线右转。

解：寻找 HY（或 YH）点的切线方向，需计算出 $2/3\beta_0 = 60°l_s/\pi R = 60° \times 50/\pi \times 300 = 3°10'59''$。带缓圆曲线偏角法测设数据计算值见表 9-3-4。

带缓圆曲线偏角法测设数据　　　　　　表 9-3-4

桩号	测点至坐标原点的曲线长 l(m)	偏角	水平观测度数	相邻桩点弦长(m)
ZH K1+499.892	0	0°00′00″	0°00′00″	
				20.108
+520	20.108	0°15′27″	0°15′27″	
				20
+540	40.108	1°01′27″	1°01′27″	
				9.892
HY K1+549.892	50	1°35′30″	1°35′30″ (0°00′00″)	
				10.108
+560	10.108	0°57′55″	0°57′55″	
				16.324
QZ K1+576.326	26.434	2°31′27″	2°31′27″ 357°28′33″	
				3.674
+580	22.759	2°10′24″	357°49′36″	
				22.754
YH K1+602.759	50	1°35′30″	358°24′30″ (360°00′00″)	
				17.239
+620	32.759	0°41′00″	359°19′00″	
				20
+640	12.759	0°06′13″	359°53′47″	
				12.759
HZ K1+652.759	0	0°00′00″	360°00′00″	

任务实施

一、安全教育

（1）在打开物镜时或在观测过程中，如发现灰尘，可用镜头纸或软毛刷轻轻拂去，严禁用手指或手帕等物擦拭镜头，以免损坏镜头上的镀膜。观测结束后应及时套好镜盖。

（2）转动仪器时，应先松开制动螺旋，再平稳转动。使用微动螺旋时，应先旋紧制动螺旋。

（3）制动螺旋应松紧适度，微动螺旋和脚螺旋不要旋到顶端，使用各种螺旋都应均匀用力，以免损伤螺纹。

（4）仪器从箱中取出后，应立即盖好箱盖，以防止灰尘进入或零件丢失。迁站时要将仪器箱带走，严禁坐踏仪器箱。

（5）在仪器发生故障时，应及时向指导教师报告，不得擅自处理。

（6）爱护仪器和工具，严格遵守操作规程，做到不损坏、不丢失仪器工具。如有损坏和丢失，不仅要追究责任，赔偿损失，还要视情节轻重给予一定的处分。

（7）同学间要搞好团结，互谅互让，互帮互学，不得吵嘴、打架。

（8）实习中出现的问题，应相互协商解决，疑难问题可请教其他同学或老师。

（9）实习期间应积极努力完成工作，不得嬉戏打闹、擅离职守，因病或有事需离开时，必须请假并经同意方可离开，否则以旷课论处。

二、任务准备

1. 组织准备

以 8 人为一组，每组配备一名组长和一名副组长，组长负责全组组织以及实际操作训练,副组长负责组织理论知识学习和复习。

2. 仪器准备

(1)由仪器室借领:全站仪1台、测钎10个、皮尺1把、记录板1块、测伞1把。

(2)自备:计算器、铅笔、小刀、计算用纸。

三、操作步骤

1. 主点测设步骤

(1)选定 JD_1、JD_2、JD_3,目估使路线转角为30°~60°之间,相邻交点间距不小于50m。

(2)在 JD_2 安置全站仪,测定右角,测定分角线方向,并计算转角。

(3)假定 JD_2 的里程桩号,根据实习场地的具体情况选定曲线半径 R、缓和曲线长 L_s。

(4)计算曲线元素。

(5)计算曲线主点的里程桩号。

(6)测设曲线主点。

①自 JD_2 沿 JD_2-JD_1 方向量切线长 T_h 得 ZH 点。

②自 JD_2 沿 JD_2-JD_3 方向量切线长 T_h 得 HZ 点。

③自 JD_2 沿分角线方向量外距 E_h 得 QZ 点。

④自 ZH 沿切线向 JD_2 量 x_h 得 HY 点对应的垂足位置,在该垂足位置用十字方向架定出垂线方向,并沿垂线方向量 y_h 即得 HY 点。

⑤自 HZ 沿切线向 JD_2 量 x_h 得 YH 点对应的垂足位置,在该垂足位置用十字方向架定出垂线方向,并沿垂线方向量 y_h 即得 YH 点。

2. 切线支距法详细测设带缓圆曲线方法

与前面单圆曲线的测设类似,一般常采用弦长和支距交会的方法测设。

分两半测设,曲线前一半的测设由 ZH 到 QZ 点,后一半的测设从 HZ 到 QZ 点,在 QZ 点闭合,方法如下:

(1)在 ZH 点和交点各立一根花杆,从 ZH 点瞄准交点用皮尺量取 P_1 点横坐标 x_1 得垂足点 N_1;量取 x_2 得垂足点 N_2;依次将各加密点的横坐标标定在地面上。

(2)将皮尺零尺点置于 ZH,皮尺上刻度为 c_1+y_1 的一端置于 N_1,在尺子上找弦长 c_1 的刻度皮尺两边拉紧,则弦长 c_1 的刻度对应的地面点即为 P_1 点。

(3)将皮尺零尺点置于已测出点 P_1 上,刻度为 c_2+y_2 的一端置于 N_2 点上,在尺子上找弦长 c_2 的刻度,然后在此刻度处拉紧皮尺两边,则所对应的地面点为 P_2 点,依次类推一直测到 QZ 点闭合。

(4)曲线另一半的测设从 HZ 点开始,用同样的办法测至 QZ 点,在 QZ 点闭合。

平曲线桩位容许偏差参见表9-2-3。与单圆曲线要求相同。

3. 偏角法详细测设带缓圆曲线步骤

计算各桩的测设数据:偏角、弦长及对应的水平度盘读数。

(1)ZH-HY 段。以 ZH 为测站点,ZH-JD_2 方向为正方向,用弧长代替弦长,用下式计算偏角:

$$\Delta = \frac{l^2}{6RL_s} \times \frac{180°}{\pi}$$

式中:l——待测桩桩号至 ZH 桩号的距离。

（2）HZ-YH 段。以 HZ 为测站点，HZ-JD$_2$ 方向为正方向，用弧长代替弦长，用下式计算偏角：

$$\Delta = \frac{l^2}{6RL_s} \times \frac{180°}{\pi}$$

式中：l——HZ 桩号至待测点桩号的水平距离。

（3）HY-YH 段。以 HY 为测站点，HY-ZH 方向为零方向，用下式计算偏角、弦长：

$$\Delta = \frac{l}{2R} \times \frac{180°}{\pi}$$

$$c = 2R\sin\frac{l}{2R}$$

式中：l——待测桩桩号至 HY 桩号的水平距离。

（4）测设 ZH-HY 段。

①在 ZH 点安置全站仪，以 ZH-JD$_2$ 方向为起始方向，将该方向的水平度盘读数设置为 0°00′00″，如图 9-3-6 所示。

②拨 P_1 对应的偏角 Δ_1，即转动照准部找到 P_1 对应的水平度盘读数 Δ_1 或 360°-Δ_1，得 ZH-P_1 方向，自 ZH 沿此方向量 ZH-P_1 对应的弦长得 P_1 桩位，钉木桩或用测钎标记。

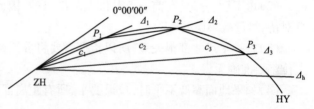

图 9-3-6　偏角法测设缓和曲线段

③转动照准部找到 P_2 对应的水平度盘读数 Δ_2 或 360°-Δ_2，得 ZH-P_2 方向，自 P_1 点量 P_1-P_2 对应的弦长与此方向交会得 P_2，钉木桩或用测钎标记。

④按步骤③所述方法测设 ZH-HY 段其余各中桩。

⑤转动照准部找到 HY 对应的水平度盘读数 Δ_h 或 360°-Δ_h，得 ZH-HY 方向，沿此方向量 C_h 即得 HY 点。

⑥丈量 HY 与前一中桩之间的弦长进行校核，若误差超限，则应重测 ZH-HY 段。

（5）测设 HZ-YH 段。方法与测设 ZH-HY 段相同（在 HZ 点安置全站仪，将 HZ-JD$_2$ 方向的水平度盘读数设置为 0°00′00″。P_n 方向的水平度盘读数应为 360°-Δ_n 或 Δ_n）。

（6）测设 HY-YH 段。

①在 HY 点安置全站仪，以 HY-ZH 方向为起始方向，将该方向的水平度盘读数设置为 360°-2β_0/3 或 2β_0/3，此时，水平度盘读数为 0°00′00″的方向即为 HY 点的切线方向，如图 9-3-7 所示。

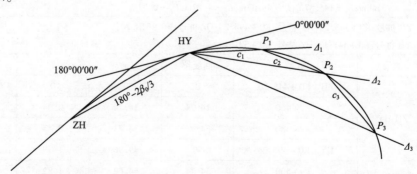

图 9-3-7　偏角法测设带缓圆曲线

②拨 P_1 对应的偏角 Δ_1，即转动照准部找到 P_1 对应的水平度盘读数 Δ_1 或 $360°\text{-}\Delta_1$，得 HY-P_1 方向，自 HY 沿此方向量 HY-P_1 对应的弦长得 P_1，钉木桩或用测钎标记。

③转动照准部找到 P_2 对应的水平度盘读数 Δ_2 或 $360°\text{-}\Delta_2$，得 HY-P_2 方向，自 P_1 点量 P_1P_2 对应的弦长与此方向交会得 P_2，钉木桩或用测钎标记。

④按步骤③所述方法测设 HY-QZ 段其余各桩并测出 QZ，与用主点测设方法测出的 QZ 位置比较，若误差超限，应重测 HY-QZ 段。

⑤继续按步骤③所述方法从 YH 测设至 QZ 点，并与已测出的 QZ 位置比较，若误差超限，应重测 YH-QZ 段。

四、注意事项

(1)从坐标原点开始第一点测设时，由于 y 值很小，所以可以在垂直于切线方向直接量 y 值，其余点由于 y 值较大，所以采用弦长和支距交会的方法测定中桩位置。

(2)由于后一点是在前一点基础上测出来的，因此会产生误差累积，要求每个点都要认真对待，尽量减小误差。

(3)每一个尺寸都很关键，所以指挥者要将数据读清楚，拉尺测量人员应准确投点，每个点位都要准确无误。

(4)如果地面高低不平时，拉尺要平，所有距离都是水平距离。

五、成果整理示例

成果整理示例见表 9-3-5 和表 9-3-6。

切线支距法测设带缓圆曲线成果　　　　　表 9-3-5

任务名称		用切线支距法测设带缓圆曲线			成绩		
技能目标		能用切线支距法测设带缓圆曲线					
主要仪器及工具		全站仪、花杆、皮尺、测钎					
交点号		JD_2		交点桩号		K0+518.66	
转角观测结果	盘位	目标	水平度盘读数	半测回右角值		右角	转角
	盘左	JD_1	236°48′30″	161°41′24″		161°41′24″	$\alpha=18°18′36″$
		JD_3	75°07′06″				
	盘右	JD_3	255°07′00″	161°41′24″			
		JD_1	56°48′24″				
曲线元素	$R=300$m；$L_s=50$m；$X_h=49.96$m；$Y_h=1.39$m；$\beta_0=4°46′29″$；$P=0.35$m；$q=24.99$m；$T_h=73.40$m；$L_h=145.87$m；$L'=45.87$m；$E_h=4.22$m；$D_h=0.93$m						
主点桩号	ZH 桩号：K0+445.26；HY 桩号：K0+495.26；QZ 桩号：K0+518.20；YH 桩号：K0+541.13；HZ 桩号：K0+591.13						
各中桩的测设数据	测段	桩号	曲线长	x		y	弦长
	ZH-HY	ZH K0+445.26	0	0		0	
		+460	14.74	14.74		0.04	14.74
		+480	34.74	34.73		0.47	20
		HY K0+495.26	50	49.96		1.39	15.26
	HY-QZ	+500	54.74	54.68		1.82	4.74
		QZ K0+518.20	72.94	72.72		4.17	18.20

偏角法测设带缓和曲线的圆曲线成果 表 9-3-6

任务名称		用偏角法测设带缓和曲线的圆曲线			成绩		
技能目标		能用偏角法测设带缓圆曲线					
主要仪器及工具		全站仪、花杆、皮尺、测钎					
交点号		JD_2		交点桩号		K0+518.66	
转角观测结果	盘位	目标	水平度盘读数	半测回右角值		右角	转角
	盘左	JD_1	236°48′30″	161°41′24″		161°41′24″	$\alpha = 18°18′36″$
		JD_3	75°07′06″				
	盘右	JD_3	255°07′00″	161°41′24″			
		JD_1	56°48′24″				
曲线元素		$R = 300\mathrm{m}; L_s = 50\mathrm{m}; \Delta_h = 1°35′30″; \beta_0 = 4°46′29″; P = 0.35\mathrm{m}; q = 24.99\mathrm{m};$ $T_h = 73.40\mathrm{m}; L_h = 145.87\mathrm{m}; L' = 45.87\mathrm{m}; E_h = 4.22\mathrm{m}; D_h = 0.93\mathrm{m}$					
主点桩号		ZH 桩号:K0+445.26;HY 桩号:K0+495.26;QZ 桩号:K0+518.20 YH 桩号:K0+541.13;HZ 桩号:K0+591.13					
各中桩的测设数据	测段	桩号	曲线长	偏角		弦长	备注
	ZH-HY	ZH K0+445.26	0	0°00′00″			测站点:ZH
		+460	14.74	0°08′18″		14.74	起始方向:ZH-JD
		+480	34.74	0°46′06″		20	起始方向的水平度盘读数:0°00′00″
		HY K0+495.26	50	1°35′30″		15.26	
	HY-QZ	+500	4.74	0°27′10″		4.74	测站点:HY 起始方向:HY-ZH 起始方向的水平度盘读数:$360° - 2/3\beta_0$
		QZ K0+518.20	22.94	2°11′26″		18.20	

作业布置

一、填空题

1. 带有缓和曲线段的平曲线有五个主点,分别是:直缓点、缓圆点、曲中点_____、_____。

2. 单圆曲线三个主点和带缓圆曲线五个主点里有一个名称相同的是_____点。

3. 测设带缓圆曲线的曲线基本要素包括切线角、_____和切线增量。

4. 测设带缓圆曲线的曲线要素包括:切线长、_____、主曲线长、_____、切曲差。

5. 从 ZH 点到 HY 点这段曲线中半径是逐渐_____。

二、选择题

1. 我国交通运输部颁布实施的《公路工程技术标准》(JTG B01—2014)中规定:缓和曲线采用(   )形式。

    A. 圆曲线   B. 二次抛物线   C. 回旋曲线   D. 双直线

2. 圆曲线带有缓和曲线段的曲线主点是(   )。

    A. 直缓点(ZH)   B. 直圆点(ZY)

    C. 缓圆点(HY)   D. 圆直点(YZ)

    E. 曲中点(QZ)

3. 带缓圆曲线中从 ZH 点到交点的距离称为(   )。

    A. 曲线长   B. 切线长   C. 外距   D. 切曲差

4. 从交点向前一个交点量切线长后钉设的点是( )。
   A. ZH 点　　　　B. HZ 点　　　　C. QZ 点　　　　D. YZ 点
5. 带缓圆曲线详细测设时都是从 ZH 点或 HZ 点向( )点分两半测设,最后在该点闭合。
   A. ZH 点　　　　B. HZ 点　　　　C. QZ 点　　　　D. YZ 点

三、判断题

1. 因为切线支距法有累积误差所以偏角法比切线支距法测量精度高。　　　　( )
2. 从 ZH 点到 QZ 点的距离和 HZ 点到 QZ 点的距离是相等的。　　　　　　( )
3. 公路详细测设时大部分情况都是采用整桩号法进行的。　　　　　　　　　( )
4. ZH 点和 HZ 点的桩号大部分情况下都不是整数。　　　　　　　　　　　 ( )
5. 交点的里程等于 ZH 点的里程加切线长。　　　　　　　　　　　　　　　( )

四、简答题

1. 请描述带缓圆曲线的主点测设过程。
2. 请写出切线支距法中缓和曲线段支距 X、Y 的计算公式。

五、计算题

1. 某路线交点里程为 K2+528.44,转角 $\alpha = 28°36'18''$,圆曲线半径 $R = 200\text{m}$,缓和曲线长 $L_s = 50\text{m}$,试计算曲线要素及主点里程。
   (1) 计算 p、q、β_0。
   (2) 计算曲线要素。
2. 某路线交点里程为 K2+845.78,设带缓和曲线的平曲线,转角 $\alpha = 35°45'30''$,$R = 350\text{m}$,缓和曲线长 $l_s = 50\text{m}$。
   (1) 计算 p、q、β_0。
   (2) 计算曲线要数。
   (3) 利用整桩号法排列桩号并计算各桩号的切线支距。
   (4) 利用整桩号法排列桩号并计算各桩号的偏角和弦长。

学习活动 4　技 能 考 核

一、考核项目

切线支距法测设带缓圆曲线。

二、考核内容

(1) 老师先在地面上钉设 JD 桩及 ZH、QZ、HZ 三个主点桩,给定曲线要素,要求考生抽取 P_1、P_2、P_3、P_4、P_5 中的一个桩号并计算其支距。
(2) 用切线支距法敷设半个平曲线,在 QZ 点与已知点闭合。

三、评分标准

(1) 该考核项目满分为 100 分,规定操作时间为 8min。
(2) 在规定时间内完成,得 50 分,时间每超 5″ 扣 1 分。

(3)精度纵向≤±L/1000、横向≤±10cm 得 50 分；精度值每增大 1cm 得分递减 10 分。

(4)在前两项得分的基础上，没有踩脚架的扣 5 分；计算结果错误时扣 10 分；卷面有修改的扣 5 分，缺位、缺单位的扣 2 分。

四、记录计算表格

记录计算表见表 9-4-1。

记录计算表　　　　　　　　　　　　　　表 9-4-1

QZ 点测量误差	横向：		纵向：		
JD 里程 K1+500　$\alpha_{右}=60°00'00''$　$R=55m$　$L_s=20m$					
$p=0.303m$　$q=9.989m$　$T_h=41.918m$　$L_h=77.595m$　$E_h=8.858m$					
桩名	桩号	里程桩号	曲线长	X	Y	弦长
ZH	K1+458.082	P_1	K1+465			
HY	K1+478.082	P_2	K1+490			
QZ	K1+496.880	P_3	K1+510			
YH	K1+515.678	P_4	K1+520			
HZ	K1+535.678	P_5	K1+525			

五、考核说明

(1)考核过程中任何人不得提示，各人应独立完成仪器操作、计算。

(2)若有作弊行为，一经发现一律按零分处理。

(3)考核前考生应准备好钢笔或圆珠笔和计算器，考核者应提前找好助手。

(4)考核时间自裁判发出开始指令，至读完并记录完最后一个读数由选手报告操作完毕后终止计时(此时插好 QZ 点测钎后由老师检查纵、横向误差并填写在记录表中)。

(5)数据记录均填写在相应记录表中、不能转抄，记录表以外的数据不作为考核结果。

(6)切线支距法放样数据见表 9-4-2。

切线支距法放样数据　　　　　　　　表 9-4-2

桩　号	测点至坐标原点的曲线长 $l(m)$	$x(m)$	$y(m)$	相邻桩点间弦长 (m)
ZH　K1+458.082	0	0	0	
				1.918
+460	1.918	1.918	0.001	
				10
+470	11.918	11.913	0.257	
				8.075
HY　K1+478.082	20	19.934	1.210	
				11.895
+490	31.918	31.332	4.613	
				6.876
QZ　K1+496.880	38.798	37.489	7.671	
				3.120
+500	35.678	34.744	6.189	
				9.986
+510	25.678	25.455	2.522	
				5.678
YH　K1+515.678	20	19.934	1.212	
				4.322
+520	15.678	15.658	0.584	
				10
+530	5.678	5.678	0.028	
				5.678
HZ　K1+535.678	0	0	0	

学习任务 10　公路纵、横断面测量

> **学习目标**
> 1. 能理解公路纵、横断面测量的基本知识；
> 2. 能进行基平测量外业操作及记录和计算；
> 3. 能进行中平测量外业操作及记录和计算；
> 4. 能进行横断面外业测量和记录。

任务导入

公路纵横断面外业测量是在公路中线测设完成后，沿路线中线的纵、横方向测量地面高程，从而为纵横断面设计提供依据的一项重要的工作。公路纵横断面测量可以在公路中线测设后同时进行。公路纵断面测量是指沿路线方向设置水准点，并测定其高程确定公路的高程系统，根据基平测量测设的水准点高程来测定中桩的地面高程，作为设计路线纵坡的依据。路线横断面测量指测定路线中线上各中桩处垂直于中线方向上的地面起伏情况。即测定横断面方向上的相邻变坡点间的水平距离和高差，以供路基设计（包括排水、用地）、挡墙、防护工程及计算土石方数量等使用。横断面测量的准确程度直接影响工程数量大小。

学习活动 1　公路纵断面测量

学习目标

1. 能进行基平测量外业操作及记录计算；
2. 能进行中平测量外业操作及记录计算。

情境描述

某平原微丘区三级公路，公路中线定线测量已经完成，中桩实地位置已确定，在路线起点附近有一已知的高级水准点 BM_A，高程为 1000.000 m，要求用水准测量的方法在路中线两侧设置高程控制网；根据高程控制网布设的水准点测出各中桩的地面高程。

知识链接

一、公路纵断面测量的任务和程序

1. 纵断面测量的任务

纵断面测量分为基平测量和中平测量。

（1）基平测量是指沿路线方向设置水准点，并测定其高程确定公路的高程系统，作为中平测量及施工测量的依据。

公路高程系统一般采用1985年国家高程基准,并应与国家高程基准进行联测,同一个公路项目应采用同一个高程系统,并应与相邻项目高程系统衔接。不能采用同一系统时,应给定高程系统的转换关系。独立工程或三级以下公路与国家水准网联测有困难时,可采用假定高程。

(2)中平测量是根据基平测量测设的水准点高程来测定中桩的地面高程。

2.路线纵断面测量的程序

为了保证测量精度,纵断面测量应按照"由整体到局部""先控制后碎部"的原则进行测量。

二、纵断面测量的内容

1.基平测量

1)设置水准点

(1)水准点是路线高程测量的控制点,在勘测和施工阶段都要使用,因此根据需要和用途可布设永久性水准点和临时性水准点。

在路线起终点、大桥两岸、隧道两端以及需长期观测的重点工程附近应设置永久性水准点,在一般地区应每隔5km设置一个。永久性水准点可埋标石,也可设置在永久性建筑物上或用金属标志嵌在基岩上。为便于引测,还需沿线布设一定数量的临时性水准点。临时性水准点可埋设大木桩,顶面钉入铁钉作为标志,也可利用电杆等地物。

(2)水准点密度,应根据地形和工程需要而定。相邻水准点的设置间距一般为1~1.5km,山岭重丘区可根据需要适当加密。大桥、隧道口、垭口及其他大型构造物两端还应增设水准点。特大型构造物每一端应埋设两个或两个以上水准点。

(3)水准点应选择稳固、醒目、施工时不受破坏的地方,一般距中线宜大于50m小于300m。

(4)水准点应注明编号,确定水准点与路中线间的关系,记入水准点一览表。例表见表10-1-1。

水准点一览表 表10-1-1

序号	水准点编号	路线里程	按里程方向距中桩的距离		性质	备注
			左	右		
1	BM_1	K0+000	53m		永久	不锈钢钢钉
2	BM_2	K0+980		55m	临时	木桩
3	BM_3	K1+580	62m		临时	电杆上
…	…	…	…	…	…	…

2)基平测量的精度要求

基平测量的精度要求见表10-1-2,高速公路、一级公路采用四等水准测量的精度要求,二、三、四级公路采用五等水准测量的精度。

水准测量等级及精度 表10-1-2

测量项目	测量等级	往返较差、附合或环线闭合差	
		平原微丘区	山岭重丘区
高速、一级公路	四等	$\leq 20\sqrt{l}$	$\leq 6.0\sqrt{n}$ 或 $25\sqrt{l}$
二级及二级以下公路	五等	$\leq 30\sqrt{l}$	$\leq 45\sqrt{l}$

注:l 为测段的水准路线长,一般取中平测量测段的里程桩起、终点的差值,以千米(km)为单位;n 为测段内的测站数。

3)基平测量方法

公路基平测量采用水准测量法或者电磁波测距三角高程测量法,高程变化平缓的地区可使用 GPS 测量。路线高程控制测量应全线贯通、统一平差。本书主要介绍水准测量法。

(1)基平测量用水准仪观测时,大多用一台水准仪往返观测,或者用两台水准仪各做一次独立单程观测。测段终点高程计算方法参见学习任务 7 中活动 1 支水准测量,前一测段的终点为下一测段起点,如此分段连续测量可将公路沿线所有水准点高程全部测出。

路线全程的水准点高程必须全部闭合,即任意两个水准点之间的高程误差都不能超出容许误差范围。

(2)跨河水准测量。跨河水准测量是一种特殊地形基平测量。当跨越的河流宽度在 100m 以上时,按前述测量方法测量将产生较大的误差,必须采用特定的方法施测,这就是跨河水准测量。当跨越宽度大于 300m 时,采用精密仪器按规定的程序和方法进行测量。本学习活动只介绍河流宽度在 300m 以下的水准测量方法。

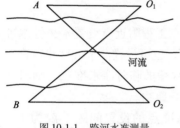

图 10-1-1　跨河水准测量

(1)如图 10-1-1 所示,测量 A、B 两点的高差,A 点高程已知求 B 点高程。

(2)设站,在河流两岸适当位置 O_1、O_2 安置水准仪对 A、B 两点作对称观测。两个测站与两个立尺点应大致成矩形,即 O_1A 距离和 O_2B 距离基本相等,O_1B 距离和 O_2A 距离基本相等,并且 O_1A 距离和 O_2B 距离应尽可能长些,距离一般要求不得小于 10m。测站 O_1 和测站 O_2 离水边的距离及距水面的高度也要尽可能相等,同时保证视线高度超出水面 2m 以上。

(3)测量,前半测回,在 O_1 安置仪器,在 A、B 两点立尺,照准 A 点,读数为 a_1,再照准 B 点尺,读数为 b_1,$h_1 = a_1 - b_1$。后半测回,保持望远镜调焦螺旋不动,在 O_2 安置仪器,同时 A、B 两尺调换,先瞄准 A 尺,读数为 a_2,再瞄准 B 尺,读数为 b_2,$h_2 = a_2 - b_2$。

A、B 两点间的测回高差均值 $h = (h_1 + h_2)/2$。

(4)在跨河测量水面较宽,观测者无法直接读数时,可采用觇标读数。观测时,扶尺员根据观测者信号上下移动觇标,使望远镜十字丝对准觇标上的标志线,扶尺员记录读数。

4)水准测量法内业计算

同学习任务 7 水准测量。

2. 中平测量

1)中平测量的精度要求

中桩高程测量精度见表 10-1-3。

中桩高程测量精度　　　　　　　　　　　　　　表 10-1-3

公路等级	闭合差(mm)	两次测量之差(mm)
高速、一、二级公路	$\leqslant 30\sqrt{l}$	$\leqslant 5$
三级及三级以下公路	$\leqslant 50\sqrt{l}$	$\leqslant 10$

注:l 为测段的水准路线长,一般取中平测量测段的里程桩起、终点的差值,以千米(km)为单位。

2)中平测量的方法

(1)中平测量测量的方法有水准测量法、三角高程法和 GPS-RTK 法。

①水准测量法是一种最常用的方法,本书重点介绍此方法。水准测量法一般以两个相邻的水准点为一个测段,从一个水准点开始,逐点观测转点和每一中桩的高程,一直附合到

下一个水准点。中平测量中观测的中桩称为中间点。为避免仪器安置时间过长而影响到测量精度,在测站上应先观测转点,再观测中间点。与基平测量一样,在中平测量中转点应估读至毫米,视距一般不宜大于 100m。观测转点时,水准尺应立于尺垫、稳固的桩顶或坚石上。中间点可读数至厘米,四舍五入,立尺应在紧靠桩边的地面上。

②三角高程法是指通过观测两点间的水平距离和竖直角求定两点间高差的方法。它具有观测方法简单,受地形条件限制小的特点,但是测量速度较慢。采用此方法时要求距离和竖直角观测一个测回。

③GPS-RTK 法测量时,要求求解转换参数采用的高程控制点不少于 4 个,且应涵盖整个中平测量区域,流动站距最近高程控制点的距离不应大于 2km,并应利用另外一个控制点进行检查,检查点的观测高程与理论值之差应小于表 10-1-3 两次测量之差的 0.7 倍。

(2)跨沟谷测量。如图 10-1-2 所示,中桩测量遇到较大的沟谷时,一般采用沟内沟外分开测量的方法。这样可以消除沟谷内的累积误差,提高测量速度。把沟谷内的中桩测量当作支线测量。

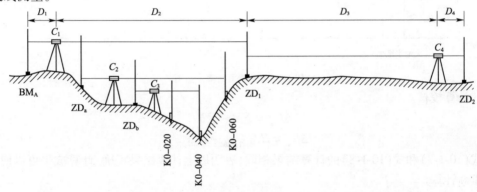

图 10-1-2 水准仪跨沟谷中平测量

①沟内测量:在测站 C_1 安置仪器,后视 BM_A,前视 ZD_1,同时前视 ZD_a;在测站 C_2 安置仪器,后视 ZD_a,前视转点 ZD_b,观测 $K0+060$;在测站 C_3 安置仪器,后视 ZD_b,观测 $K0+020$ 和 $K0+040$,直至将沟谷内的中桩测完为止。

②沟外测量:在测站 C_4 安置仪器,后视 ZD_1,前视 ZD_2,并观测中桩标尺,再设置转点继续测量,直至附合到下一个水准点。

这种测量方法使沟内、沟外分别设置转点传递高程,各自独立互不影响。沟内测量过程中,测量时没有校核条件,故测量时应加倍细心。沟外测量时为减小水准仪管水准轴和视准轴不平行造成的误差,如图 10-1-2 所示,应尽量使 $D_1=D_4$,$D_2=D_3$。

(3)水准测量法内业计算。

①成果校核。容许误差(闭合差)$f_{h容}$ 必须满足表 10-1-3 的要求。

$$\Delta h_{基} = H_{BM_2} - H_{BM_1} \tag{10-1-1}$$

$$\Delta h_{中} = \sum a - \sum b \tag{10-1-2}$$

$$f_h = \Delta h_{中} - \Delta h_{基} \tag{10-1-3}$$

$f_h \leqslant f_{h容}$,精度符合要求。

注:精度不符合要求的测量成果应作废,重新测量。

②高程计算。如中平测量精度在容许范围内,即可进行中桩地面高程的计算。中桩高程计算一般采用视线高法计算。

如图 10-1-3 所示，a 为后视读数，b 为前视读数，k_1、k_2 为中视读数。视线高等于后视的高程加后视读数 a，前视点高程等于视线高减前视读数 b，中桩高程等于视线高减中视读数 k_1 或 k_2。由上述可得：

$$视线高程 = 后视点高程 + 后视读数 \tag{10-1-4}$$
$$前视点高程 = 视线高程 - 前视读数 \tag{10-1-5}$$
$$中桩点高程 = 视线高程 - 中视读数 \tag{10-1-6}$$

注：视线高程、前视点高程计算结果保留三位小数，中桩高程计算结果保留两位小数。

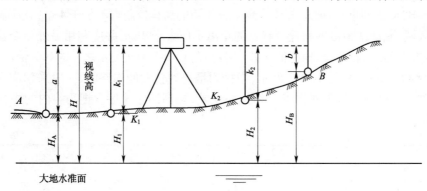

图 10-1-3 中桩高程计算示意图

③计算校核。

$$\Delta h_{中} = \sum a - \sum b \tag{10-1-7}$$
$$\Delta h_{中} = H_{BM_2 计算值} - H_{BM_1} \tag{10-1-8}$$

式(10-1-7)和式(10-1-8)的计算结果相同，表明以上计算结果正确，计算成果可以使用，反之重新计算。

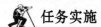 **任务实施**

一、安全教育

（1）在测量实习之前，应学习教材中的有关内容，明确实习目的和要求，熟悉操作步骤，了解注意事项，并准备好所需的文具用品，以保证按时完成实习任务。

（2）实习分小组进行，组长负责组织协调工作，办理仪器工具的借领和归还手续。

（3）实习要在规定时间和场地进行，不得缺席、迟到及早退，不得擅自离开实习场地。

（4）服从老师的指导，认真、仔细操作，培养独立的工作能力和严谨的工作态度，发扬互助协作的精神，实习完毕应提交合格的测量成果和书写工整规范的实习报告。

（5）实习过程中应遵守纪律，爱护花草树木，保护环境和公共设施，不得踩踏花草、攀折树木、污染环境。损坏公共设施者应赔偿损失。

二、任务准备

1. 组织准备

以 8 人为一组，每组配备一名组长和一名副组长，组长负责全组组织以及实际操作训练，副组长负责组织理论知识学习和复习。

2. 仪器准备

（1）由仪器室借领：DS3 水准仪 1 台、塔尺 2 根，记录板 1 块，尺垫 2 个，记录纸。

(2)自备:计算器、铅笔、小刀、计算用纸。

三、操作步骤

基平测量采用往返测量的方法测量,因往返测量的方法在学习任务7中学习活动1支水准测量中已进行了详细的讲述,在此不再赘述。通过往返水准测量求得 BM_2 的高程为998.456m。本学习活动重点学习中平测量。

1. 外业观测

中平测量以相邻两水准点为一测段,组成附合水准路线,从一水准点开始,逐个测定中桩(里程桩)的地面高程,直至附合到下一个水准点上。在测量过程中既有后视读数又有前视读数点被称为转点,符号为大写英文字母 ZD 表示。

测量步骤如图10-1-4所示,测量所得数据记入表10-1-4。

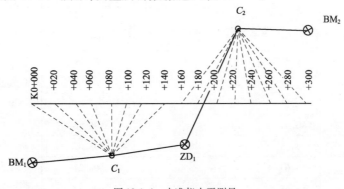

图10-1-4 水准仪中平测量

1) C_1 站

(1)水准仪置于 C_1 站,后视水准点 BM_1,前视转点 ZD_1,将读数记入表10-1-4中与测点相对应的2栏后视、4栏前视内。

(2)依次观测 BM_1 与 ZD_1 间的中间点 $K0+000$、020、040、060、080、100、120、140,将读数记入表10-1-4中与测点相对应的3栏中视内。

2) C_2 站

(1)将仪器搬至 C_2 站,后视 ZD_1,前视 BM_2,将读数记入表10-1-4中与测点相对应的2栏后视、4栏前视内。

(2)依次观测 ZD_1 与 BM_2 间的中间点 $+160$、180、200、220、240、260、280、$+300$,将读数记入表10-1-4中与测点相对应的3栏中视内。

注:中平测量只作单程测量。一测站内先观测前后视,再观测中视。前视、后视读数保留三位小数,中视读数保留两位小数。

2. 内业计算

1) 成果校核

(1)容许误差(闭合差) $f_{h容}$ 必须满足表10-1-3的要求。

容许误差(闭合差) $f_{h容} = \pm 50\sqrt{L} = \pm 50\sqrt{0.3} = \pm 27$(mm)($L = 0.3$km)。

(2) $\Delta h_{基} = H_{BM_2} - H_{BM_1} = 998.456 - 1000.000 = -1.544$(m)。

(3) $\Delta h_{中} = \sum a - \sum b = (0.394 + 2.355) - (2.850 + 1.434) = -1.535$(m)。

(4) $f_h = \Delta h_{中} - \Delta h_{基} = -1.535 - (-1.544) = 9$(mm) $< f_{h容}$,精度符合要求,可以进行下

一步计算。

中平测量记录表 表10-1-4

测点	水准尺读数(m)			视线高程(m)	高程(m)	备注
	后视	中视	前视			
1	2	3	4	5	6	7
BM₁	0.394			1000.394	1000.000	
K0+000		1.58			998.81	
+020		2.35			998.04	
+040		2.48			997.91	
+060		1.96			998.43	
+080		1.13			999.26	
+100		3.45			996.94	
+120		3.78			996.61	
+140		2.53			997.864	BM₁高程已知为1000.000m, BM₂高程为基平所测得,为998.456m
ZD₁	2.355		2.850	999.899	997.544	
+160		2.85			997.05	
+180		3.44			996.46	
+200		1.85			998.05	
+220		1.63			998.27	
+240		3.68			996.22	
+260		2.12			997.78	
+280		1.76			998.14	
+300		2.21			997.69	
BM₂			1.434		998.465	

2)中桩高程计算

(1)视线高计算。根据式(10-1-1)计算视线高,将计算结果记入5栏视线高内,本次测量有两个测站所以视线高也有两个。

(2)前视点高程计算。根据式(10-1-2)计算前视点高程,将计算结果记入6栏高程内,本次测量有两个测站所以前视点高程也有两个。

(3)中桩高程计算。根据式(10-1-3)计算中桩高程,将计算结果记入6栏高程内。

注:视线高程、前视点高程计算结果保留三位小数,中桩高程计算结果保留两位小数。

3)计算校核

$$\Delta h_{中} = \sum a - \sum b = (0.394 + 2.355) - (2.850 + 1.434) = -1.535(m)$$

$$\Delta h_{中} = \Delta h_{中} = H_{BM_2计算值} - H_{BM_1} = 998.465 - 1000.000 = -1.535(m)$$

以上两式的计算结果相同,表明以上计算结果正确,计算成果可以使用。

作业布置

一、填空题

1.公路纵断面测量包括_____和_____两部分内容。

2.基平测量可以采用两台水准仪进行_____观测。

3. 路线中平测量是测定路线_____的高程。
4. 在水准测量中既有后视读数又有前视读数且传递高程的点被称为_____,符号为_____。
5. 纵断面测量应按照"由整体到局部""_____"的原则进行测量。

二、选择题

1. 中平测量中,测站视线高等于( )+后视点读数。
   A. 后视点高程　　B. 转点高程　　C. 前视点高程　　D. 中视点高程
2. 基平水准点设置的位置应选择在( )。
   A. 路中心线上　　B. 施工范围内　　C. 施工范围以外　　D. 任意位置
3. ( )又称为中桩抄平,一般以两相临水准点为一测段,从一个水准点开始,用视线高法逐个测定中桩处的地面高程,直至附合到下一个水准点上。
   A. 基平测量　　B. 中平测量　　C. 高程测量　　D. 水准测量
4. 路线纵断面水准测量分为( )和中平测量。
   A. 基平测量　　B. 水准测量　　C. 高程测量　　D. 角度测量
5. 路线纵断面测量的任务是( )。
   A. 测定中线各里程桩的地面高程　　　　B. 绘制路线纵断面图
   C. 测定中线各里程桩两侧垂直于中线的地面高程　　D. 测定路线交点间的高差

三、判断题

1. 纵断面测量测量的顺序应为先中平测量后基平测量。　　　　　　　　( )
2. 中平测量成果计算方法才有采用视线高法。　　　　　　　　　　　　( )
3. 中平测量的方法一般采用闭合水准测量。　　　　　　　　　　　　　( )
4. 基平测量只能采用水准仪进行测量。　　　　　　　　　　　　　　　( )
5. 路线中平测量的观测顺序是先观测转点后观测中桩点,转点的高程读数读到毫米位,中桩点的高程读数读到厘米位。　　　　　　　　　　　　　　　　　( )

四、简答题

1. 横断面测量的主要方法有哪几种?
2. 简述全站仪法测量横断面的方法。

五、计算题

1. 完成如表10-1-5所示某段二级公路基平测量计算,并作校核。

某二级公路基平测量计算表　　　　　　　　　　　　　　表10-1-5

测点	水准尺读数		高差(m)		高程(m)	备注
	后视	前视	+	−		
BM_A	1.468				999.789	
ZD_1	1.528	1.373				
ZD_2	1.511	1.525				A点为已知高程点; $H_A=999.789m$,水准点间路线长度为200m
BM_B		1.209				
Σ						
计算校核	$\sum a - \sum b =$		$\sum h_{往} =$			

续上表

测 点	水准尺读数		高差(m)		高程(m)	备 注
	后视	前视	+	-		
BM_B	1.427					
ZD_1	1.666	1.731				
ZD_2	1.595	1.667				
BM_A		1.691				
Σ						
计算校核	$\sum a - \sum b =$		$\sum h_{返} =$			

成果校核：

2. 完成如表10-1-6所示某段二级公路中平测量计算，并作计算校核。

某二级公路中平测量计算表($L=140$)　　　　表10-1-6

桩号	后视(m)	中视(m)	前视(m)	视线高程(m)	高程(m)	备注
BM_2	1.567				1002.250	
K2+000		1.59				
+020		1.43				
+040		1.61				已知基平测得 BM_3 点的高程为 1003.639
+060		1.41				
+080		1.39				
ZD2	1.576		0.812			
+120		1.33				
+140		1.58				
BM_3			0.935			

复核：

学习活动2　公路横断面测量

学习目标

1. 能理解公路横断面测量的基本知识；
2. 能描述公路横断面测量的方法；
3. 会公路横断面测量记录。

情境描述

某平原微丘区三级公路，公路中线定线测量已经完成，中桩实地位置已确定，下一步任务是进行横断面测量，为横断面设计计算土石方数量提供依据。要求确定路线某桩位的横断方向，将横断方向的地面起伏情况测量出来，并用一定的方法记录下来。

知识链接

一、断面测量的任务

横断面测量的任务是测定中桩两侧垂直于中线方向的地面起伏情况,如图 10-2-1 所示。横断面测量的宽度由路基宽度及地形情况确定,一般在中线两侧各测 15~50m。进行横断面测量首先要确定横断面的方向,然后在此方向上测定中线两侧地面坡度变化点的距离和高差。

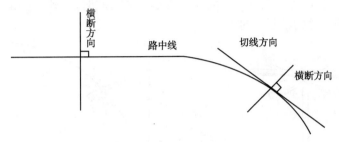

图 10-2-1 路线横断方向

二、横断面方向的确定

横断方向的确定是道路横断测量中至关重要的一环。其准确程度直接关系到路基横断面图的准确程度。传统方法是利用十字方向架,遇曲线桩时借用十字方向架上的定向杆,辅助确定道路横断方向。随着公路建设公路等级的提高,传统的十字方向架法不能满足测量精度要求。水准仪法、经纬仪法、全站仪法逐渐成为主要测量横断方向的方法。下面介绍几种横断方向的确定方法。

1. 直线段上横断面方向的测定

在直线上横断面应与路线方向相垂直,直线段横断面方向一般采用普通方向架测定,也可采用圆盘、经纬仪等。用简易直角方向架来定向,如图 10-2-2 所示,方向架为坚固木料制成,长约 1.5m,在上部两个垂直方向雕空,中间插入 ab、cd 互相垂直的两个觇板,下面镶以铁脚可以插入土中。

将方向架置于待标定横断面方向的中桩上,用其 ab 觇板瞄准该直线段上任一中桩,cd 觇板所指的方向即为该桩点的横断面方向,如图 10-2-3 所示。

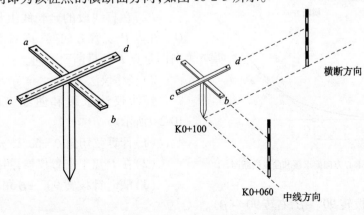

图 10-2-2 普通方向架方向 图 10-2-3 直线横断方向

2. 圆曲线上横断面方向的测定

当中桩位于曲线上时,横断面方向应为该曲线的圆心方向,在实际工作中,多采用弯道求心方向架获得,求心方向架就是在一般方向架上增加一活动觇板,如图10-2-4所示。

测定方法如图10-2-5所示:

(1)将求心方向架置于曲线起点ZY,用 ab 觇板瞄准JD方向,此时 cd 觇板即为圆心方向。

(2)旋转活动觇板 ef 瞄准曲线上 P_1 点,并用螺旋固定 ef 位置,合弦切角 α 不变。

(3)移方向架于 P_1 点,用 cd 觇板瞄准曲线起点ZY,此时,ef 觇板所指的方向即为 P_1 点的圆心方向,即该桩号的横断方向。

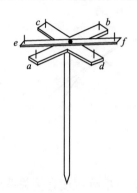 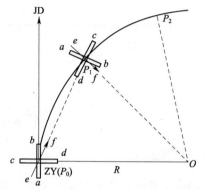

图10-2-4 求心方向架　　图10-2-5 求心方向架求圆曲线横断面方向

3. 缓和曲线上横断面方向测定

缓和曲线上横断面方向的确定,关键是找出缓和曲线上的点的切线方向。常用的方法有方向架法、经纬仪法、全站仪法等。

1)方向架法

求心方向架求缓和曲线横断面方向如图10-2-6所示。

(1)先求出 T_d 的长度。

$$T_d = \frac{2}{3}l + \frac{l^3}{360R^2} \qquad (10\text{-}2\text{-}1)$$

式中:l——ZH点到缓和曲线上任一点 P 的曲线长;

R——弯道半径。

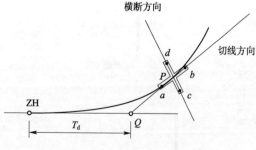

图10-2-6 求心方向架求缓和曲线横断面方向

(2)在直线段的延长线上量取 T_d,得到点 Q。在点 P 安置方向架,ab 对准点 Q,则 cd 方向即是点 P 的横断面方向。

2)经纬仪法

经纬仪法求缓和曲线横断面方向如图10-2-7所示。

(1)计算弦切角 $\beta = 60°l_s/\pi R$。

(2)在 P 点上安置仪器,照准ZH(HZ)点;

(3)顺时针拨转 90°±β 角度,即为横断方向(曲线左转拨转 90°−β,右转 90°+β)。

3)全站仪法

如图 10-2-8 所示，点 P 为缓和曲线上任一点，β 为点 P 的缓和曲线切线角，α 为直线段的方位角，则点 P 切线的方位角：

$$\alpha_1 = \alpha \pm \beta \ (\text{右偏取加号，左偏取减号})$$

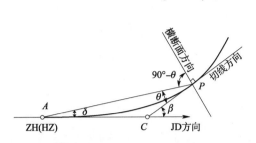
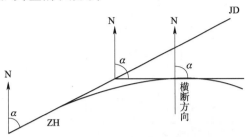

图 10-2-7　经纬仪法求缓和曲线横断面方向　　　　图 10-2-8　全站仪法求缓和曲线横断面方向

点 P 横断面方向的方位角：

$$\alpha_{\text{横}} = \alpha \pm 90° \tag{10-2-2}$$

在点 P 安置全站仪，照准任意已知坐标点，利用点 P 和已知坐标点定出方位角，转动照准部至点 P 的横断面方向方位角，视线所在方向就是点 P 的横断面方向，倒镜为另一侧横断面方向。

三、横断面的测量方法

横断面测量是测量横断面方向上地面起伏的特征点与中桩的水平距离和高差。根据地形、测量精度和测量条件的不同可选用不同的方法。

1. 花杆皮尺法

花杆皮尺法是用一卷皮尺和一根花杆分别测定横断方向上的两相邻特征点的水平距离和高差的一种方法。它一般适用于低等级公路，精度较低。如图 10-2-9 所示，1、2、3、4 点为地面花杆立特征点，从中桩出发，将花杆垂直立于特征点 1 上，靠近地面拉平皮尺量出中桩至 1 点的水平距离为 1.8m，数出皮尺下花杆的红白格数（每格 0.2m），不够一格可估读，即为两点间的高差 1.7m。重复以上过程测量 1~2、2~3、3~4 之间的水平距离及高差。将测量结果记入表 10-2-1 中。记录者记录时宜面向路线前进方向，以免左右侧数据记录颠倒。测量数据从右向左记录为 $\frac{1.6}{7.3} \ \frac{-1.4}{2.4} \ \frac{0}{5.2} \ \frac{-1.7}{1.8}$，分子为高差，分母为平距。上坡的高差表示为正值，下坡的高差表示为负值，没有高差用 0 表示。

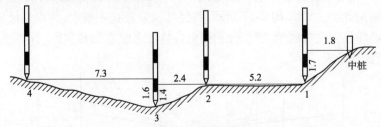

图 10-2-9　花杆皮尺法测横断面

横断面数据记录一般为逐桩从下往上记录，并且中桩左侧数据从右向左记录，右侧数据从左向右记录。在表 10-2-1 中，K1+540 桩的右侧记录为"同上"，表示 K1+540 的横断面地形起伏情况与 K1+520 的地形起伏情况是一样的。K1+560 右侧记录的"平（荒地）"，表示右侧为平坦的荒地。

横 断 面 记 录 表　　　　　　　　　　　　　表 10-2-1

左　　　侧	桩　号	右　　　侧
分子为高差,分母为平距	…	分子为高差,分母为平距
$\frac{1.8}{10}\frac{1.4}{3}\frac{0}{6}\frac{-2.2}{2.4}$	K1+560	$\frac{0.3}{3}\frac{-0.5}{1.2}\frac{0}{20}$平坡(荒地)
$\frac{-3}{8}\frac{-1.5}{3}\frac{-1.6}{4}\frac{-0.9}{5}$	K1+540	同上
$\frac{2}{9.5}\frac{-1.2}{3.3}\frac{0}{6}\frac{-1.8}{6}$	K1+520	$\frac{-1.2}{5}\frac{0.8}{3}\frac{2}{0}\frac{1.3}{6}\frac{0}{10}$

2. 水准仪皮尺法

水准仪皮尺法是用一卷皮尺和一台水准仪分别测定横断方向上的两相邻特征点的水平距离和高差的一种方法。它一般适用于高等级公路,精度较高。如图 10-2-10 所示,在以视野较好的地方安置水准仪,后视中桩处水准尺,分别前视特征点并计算其与中桩的高差,将计算结果填入表内,用皮尺分别量取特征点间的水平距离记入表格。这种方法架设一次仪器可以测量多个中桩的横断面。

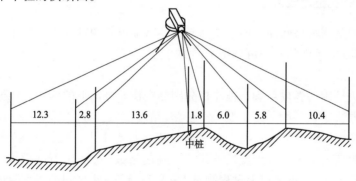

图 10-2-10　水准仪皮尺法测横断面

3. 经纬仪视距法

经纬仪视距法是用一台经纬仪和一根水准尺相配合分别测定横断方向上特征点与中桩的水平距离和高差的一种方法。它一般适用于高等级公路,精度较高。在地形复杂横坡较陡的地段,可采用此法。如图 10-2-11 所示,将经纬仪安置在中桩上,将水准尺依次竖立在各特征点上,用经纬仪依次观测水准尺,分别测出各特征点竖直角和斜距,计算平距和高差,将结果记入横断面记录表。

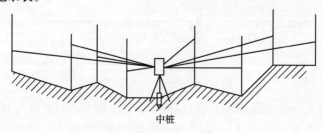

图 10-2-11　经纬仪视距法测横断面

4. 全站仪对边测量法

全站仪对边测量法是用一台全站仪采用仪器中内置的对边测量的功能分别测定横断方向上特征点间的水平距离和高差的一种方法。它一般适用于高等级公路,精度较高。全站仪测量横断面适用于各种地形。

在视野开阔的地点安置全站仪,如图 10-2-12 所示,记入仪器对边测量的功能下,将棱镜保持镜高不变分别立于中桩及特征点上测出特征点间的距离和高差。将测量结果记入记录表。这种方法架设一次仪器可以测量多个中桩的横断面。

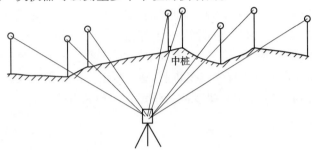

图 10-2-12　全站仪法测横断面

四、横断面测量精度要求

横断面测量中的距离、高差一般准确到 0.1m,即可满足工程的要求。检测互差限差的精度要求见表 10-2-2。

横断面检测互差限差　　　　表 10-2-2

公路等级	距离(m)	高差(m)
高速公路,一、二级公路	≤$L/100+0.1$	≤$h/100+L/200+0.1$
三级及三级以下公路	≤$L/50+0.1$	≤$h/50+L/100+0.1$

注:1. L 为测点至中桩的水平距离(m)。

　　2. h 为测点至中桩的高差(m)。

五、横断面测量注意事项

(1)横断面施测宽度应满足路基及排水设计、附属物设置等需要。

(2)横断面测量应逐桩施测,其方向应与路中线切线方向垂直。

(3)横断面测量应反映地形、地物、地质的变化,并标注相关水位、建筑物、土石分界等。

(4)高速公路、一级公路的分离式路基和二、三、四级公路的回头弯路段,应测出连通上下路线的横断面,并标注相对关系。

任务实施

一、安全教育

(1)打开仪器箱后应先记清仪器在箱内的位置,避免装箱时困难。

(2)提取仪器之前应先松开制动螺旋,再用双手托住支架或基座取出仪器,放在三脚架上,保持一手握住仪器,一手拧紧连接螺旋,使仪器与脚架连接牢固。

(3)安装好仪器后注意随即关闭仪器箱盖,防止灰尘或湿气进入箱内,仪器箱上严禁坐人。

(4)仪器安装好后,必须有人看护,以防仪器跌损。

(5)各制动螺旋切勿扭得过紧,微动螺旋和脚螺旋不要旋到顶端,使用各种螺旋要均匀用力,切勿用力过大,以免损坏螺纹。

(6)仪器装箱前要松开各制动螺旋,仪器装箱后先试盖一次,在确认安放稳妥后再拧紧各制动螺旋,以免仪器在箱内晃动受损,最后关箱上锁。

(7)在行走不便的地区迁站或远距离迁站时,必须将仪器装箱之后再搬迁。

(8)短距离迁站时,可将仪器连同脚架一起搬迁。其方法是:检查并旋紧仪器连接螺旋,松开各制动螺旋使仪器保持初始位置(水准仪的水准器向上);再收拢三脚架,左手握住仪器基座或支架放在胸前,右手抱住脚架放在肋下,稳步行走。严禁斜扛仪器,以防碰摔。

(9)搬迁时,小组其他人员应协助观测员带走仪器箱和有关工具。

二、任务准备

1.组织准备

以8人为一组,每组配备一名组长和一名副组长,组长负责全组组织以及实际操作训练,副组长负责组织进行理论知识学习和复习。

2.仪器准备

(1)由仪器室借领:DS3水准仪1台、塔尺2根,记录板1块,尺垫2个,记录纸。

(2)自备:计算器、铅笔、小刀、计算用纸。

三、操作步骤

在校园内选择长约300m的起伏路段,标准为三级公路,按20m桩距设置中桩,并标明桩号,分别用花杆皮尺法、水准仪皮尺法、经纬仪法、全站仪法测定4个桩位的横断面起伏情况,将结果填入记录表。

1.外业观测

1)花杆皮尺法

如图10-2-13所示,从中桩向两侧分别在每个坡度变化处立正花杆,皮尺要拉成水平,然后读取皮尺的水平距离和花杆的高差,将结果记入表10-2-3中。

2)水准仪皮尺法

如图10-2-14所示,将塔尺立于坡度变化处用皮尺量取该点与中桩的水平距离,用水准仪读取该点塔尺读数,计算该点与中桩的相对高差,将结果记入表10-2-3。

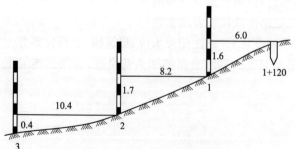

图10-2-13 花杆皮尺法测量横断面

3)经纬仪法

在地形复杂横坡较陡的地段,可采用此法。实施时,将经纬仪安置在中桩上,将水准尺依次竖立在各特征点上,用经纬仪依次观测水准尺,分别测出各特征点的竖直角和斜距,计算平距和高差,将结果记入表10-2-3。

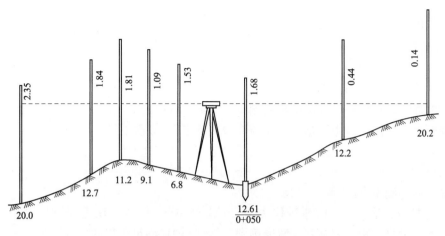

图 10-2-14　水准仪皮尺法测量横断面

4）全站仪法

利用全站仪中对边测量的功能,测出每个坡度变化处与中桩的水平距离和高差。将结果记入表 10-2-3。

2. 数据记录

横断面记录表见表 10-2-3。

横断面记录表　　　　　　　　　　　　表 10-2-3

左　侧	桩　号	右　侧
	K0+000	
	+020	
	+040	
	+060	
	+080	
	+100	
	+120	
	+140	
	+160	
	+180	
	+200	
	+220	
	+240	
	+260	
	+280	
	+300	

注意事项:(1)记录横断面数据时按照路线前进方向判断左侧和右侧,切记不能搞错左右位置,否则画出的横断面地面线是错误的。

(2)横断面方向定位的准确程度直接关系到路基横断面图的准确程度,所以横断面方向一定要找准,同一个断面的坡度变换位置都应处于同一直线上。

(3)测量和记录都应认真负责,保证绘出的横断面图的准确性。

作业布置

一、填空题

1. 横断面测量记录为分数形式,分子分母分别表示_____。
2. 在曲线段确定横断面方向使用_____方向架。
3. 横断面测量的任务是测定中桩两侧垂直于中线方向的_____。
4. 横断面测量的宽度由路基宽度及地形情况确定,一般在中线两侧各测_____ m。
5. 横断面测量在横断面的方向此方向后测定中线两侧地面坡度变化点的_____。

二、选择题

1. 横断面的测量方法有( )。
   A. 花杆皮尺法   B. 水准仪法   C. 经纬仪法   D. 目估法
2. 横断面测量中距离和高差一般准确到( ),即可满足工程的要求。
   A. 0.5m   B. 1m   C. 0.1m   D. 0.01m
3. 地形比较平坦,精度要求不高时,横断面测量使用( )方法进行测量。
   A. 花杆皮尺法   B. 水准仪皮尺法   C. 经纬仪视距法   D. 全站仪对边测量法
4. 经纬仪法测量横断面时需要选用( )工具来配合。
   A. 花杆   B. 皮尺   C. 水准尺   D. 测距仪
5. 全站仪法测量横断面时,利用的是全站仪的( )程序。
   A. 对边测量   B. 悬高测量   C. 距离测量   D. 角度测量

三、判断题

1. 全站仪对边测量法一般适用于高等级公路,精度较高。 ( )
2. 缓和曲线上横断面方向的确定,关键是找出缓和曲线上的点的切线方向。 ( )
3. 横断面测量的宽度由路基宽度及地形情况确定,一般在中线两侧各测50~100m。 ( )
4. 当中桩位于圆曲线上时,横断面方向应为该曲线的圆心方向。 ( )
5. 经纬仪法需要将经纬仪安置在中桩上,全站仪法不需要将仪器安置在中桩上。 ( )

四、简答题

1. 横断面测量记录为2/9.5,试问其表示的含义。
2. 横断面测量的目的和任务是什么?
3. 横断面测量的主要方法有哪几种?
4. 简述全站仪法测量横断面方法。

学习活动3 技 能 考 核

一、考核项目

确定路线横断方向。

二、考核内容

在地面上钉设JD桩及ZH、HY、QZ三个主点桩和P_1、P_2、P_3三个曲线桩桩位,给定曲线要素,考生计算任一点的切线角,用经纬仪将此点横断方向敷设出来(上下各20m)。

三、考核要求

(1)考核过程中任何人不得提示,每个同学应独立完成仪器操作及数据记录、计算。
(2)若有作弊行为,一经发现一律按零分处理。
(3)考核时间自监考教师发出开始指令,至计算结束由学生报告操作完毕后终止计时。
(4)记录完最后一个数据不能动仪器,待监考老师复核完最后一个数据。
(5)数据计算均填写在相应表格中、不能抄袭,记录表以外的数据不作为考核结果。

四、考核标准

(1)满分100。
(2)按操作时间评分50分。在规定时间(15min)内完成得50分,时间每超过10s,扣1分。
(3)按精度评分50分。精度要求横断方向偏位≤5cm时得40分,偏位值每增大1cm得分递减10分。
(4)在前两项得分的基础上,测量方法不规范的酌情扣1~3分;计算结果错误时酌情扣1~3分;卷面有修改的扣2分,缺位、缺单位的扣2分。

五、计算与评分表

确定路线横断方向计算与评分表见表10-3-1。

确定路线横断方向计算与评分表   表10-3-1

班级:_____ 姓名:_____ 学号:_____
曲线元素 $\alpha_{右}=60°00'00''$ $R=55m$ $L_h=25m$ $p=0.473$ $q=12.481$

里程桩号	切线角 (° ′ ″)	放样时所拨角度 (° ′ ″)	计算过程
ZH K2+333.95			
HY K2+358.95			
QZ K2+375.25			
P_1 K2+340			
P_2 K2+350			
P_3 K2+365			

操作时间:_____   得分:_____   精度:_____   得分:_____
卷面扣分:_____   计算扣分:_____   操作扣分:_____   总得分:_____
监考人:_____   考核日期:_____

参 考 文 献

[1] 中华人民共和国行业标准.JTG B01—2014　公路工程技术标准[S].北京:人民交通出版社,2014.
[2] 中华人民共和国行业标准.JTG C10—2007　公路勘测规范[S].北京:人民交通出版社,2014.
[3] 中华人民共和国国家标准.GB 50026—2007　工程测量规范[S].北京:人民交通出版社,2008.
[4] 王景峰.工程测量[M].北京:人民交通出版社,2010.
[5] 李仕东.工程测量[M].北京:人民交通出版社,2010.
[6] 唐杰军,赵欣.道路工程测量[M].北京:人民交通出版社,2011.
[7] 独知行.刘智敏.GPS测量实施与数据处理[M].北京:测绘出版社,2011.
[8] 梁启勇.公路工程测量[M].北京:人民交通出版社,2009.
[9] 周小安.公路测量[M].3版.北京:人民交通出版社,2000.